序

宋　皓

本書的成形有賴於嘉樹堂主人陳郁先生近二十年在金石收藏領域的一心堅持。近幾年，陳郁先生的善本碑帖收藏已在各出版社結集成系列出版。對於陳郁先生的收藏喜好我還是比較瞭解的，這些年他除了癡迷善本碑帖的收藏，搜入囊中的金石雜拓也是精品良多。這些金石雜拓，他謙稱爲“金石小品”，所涉及的内容頗爲繁雜，從大盂鼎、大克鼎、曶鼎、虢季子白盤等西周青銅重器，到兵戈璽印、鏡鑒兵符、先秦泉範、權量詔版、漢魏古磚、南朝石刻、五代造像、宋元鈔版，内容涉及歷史、地理、考古、軍事、經濟、藝術，信息極爲豐富。拓片留存的各種金文、陶文、權量文字、磚文、地券文書、石刻碑記、造像題記清晰地反映了從清中期開始金石學發展的新面貌，隨著大量古器物的出土和發現，金石學的研究範圍已經從傳統的青銅禮器、碑碣石刻延伸向了邊緣而新興的金石門類。“前此所未嘗發見，或發見而未嘗注意，或注意而未嘗著録，或著録而未嘗專門”者（朱劍心，1940），此時也都被納入到了金石學的研究範圍之内。嘉樹堂集藏的這批金石雜拓，便是乾嘉以後清代金石學發展的實物寫照。其中如《吴湖帆題記陳介祺拓贈吴大澂簠齋千化範拓本集》《陳介祺考釋題跋秦詔量瓦殘字稿本》《張廷濟、趙之琛、釋達受等跋徐同柏藏元代虹橋題柱銘拓》等均可算是清代金石學發展過程中的學術代表之作。前兩件是陳介祺集藏、考訂古文字、古陶文的集大成之作，他是最早鑒定和收藏陶文的金石學家，其中《吴湖帆題記陳介祺拓贈吴大澂簠齋千化範拓本集》爲陳介祺監拓并親手題記贈與吴大澂之物，後爲吴大澂嗣孫吴湖帆繼承，爲四歐堂所藏。而後一件彙集了張廷濟、趙之琛、張開福、徐同柏、釋達受、張國楨等道光間金石名家題識的拓本册更像是一部田野訪碑實録，張廷濟和徐同柏長篇記叙了其家族内的至親好友及其金石同好們相偕訪古搜拓浙江嘉興履仁鄉新篁里周圍的宋元古迹，他們的訪古所得均録入《嘉興府志》和《嘉興縣志》的金石門。這册《虹橋題柱銘拓》以實物和文字的形式記録了晚清金石學者的金石考證與訪碑實踐，同時也反映出清代的方志編纂對於新出土的金石新發現，在方志體例上也有了新的拓展。

嘉樹堂這批金石小品集藏的另一個特點是多出名門，來源有緒。每件藏品題跋的文字信息都别有角度和看點，僅以北魏曹望憘造像底座畫像石拓本爲例，曹望憘造像底座是石刻造像中的名品，原爲陳介祺舊藏，市場上常見的拓本多爲陳介祺監拓本。但嘉樹堂所藏此件則是管復初捶拓而贈與陸恢者。管復初二十世紀初期在上海來遠公司負責鑒定古物，陳氏後人正是通過上海來遠公司將畫像石賣到法國，嘉樹堂所藏此件拓本便是當初畫像石去國之前的最後一次拓本，實乃文物流散史上一件難得的佐證。

編輯這本書的過程，好似一次探訪故友，一個個熟悉的面孔，勾起很多回憶，同時也深深感嘆收藏家的不易，尤其是金石碑帖收藏的不易，這個領域的資源真的是珍貴而稀少，爲等待一件心儀的藏品，收藏家往往要窮數年的時間和耐心。我認識嘉樹堂主人已十年有餘，他是中國嘉德的老朋友，也是嘉德古籍部的老朋友。最初見他時，只是感覺這位書畫場上的買家總是愛溜達到古籍拍場來搜尋方志筆記、文人書札、金石小品、善本碑帖。以後熟悉了，瞭解了他的收藏之後，我開玩笑説他是“僞装混迹在書畫圈的古籍碑帖藏家”。旁觀他的收藏之路，良好的教育所形成的豐富的知識體系、長期的市場歷練所形成的敏鋭的判斷力是他致勝的法寶。還有一點我感受最爲真切：在古物收藏這個領域，我認識的收藏家中有那麼零星的幾個人，説他們“與古爲徒”，程度似乎還嫌不够，説他們與古物“有著宿世的緣分”才能表達我强烈的感受。他們的身體裏似乎都駐留著一個古老的魂靈，與古物有異於常人的特殊因緣。嘉樹堂主人便是讓我有如此感覺的零星幾人中的一位。近幾年，駐在他身體裏的老魂靈似乎日益和身體合一，人也愈發深居簡出而目標專一。整理這批集藏的過程，也是我們和嘉樹堂主人一起分享這十餘年收藏喜悦的過程。讓我感慨的是，即便是與古物有再深的宿世緣分，時間法則依然是收藏領域的不二法則。没有耐心的等候與孤獨的堅守，收藏之路上如何能得見這一方獨屬於自己的美妙天地。

二〇二一年秋於北京

目録

鄒適廬題跋　戚叔玉舊藏周大盂鼎銘文未剔本

2頁　紙本

40cm×36cm，13cm×23cm（跋）

鈐印：

適廬金石、壽祺、叔玉審定

題識：

曶鼎有未剔已剔之分，盂鼎亦有之。此作十又二白未剔本也。剔後則爲十又三白。蓋一横爲青緑所掩，墨本遂以此分遲早。價值亦以此判低昂焉。壬戌十一月以八十金獲拓册八，祇此一多字早拓，餘惟一古璽一石洛侯印，本差强人意。適廬。鈐印：壽祺

提要：

大盂鼎爲西周早期青銅禮器中的重器，其内壁鑄有銘文十九行二百九十一字，記載了周康王對大臣盂的訓示，爲後世研究西周訓誥文書提供了實例。大盂鼎銘文内容涉及廣泛，有對文王受天命的一再强調，也有周人吸取殷亡教訓、禁止酗酒的訓誡，更有授民授疆土的具體分封情況，是史家研究周代分封制和周王與臣屬關係的重要史料，陳夢家先生曾説，“所見銅器中的重器，此鼎（大盂鼎）應爲第一瑰寶”。

大盂鼎於清道光年間出土於陝西郿縣禮村（今寶雞眉縣），最早記載大盂鼎出土經過的是吴大澂的《愙齋集古録》：“是鼎於道光初年出眉縣禮村溝岸中，爲岐山令周雨樵所得，旋歸岐山宋氏。同治間項城袁筱塢侍郎以七百金購獲之，今歸吾鄉潘文勤公。癸酉冬（1873），大澂視學關中，袁公出示是鼎。”吴大澂此段記録中的袁筱塢侍郎即袁世凱的叔父袁保恒。同治七年袁保恒受命赴陝甘總督左宗棠部候委，被委管理西征糧務，并得專折奏事。同治十二年（1873）左宗棠大軍克復肅州時，朝廷大獎左軍將士，袁保恒榮膺一品頂戴。後升任内閣學士兼禮部侍郎、户部左侍郎兼管三庫事務。吴大澂所不知的是，袁保恒是受左宗棠之托購買大盂鼎，左宗棠欲將大盂鼎作爲禮物送給潘祖蔭，以報答曾經的救命之恩。同治十二年（1873）左宗棠在致袁保恒的信中説：“盂鼎拓片細玩定非贋作，伯寅侍郎疑爲不類，亦因其後互有出入，而神鋒微露異……弟意寶物出土，顯晦各有其時，盂鼎既不爲伯寅所賞，未宜强之，盍留之關中書院，以俟後人鑒别。其價則弟任之可也。”（《左宗棠全集·書信二》）由此信可知，同治十二年時的潘祖蔭對大盂鼎的真僞還是持懷疑態度的。此時的大盂鼎被左宗棠安置在陝西關中書院。但很快潘祖蔭便改變了認識。同治十三年（1874）左宗棠在致袁保恒的信中説：“伯寅侍郎書來，亟盼盂鼎之至。前函敬托代爲照料，輦至都中，計已籌措及之。”此時潘祖蔭已改變對大盂鼎的疑慮。同治十三年（1874）十一月，大盂鼎從關中運抵京師，入藏潘祖蔭府邸。

大盂鼎初出土時，於道光、同治時期在陝西有傳拓的“關中拓本”流傳，但較爲少見。同治十三年歸潘祖蔭後，光緒初年潘祖蔭“京師拓本”逐漸流傳開來。光緒十六年（1890）秋潘祖蔭去世，大盂鼎和大克鼎被運回蘇州秘藏，潘氏後人的低調行事令大盂鼎的傳拓戛然而止，此後拓本流傳漸稀。

嘉樹堂此本爲道光、同治時期傳拓的“關中拓本”，爲初出土未剔本，是大盂鼎歸潘祖蔭之前所拓，是大盂鼎的“早期拓本”。此時大盂鼎内壁表面銹斑尚未剔除，倒數第三行“臣十又三白”，爲“二白”，故有人稱之爲“二白本”，蓋一横爲緑銹所掩，尚未剔出。大盂鼎歸潘氏後，潘祖蔭在京師命工洗剔後傳拓，銹迹除去後出現一横成“三白”，故剔後本又被稱爲“三白本”。

大盂鼎銘文未剔本的下截銹斑尚存，銘文爲銹迹所掩，凹凸斑駁明顯，是其主要特徵。文字雖不如剔後本清晰，但精湛不失本來面目。且傳世數量遠較剔後本稀少。

鄒壽祺（1864—1940），字景叔，號適廬，浙江海寧人。居杭州，光緒二十九年（1903）補行殿試，中進士。後任江蘇丹陽知縣。精金石文字之學，富收藏。

戚叔玉（1912—1992），原名璋、鶴九，山東威海人。自幼受家庭熏陶，得名師指點，學書法、治印、繪畫。

曶鼎有未剔已剔之分，盂鼎亦有之。此作十又二白，未剔本也。剔後則為十又三白，蓋一撥為青綠所掩，墨本遂以此分遲早，價值亦以此判低昂。壬戌十一月以八十金獲拓冊八祇，此一多字早拓，餘惟一古鉩。若汲侯即本，差強人意。適廬

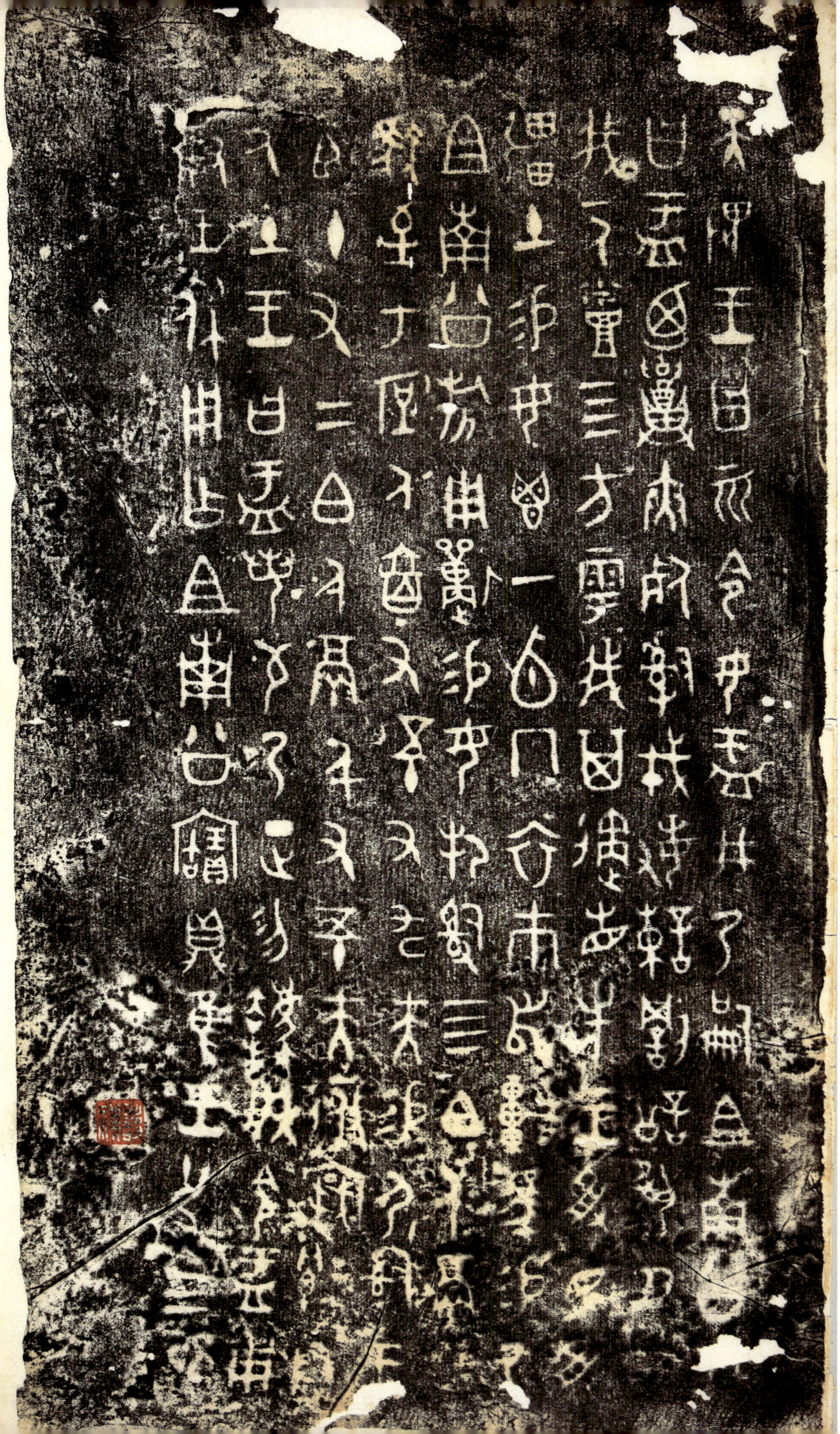

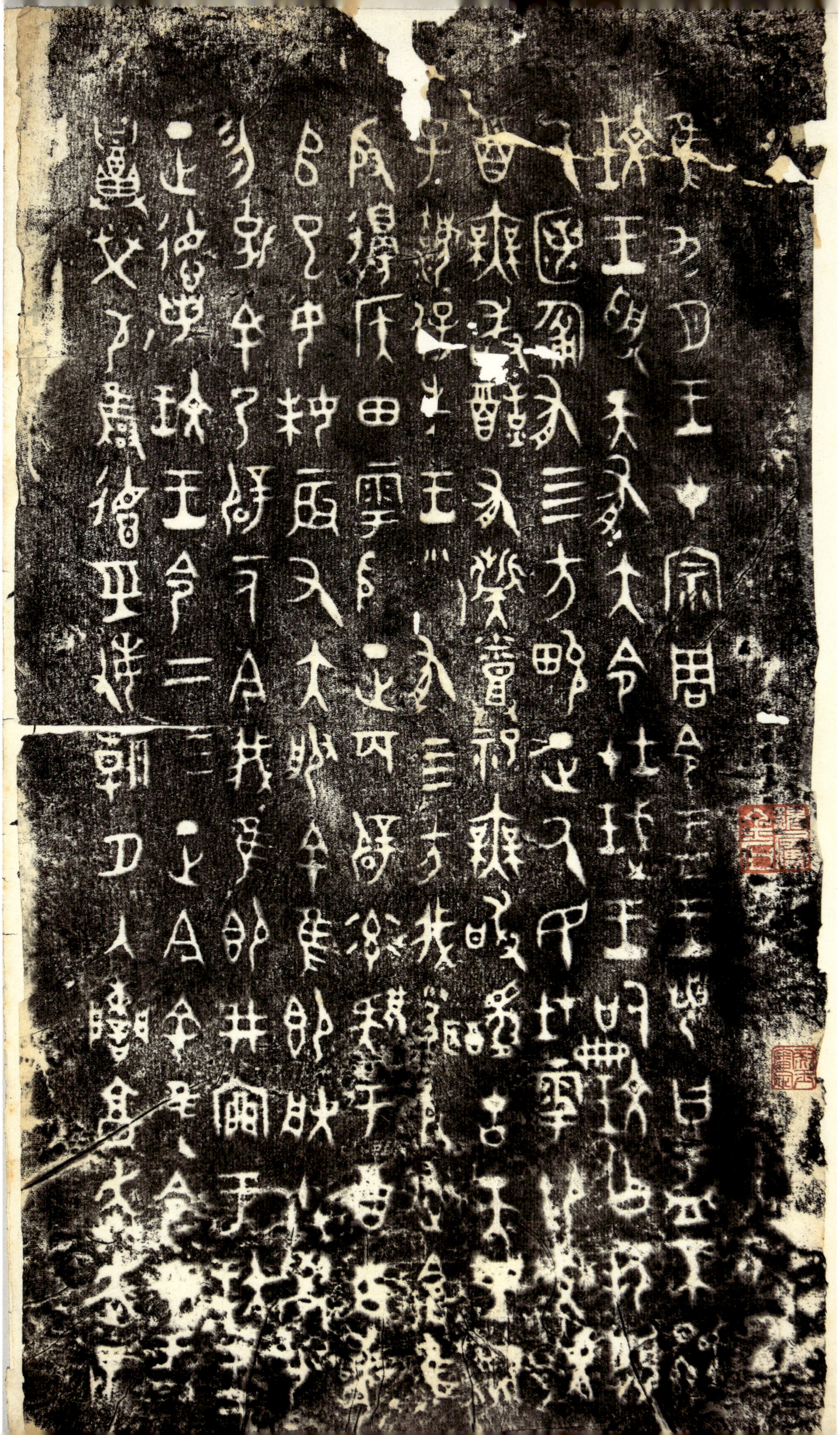

江步青録錢坫釋文　趙之琛舊藏周曶鼎銘文拓本

1軸 紙本

45cm×41cm

鈐印：

陳豫鍾印、江步青、秀水金蘭坡搜羅金石書畫

題簽：

曶鼎拓本。此鼎原器已失，拓本極名貴。

題識：

1. 曶鼎。

2. 隹（唯）王元年六月既朢（望）乙亥，王才（在）周穆王大室，王若曰："曶（曶），令女（汝）更乃且（祖）考嗣（司）卜事。易（賜）女（汝）赤◎（雍）、□□，用事。"王才（在）[illegible]应，井（邢）弔（叔）易（賜）曶（曶）赤金、[illegible]（鬱）。曶（曶）受休□□王。曶（曶）用丝（兹）金乍（作）朕文孝（考）弃（究）白（伯）[illegible]（肆）牛鼎，曶（曶）其萬年用祀，子₌（子子）孫₌（孫孫）其永寶。以上共八十一字蝕者七字，存七十四字，疑者一字。

隹（唯）王三（四）月既眚（生）霸，辰才（在）丁酉，井（邢）弔（叔）才（在）異，爲□。□事（使）氒（厥）小子[illegible]以限訟于井（邢）弔（叔）："我既賣（贖）女（汝）五夫，效父用匹馬、束絲。"限誥（許）曰："𥏽則卑（俾）我賞（償）馬，效父則卑（俾）復氒（厥）絲束。"贇、效父迺誥（許）。[illegible]曰："于王參門□□木[illegible]，用責徣賣（贖）丝（兹）五夫，用百寽（鋝），非出五夫，則[illegible]。迺𥏽又（有）[illegible]眔[illegible]金。"井（邢）弔（叔）曰："才（在）王□迺賣（贖），用□，不逆。付曶（曶），母（毋）卑（俾）貳于𥏽。"曶（曶）則拜稽首，受丝（兹）五夫：曰[illegible]、曰恒、曰[illegible]、曰𩁹（糂）、曰眚（省）。事（使）寽（鋝）以告𥏽，迺卑（俾）□以曶（曶）酉（酒）彶（及）羊，丝（兹）三寽（鋝），用致丝（兹）人。曶（曶）迺每（誨）于𥏽曰："女（汝）其舍[illegible]矢五秉。"曰："弋（式）尚（當）卑（俾）處氒（厥）邑，田厥田。"𥏽則卑（俾）復令曰："若。"以上共百有八十二字，蝕二十一字，存百有六十一字，疑者一字。

昔饉歲，匡衆氒（厥）臣廿（二十）夫，寇曶（曶）禾十秭。以匡季告東₌宮₌，（東宮）迺曰："求乃人，乃弗得，女（汝）匡罰大。"匡迺稽首于曶（曶），用五田，用衆一夫曰嗌，用臣曰疐、曰朏、曰奠，曰："用丝（兹）四夫。"稽首曰："余無卣（逌）具寇。足□，不出，鞭余。"曶（曶）或以匡季告東宮。曶（曶）曰："弋（式）唯朕□賞（償）。"東宮迺曰："賞（償）曶（曶）禾十秭，遺十秭，爲廿（二十）秭。□來歲弗賞（償），則付卌（四十）秭。"迺或即曶（曶），用田二，又臣□夫，凡用即曶（曶）田七田，人五夫。曶（曶）覓匡卅（三十）秭。以上共百有三十七字，蝕者四字，半蝕者一字，存百有三十二字，未詳者四字。乙丑（1805）元日次閑屬江步青録錢獻之曶鼎釋文共四百字。鈐印：雲階、大慈山樵

提要：

曶鼎是著名的西周中期青銅重器，學者多數認爲是周懿王時器，也有主張屬於孝王時期。清乾隆四十三年（1778）畢沅任陝西巡撫時得於西安。曶鼎初出土時，銘文爲土花所掩蓋，文字可識者僅一百五十餘字。當時急欲考釋其文，經畢沅幕僚錢獻之鍥剔銅銹，得四百字，即據以爲釋文。畢沅將曶鼎録入《山左金石志》，并在書中解釋了没有將其録入《關中金石記》的原因："右曶鼎沅得之於西安，嘉定錢獻之（坫）爲作釋文時，沅所撰《關中金石記》未及收録。兹携來山左署中，因即編入《山左金石志》。"阮元的《積古齋鐘鼎彝器款識》卷四、王昶《金石萃編》卷三對曶鼎都有著録。

畢沅身後，因累於軍需幣項之罪，被嘉慶帝褫奪原賜輕車都尉世職，并籍没家産，被畢沅置於家廟中的曶鼎亦從此不知所終。阮元《積古齋鐘鼎彝器款識》有晚清毁於兵火一説。馬子雲先生有"畢氏歿後，家人將其鼎沉之太湖"一説。不論采何種説法，曶鼎實物大概已不存於人間，今僅見有銘文拓本傳世。

曶鼎銘文存二十四行，三百八十餘字。銘文分爲三段，各爲起訖，每段的内容也各不相關。這樣的記叙手法在上古金文中頗

爲獨特，在衆多的青銅器銘文中是僅見的一例。銘文中記録的以“匹馬束絲”毁約以及曶與東宫屬臣匡季訴訟的兩起案例因藴含極爲豐富的人物關係和重要歷史信息而深受學者關注，研究成果衆多，成爲反映西周社會制度的重要史料。

是拓原爲趙之琛舊藏，江步青所録爲錢坫所釋曶鼎銘文。

趙之琛（1781—1852），字次閑，號獻父、獻甫，又號寶月山人，齋號補羅迦室，錢塘（今浙江杭州）人。清代著名的篆刻家和書畫家，精心嗜古，邃金石之學，篆刻得其鄉陳豫鍾傳，能盡各家所長。嘗爲阮元摹刊鐘鼎款識，兼工隸法，善行楷。趙之琛是浙派篆刻的代表人物，繼“西泠四家”（丁敬、蔣仁、黄易、奚岡）之後，入列“西泠後四家”（陳豫鍾、陳鴻壽、趙之琛、錢松），前後合稱“西泠八家”。

錢坫（1744—1806），字獻之，號小蘭、十蘭，江蘇嘉定（今屬上海嘉定區）人。錢大昕族子，錢塘之弟。早歲家貧，無以自存，嘗入都依錢大昕，得其指授，所學益進。復從王昶、翁方綱、朱筠等都人士游處，聞見日廣，中乾隆三十九年副榜。游關中，客畢沅陝西巡撫幕，與孫星衍、洪亮吉等同治訓詁、輿地之學。畢氏賢其才，奏留陝西，後補乾州州判。工篆書，論者以爲不在李陽冰、徐鉉之下；晚病風痹，以左手書之，尤精絶，爲世所珍。《清史列傳》卷六十八、《清史稿》卷四八一有傳。

江步青（清），字聽香，錢塘人（今杭州）。工書，篆刻入浙派，嘗爲陳鴻壽幕僚，與之共製曼生壺，壺銘多出聽香之手，存世有《定香亭筆談》。

陳豫鍾（1762—1806），字浚儀，號秋堂，錢塘（今浙江杭州）人。清代學者、書畫篆刻家。出身金石世家，乾隆時廪生。深於小學，工書篆籀，摹印尤精，與黄易、陳鴻壽、奚岡齊名，爲浙派篆刻“西泠八家”之一。嗜好收集金石文字，氈蠟椎拓，積卷數百本，尤好古銅印，亦工畫山水，嘗輯《古今畫人傳》。

金蘭坡（1813—1866），名傳聲，浙江嘉興秀水人。清金石學家，金頌清從祖父。篤學嗜古，好收藏，擅鑒賞。手拓金石文字不下千紙。曾藏《趙左溪山無盡圖卷》《吴歷山水册》。

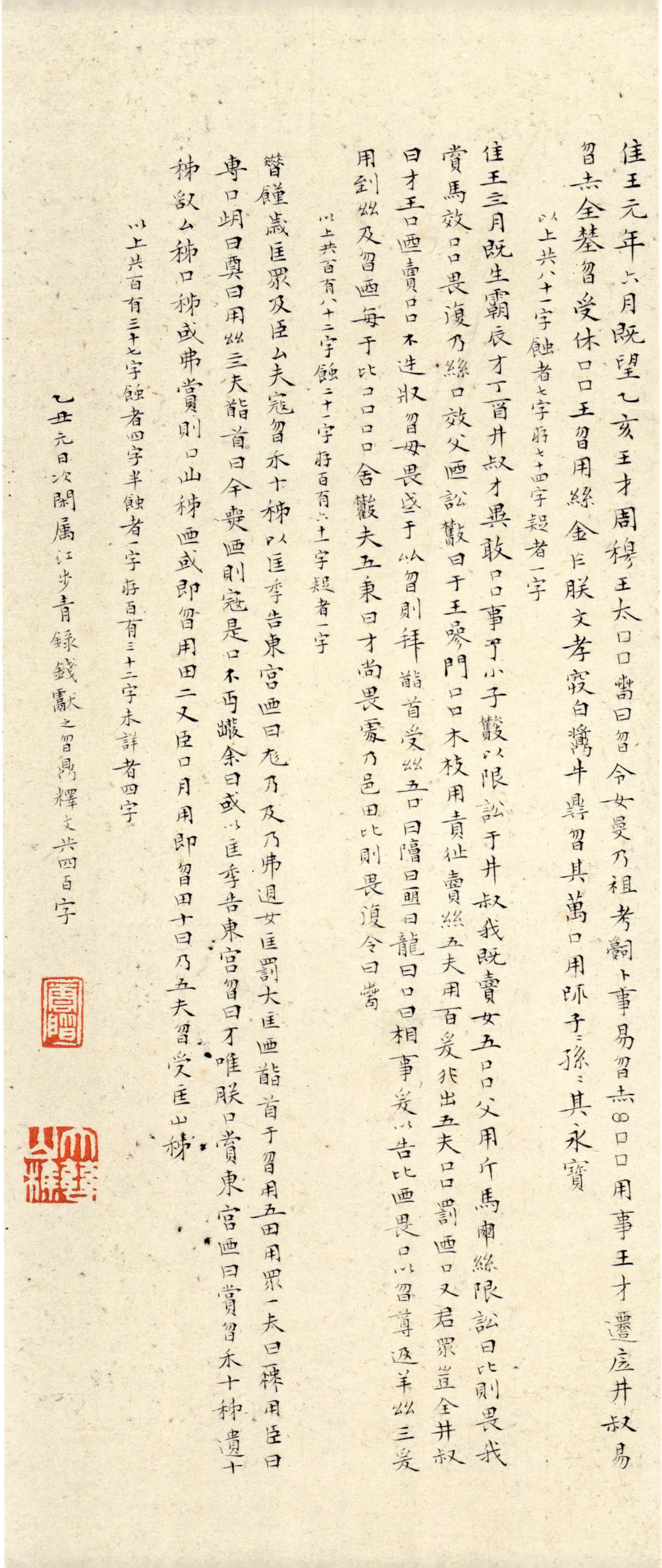
隹王元年六月既望乙亥王才周穆王太口口㽙曰曶令女更乃祖考𤔲卜事易曶赤⊗口口用事王才䢅应井叔易
曶赤金鬱曶受休口口王曶用絲金乍朕文孝究白𩢬牛鼎曶其萬口用祀子孫其永寶
以上共八十一字蝕者七字存七十四字疑者一字
隹王三月既生霸辰才丁酉井叔才異敢口口事𢦏小子𢽾以限訟于井叔我既賣女五口父用𠦑馬束絲限許曰𣄰則𢆶我
賞馬效口口畏復乃絲口效父迺訟𢽾曰于王參門口口木枝用𨚕征賣絲五夫用百寽非出五夫口口罰迺口又君眔𠀤金井叔
曰才王口迺賣口口不逆付曶毋卑成于𣄰曶則拜䭫首受茲五口曰隮曰朋曰龍曰口曰相事寽以告𣄰迺卑口以曶尊及羊茲三寽
用剆茲及曶迺每于𣄰口口口口舍𢽾夫五束曰才尚卑處乃邑田𣄰則卑復令曰㽙
以上共百有八十二字蝕二十一字存百有六十一字疑者一字
昔饉歲匡眾及臣廿夫寇曶禾十秭以匡季告東宮迺曰求乃及乃弗得女匡罰大匡迺䭫首于曶用五田用眾一夫曰𡒊用臣曰
𤔲口朏曰奠曰用茲三夫䭫首曰余無迺則寇是口不出𢦏余曰或以匡季告東宮曶曰才唯朕口賞東宮迺曰賞曶禾十秭遺十
秭叡廿秭口秭或弗賞則口山秭迺或即曶用田二又臣口月用即曶田十曰乃五夫曶受匡廿秭
以上共百有三十七字蝕者四字半蝕者一字存百有三十二字未詳者四字
乙丑元日次閑屬江步青録錢獻之曶鼎釋文共四百字

曶鼎

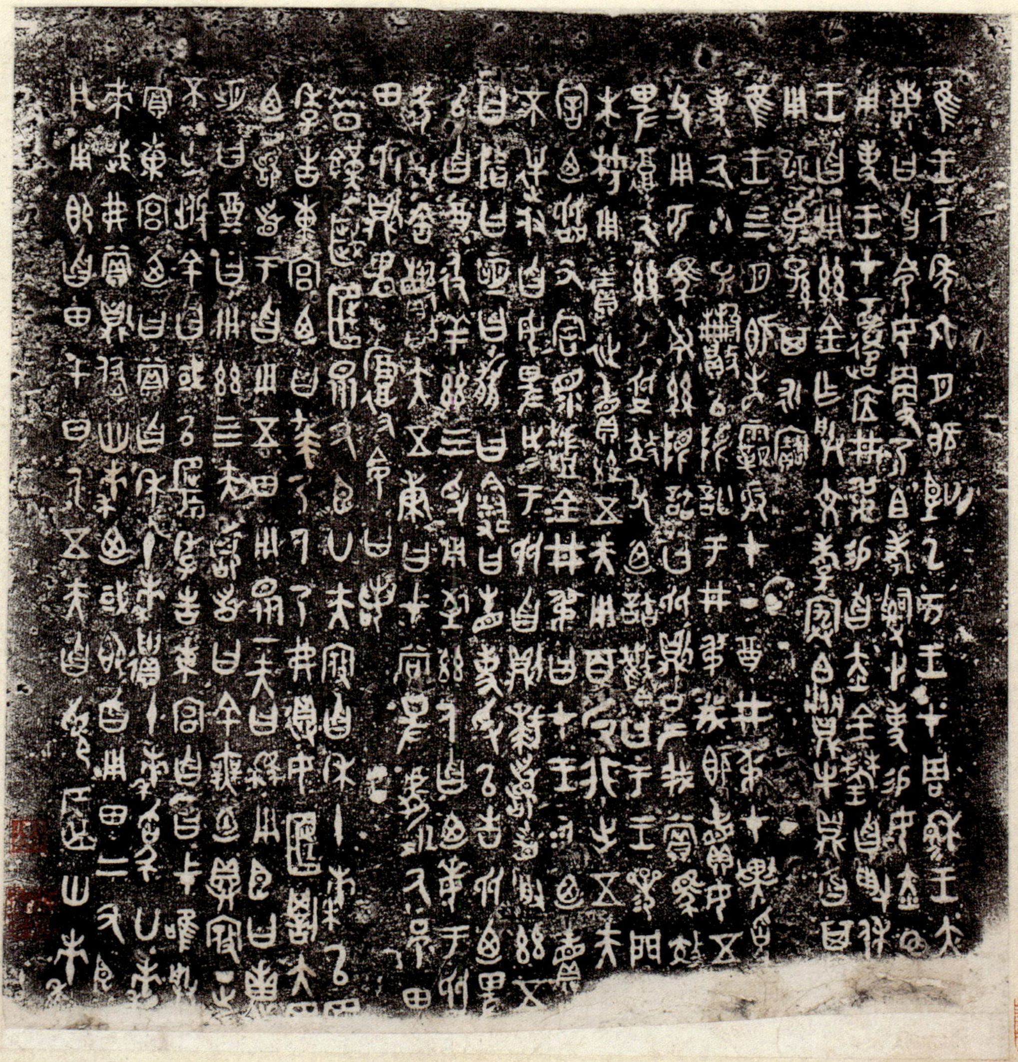

隹王元年六月既望乙亥王才周穆王太□□𠭯曰曶令女更乃祖考𤔲卜事易女赤⊗□□用事王才遷应井叔易
曶赤金𨥜曶受休□□王曶用絲金乍朕文孝㝨白𩰬牛鼎曶其萬□用祀子子孫孫其永寶

以上共八十二字蝕者七字存七十四字疑者一字

隹王三月既生霸辰才丁酉井叔才異敃□□事𠭯小子𣪕以限訟于井叔我既賣女五□□父用匹馬束絲限誥曰𣄰則卑我
賞馬效□□卑復乃絲□效父迺誥𣪕曰于王參門□□木枝用賁征賣絲五夫用百𡧍非出五夫□□罰迺□又君眾𡨄金井叔
曰才王□迺賣□□不逆𣪕曶毋卑成于𣄰曶則拜䭫首受絲五□曰𠏉曰𠭯曰龍曰□曰相事𡧍以告𣄰迺卑□以曶酒及羊絲三𡧍
用致絲及曶迺每于𣄰□□□□舍𣪕夫五秉曰才尚卑處乃邑田𣄰則卑復令曰若

以上共百有八十二字蝕二十一字存百有六十一字疑者一字

昔饉歲匡眾及臣廿夫寇曶禾十秭以匡季告東宮迺曰求乃人乃弗得女匡罰大匡迺䭫首于曶用五田用眾一夫曰𡨄用臣曰
疐□朏曰奠曰用茲三夫䭫首曰余無由具寇正□不出鞭余曰或以匡季告東宮曶曰弋唯朕□賞東宮迺曰賞曶禾十秭遺十
秭為廿秭□來歲弗賞則□卌秭迺或即曶用田二又臣□月用即曶田七田乃五夫曶覓匡卅秭

以上共百有三十七字蝕者四字半蝕者一字存百有三十二字未詳者四字

乙丑元日次閒屬江步青錄錢獻之曶鼎釋文共四百字

曶鼎

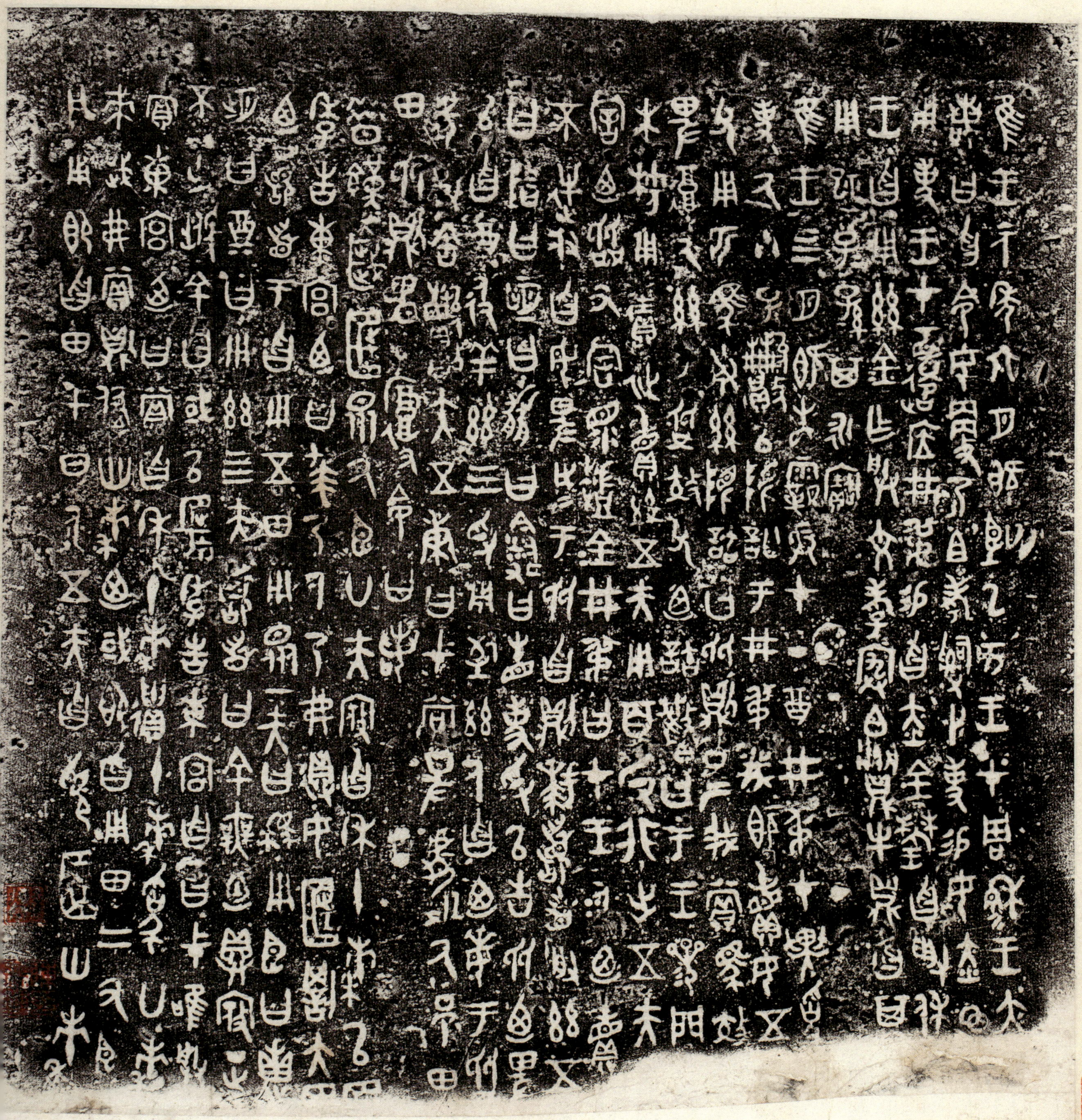

張傚彬釋　周大克鼎銘文潘祖蔭拓本

3 頁　紙本

33cm × 32.5cm，20.5cm × 26cm（跋）

鈐印：

己丑、固始張氏鏡菡榭印、草古、傚彬所得、敔園、□、□

釋文：

克曰：穆穆朕文祖師華父，聰悟厥心，寧静于猷，淑哲厥德，肆克恭保厥辟，恭王諫，乂王家，惠于萬民。柔遠能邇，肆克□于皇天，□于上下，得純無斁，錫釐無疆，永念于厥遜避天子。天子明哲，顯孝于神，經念厥聖保祖，師華父和克王服，出納王命，多錫寶休，丕顯天子，天子其萬年無疆，保乂周邦，畯尹四方。王在宗周，旦王格穆廟即位，饡季佑膳夫克入門，立中廷，北嚮，王呼尹氏冊命膳夫克。王若曰："克，昔余既命汝出，納朕命，今余惟饡享厥命，錫汝叔韍，参絅苹悤，錫汝田于埜，錫汝田于渒，錫汝耕遐遹田于䣃，以厥臣妾，錫汝田于康，錫汝田于匽，錫汝田于𨻰原，錫汝田于寒山。錫汝小臣靈和鼓鐘，錫汝耕遐遹人靖，錫汝耕人奔□，亮敬夙夜，用事勿廢朕命。"克拜稽首，敢對揚天子丕顯魯休，用作朕文祖師華父寶饙彝，克其萬年無疆，子子孫孫永寶用。

提要：

大克鼎又稱善夫克鼎，鑄於西周孝王時期，鼎腹内鑄銘文二十八行，二百九十字，是研究西周土地制度和官制的重要資料。大克鼎於清光緒年間出土於陝西扶風縣法門鎮任家村。初爲天津金石收藏家柯劭忞購得，後轉歸潘祖蔭。據潘祖年《潘文勤公年譜》及相關歷史資料所記，清光緒十五年己丑（1889）正月，潘祖蔭"得善夫克鼎"。此器現藏上海博物館，爲中國首批禁止出國（境）展覽文物。

大克鼎於光緒年間（大約在光緒十四年中）關中初出土時，銘文多半爲銅銹所掩，文字漫漶不清，光緒十五年（1889）春，潘祖蔭在京師命工洗剔後傳拓，并屬李文田及門下士之同好者爲之釋文，故傳世銘文拓本也可分"未剔本"與"剔後本"兩種。嘉樹堂此件拓本爲器歸潘祖蔭之後的潘氏"剔後本"。光緒十六年（1890）潘祖蔭去世後，其家人將大克鼎運回蘇州原籍隱匿保護，其後再絶少傳拓，故傳世大克鼎拓本數量頗爲稀少。

張傚彬（1882—1968），名瑋，字效彬，號敔園，河南固始人。光緒二十八年（1902）秀才，後留學英國劍橋大學。歸國後任教於京師政法學堂。民國時任北洋政府駐帝俄遠東領事。喜收藏，精鑒賞，尤以碑帖見長，爲民國時期北京著名的文物收藏、鑒賞大家。張傚彬出生書香門第，其父張仁黼爲光緒二年（1876）進士，歷任學部、法部官員。喜收藏，平生大部分收入都用於購置書畫、碑帖。張傚彬的收藏家承居半。

潘祖蔭（1830—1890），字在鐘，小號伯寅，亦號少棠、鄭盦，江蘇吴縣（今蘇州）人。潘世恩之孫。清咸豐二年（1852）進士，授編修，官至工部尚書。通經史，精楷法，收藏金石甚富，是清代"吉金"鑒藏的關鍵人物之一，其收藏的大盂鼎和大克鼎，是西周青銅器中的"重器鴻寶"，與毛公鼎并譽爲"海内三寶"。著有《攀古樓彝器款識》，輯有《滂喜齋叢書》《功順堂叢書》等。

克曰穆穆朕文祖師華父、聰悟厥心、寧靜于猷、淑哲厥
德、肆克恭保厥辟恭王、諫乂王家、惠于萬民、柔（夒 夏古 優字）遠能邇（埶 埶音藝 埶古通邇 埶借為邇字）、
肆克□于皇天、□于上下、得纯（屯）無（亡）斁（敃）、錫釐無疆、永念于厥孫辟
天子、天子明哲、顯孝于神、經念厥聖保祖、師華父和克王
服、出納王命、多錫寶休、丕顯天子、天子其萬年無疆、保
乂周邦、畯尹四方、
王在宗周、旦王格穆廟、即位、季佑膳夫克入門、立中
廷、王呼尹氏冊命膳夫克、王若曰、克、昔余既命汝出
納朕命、今余惟申享厥命、錫汝叔𢻫、（師嫠𣪘錫汝叔 𢻫叔作叔）參絅葬
悤、錫汝田于埜、錫汝田于渒、錫汝耕遐邇田于䣙、以厥臣妾、錫
汝田于康、錫汝田于匽、錫汝田于溥原、錫汝田于寒山、錫汝
小臣霝和鼓鐘、錫汝耕遐邇人請、（𨒌借為征字）錫汝耕人奔口、亮
敬夙夜用事、勿廢朕命、克拜稽首、敢對揚天子丕顯魯休、
用作朕文祖師華父寶將彝、克其萬年無疆子子孫孫永寶用。

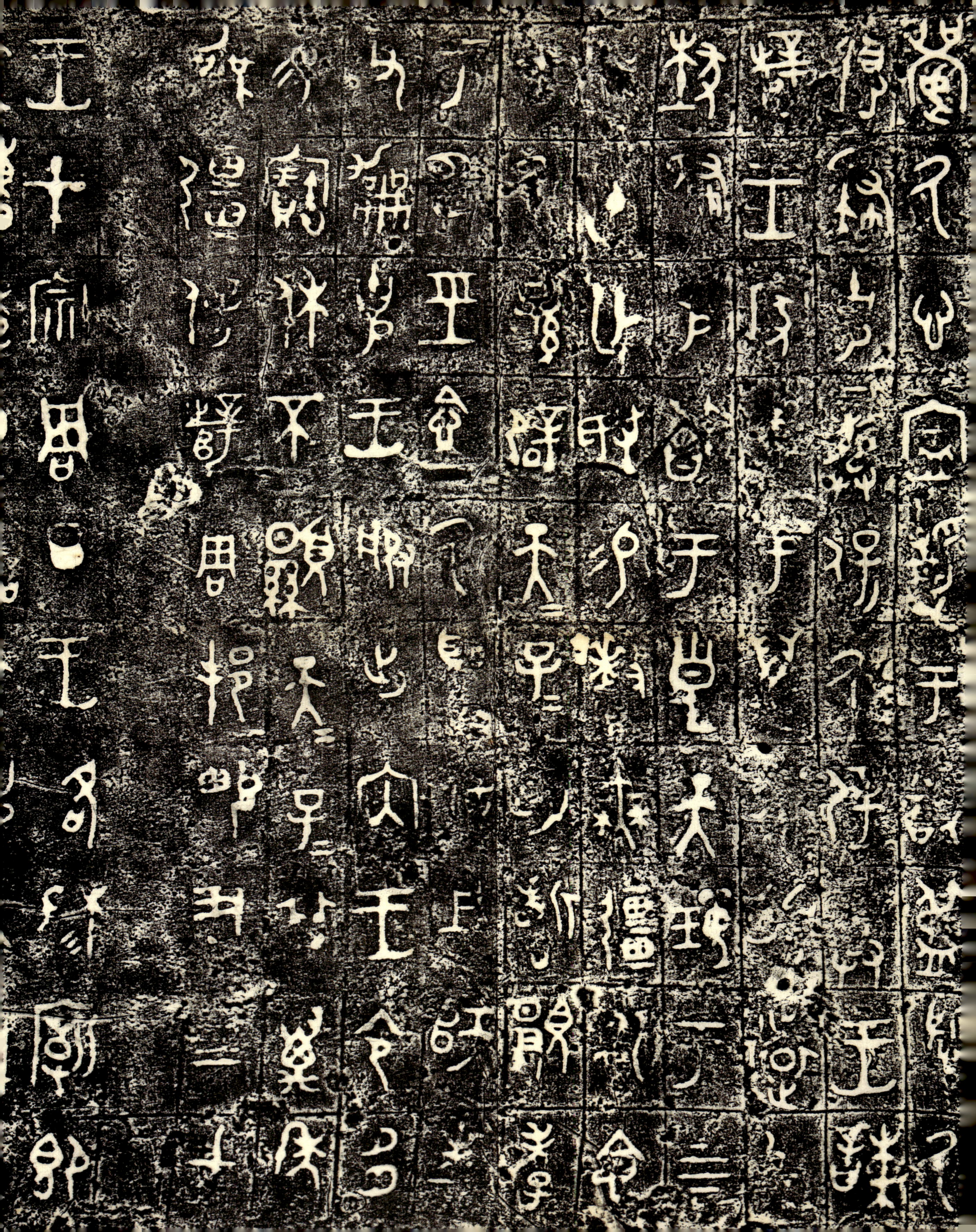

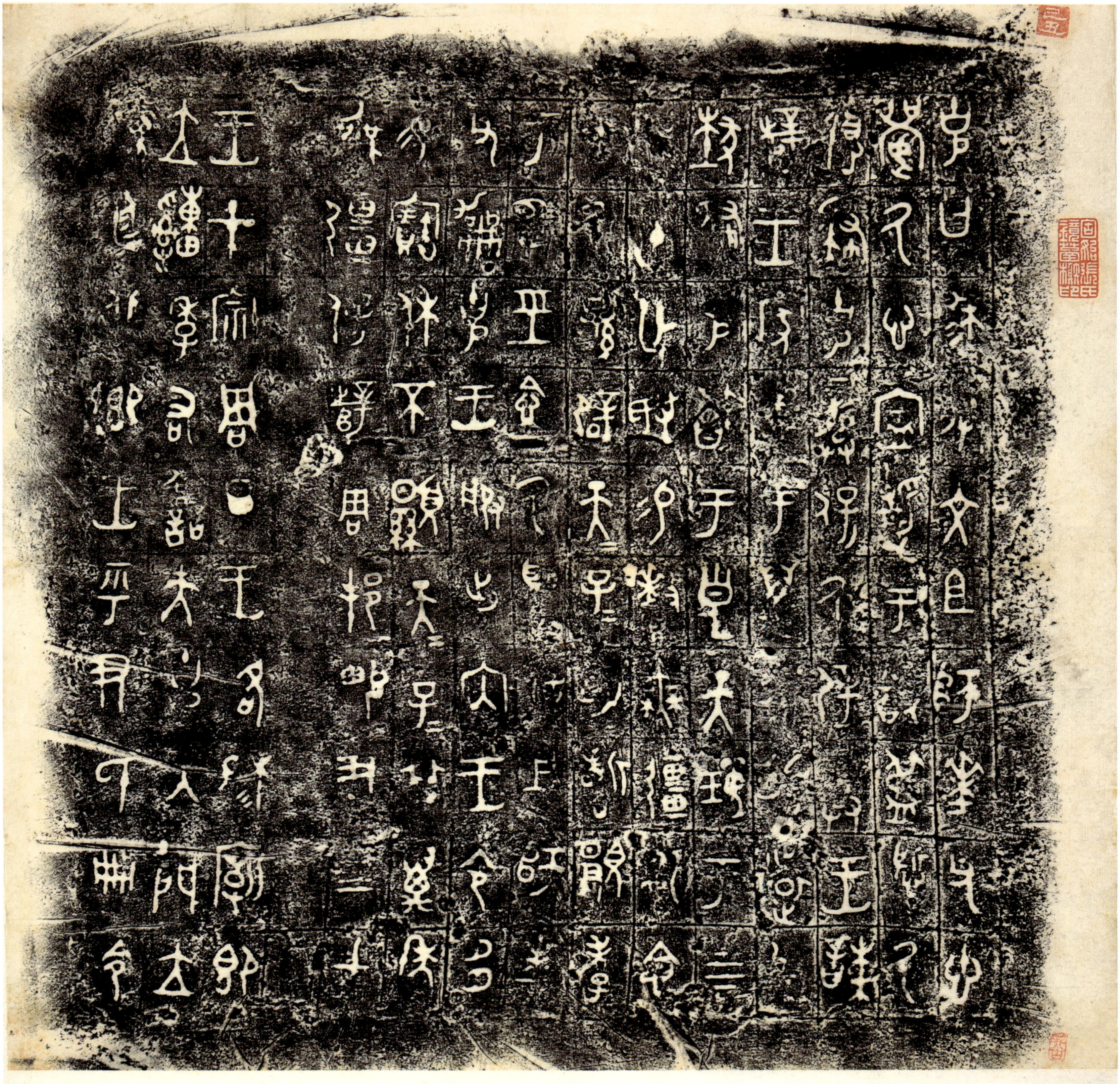

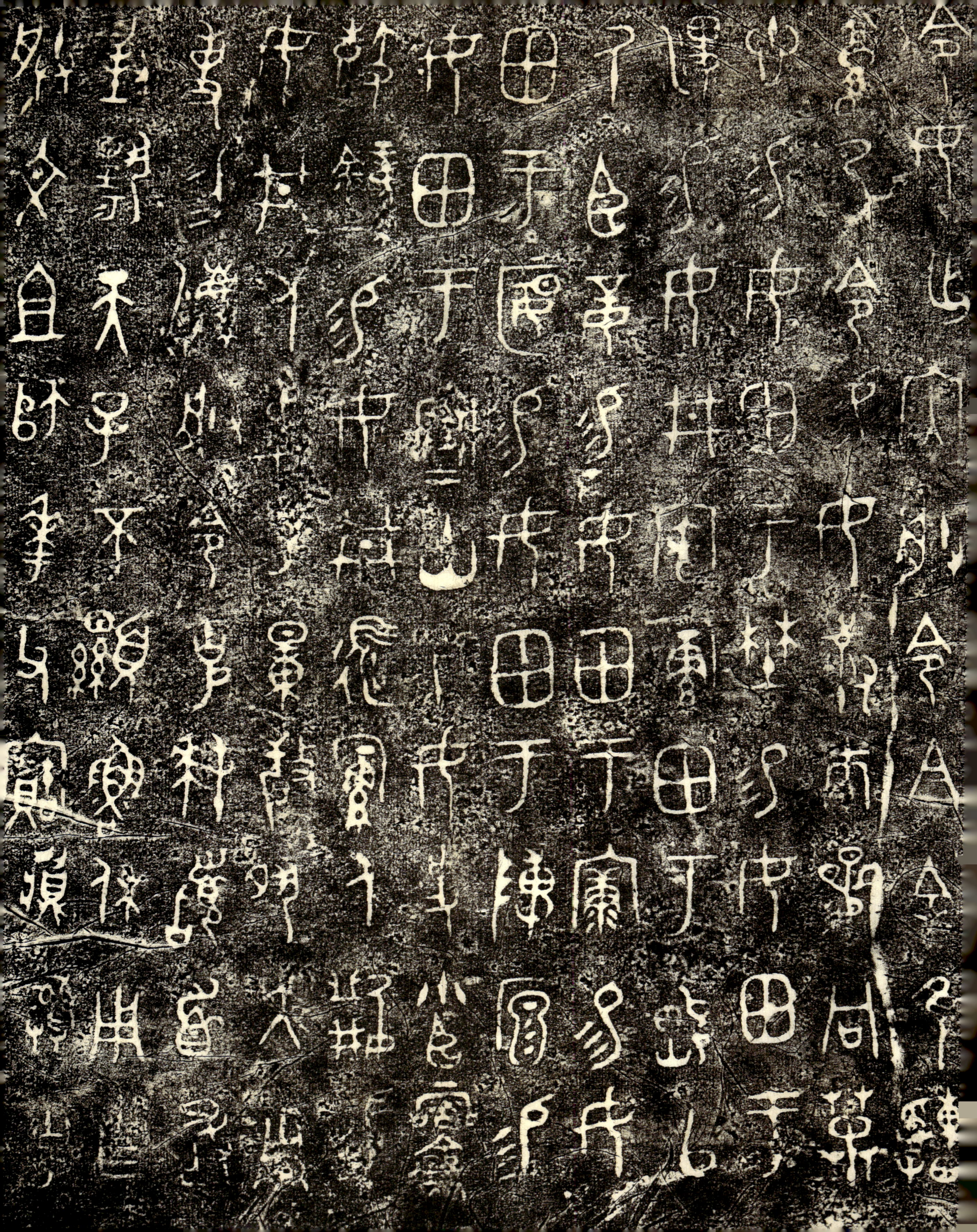

劉朝望題跋　周虢季子白盤銘文拓

1軸　紙本

34cm×65cm

鈐印：

寠齋

題簽：

虢季子白盤

題識：

右虢季子白盤銘拓本。盤故周宣王時物也。宣王嘉虢季子白伐獫狁有勞，故錫以是盤，褒美勛伐。歷二千餘年至有清嘉慶間始出土，爲常州徐氏所有。洪楊兵起，沉埋虎穴。同治甲子夏，先大父壯肅公克常州得之。是盤於三代金器中最爲碩大而完美，殆閎覽博物之君子所樂玩耽也，慕沂仁兄姻先生雅玩。庚午（1930）長夏，合肥劉朝望題贈。鈐印：劉朝望印、荃莊

提要：

虢季子白盤鑄造於公元前816年，是西周晚期一件具有記功、記事性質的祭祀禮器，長137厘米，寬86厘米，高約39厘米，總重量達215千克，是迄今爲止所見最大的商周青銅盤，是西周宣王十二年（前816）虢季氏子白爲紀念其受周天子命，率軍在洛河北岸戰勝匈奴的先祖獫狁立下奇功，受到周王的褒獎而作的重器。盤的内底有銘文一百一十一字，對這段史實作了詳細的記載。這些銘文對研究西周晚期周王室與北方少數民族關係史，以及西北地理沿革變化具有十分重要的史料價值。銘文分爲八行，以四句一行爲主，文辭優雅，富有韻律，書寫章法自然，是優秀的金文書法作品。

虢季子白盤在道光年間出土於陝西寶雞的虢川司（今屬寶雞市陳倉區），爲時任眉縣縣令徐燮所得，徐卸任返籍時將虢盤帶回常州。太平天國時期，護王陳坤書鎮守常州，虢盤易手成了護王的珍藏。清同治三年（1864）初夏，時任直隸提督的淮軍將領劉銘傳，隨李鴻章追殺太平軍時率部占領常州。劉銘傳住在陳坤書的護王府witty，在馬厩發現了虢季子白盤，當他看到盤底有古文字“讀之不能盡曉”，意識到此“非尋常物也”，旋即命人押運送回安徽合肥老家劉老圩村秘藏，并在家鄉修築“盤亭”安置寶物。同治十一年（1872）劉銘傳聘請金石學家吴雲釋讀虢季子白盤銘文并考訂文字，又由英翰、徐子苓和劉銘傳本人相繼作序，刻成《盤亭小録》一書。

劉銘傳身後，虢季子白盤一直由劉家後人守候，軍閥、日寇、國民黨官吏紛紛索取，覬覦者衆多，給劉家後代帶去了極大的麻煩。劉家人不得不將白盤埋於深土，舉家出逃。1949年之後，劉銘傳第四代孫劉肅曾將虢季子白盤獻出，現藏於中國國家博物館。

嘉樹堂此本爲合肥劉氏藏拓本，乃劉銘傳之孫劉朝望題贈友人慕沂仁兄。劉朝望（1881—？），字荃莊，安徽合肥人。清末舉人，劉銘傳孫。民國時任川南軍政府都督，1913年授陸軍中將。

右虢季子白盤銘拓本盤故周宣王時物也宣王嘉虢季子白伐獫狁有勞故錫吕是盤褒美
勛伐歷二千餘年至有清嘉慶間始出土為常州徐氏所有洪楊兵起沉埋虎穴同治甲子夏

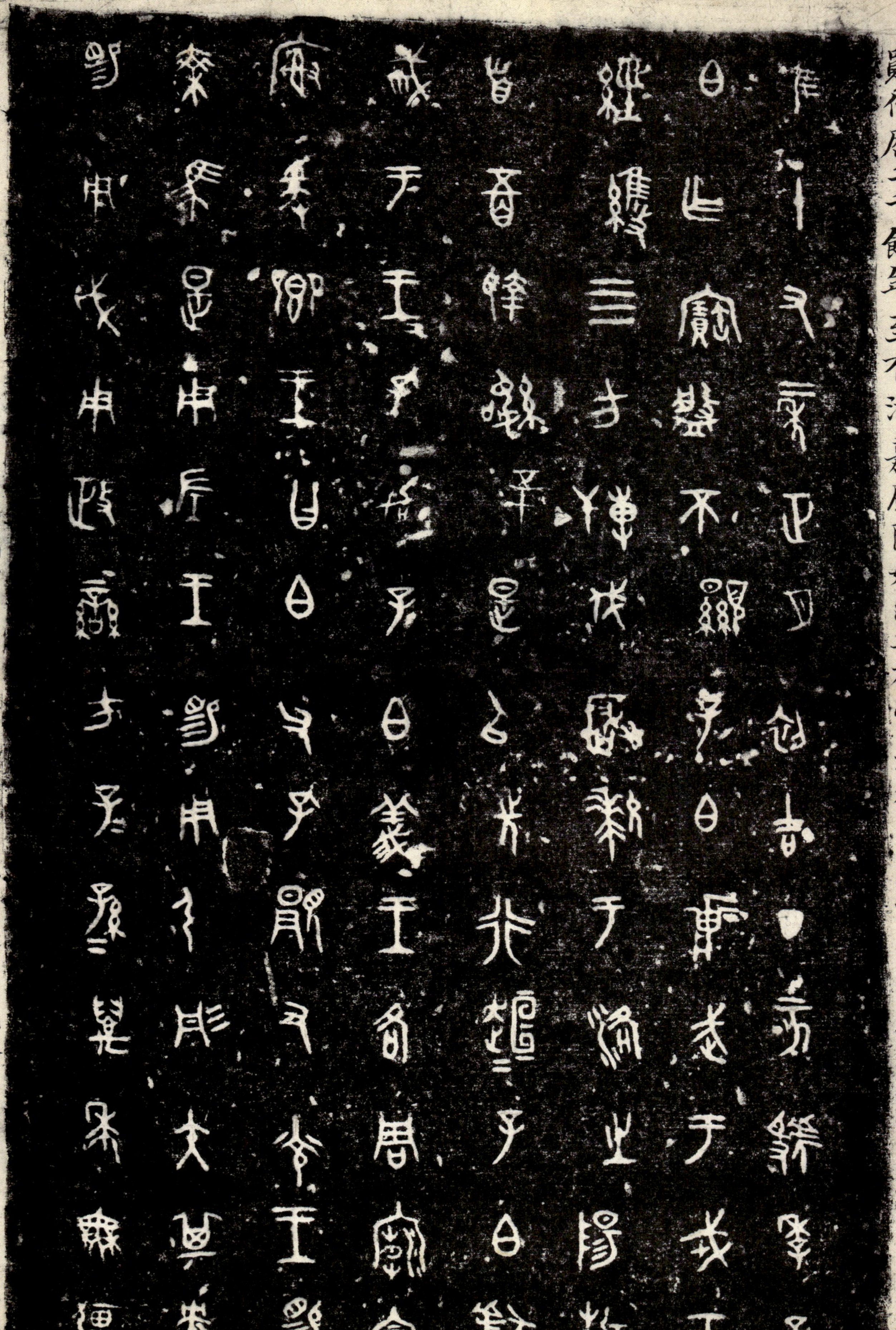

先大父壯肅公克常州得之是盤於三代金器中最為碩大而完美殆閎覽博物之君子所樂玩耽也

慕沂仁兄姻先生 雅玩

庚午長夏合肥劉朝望題贈

先大父壯肅公克常州得之是盤於三代金器中日

慕沂仁兄姻先生 雅玩

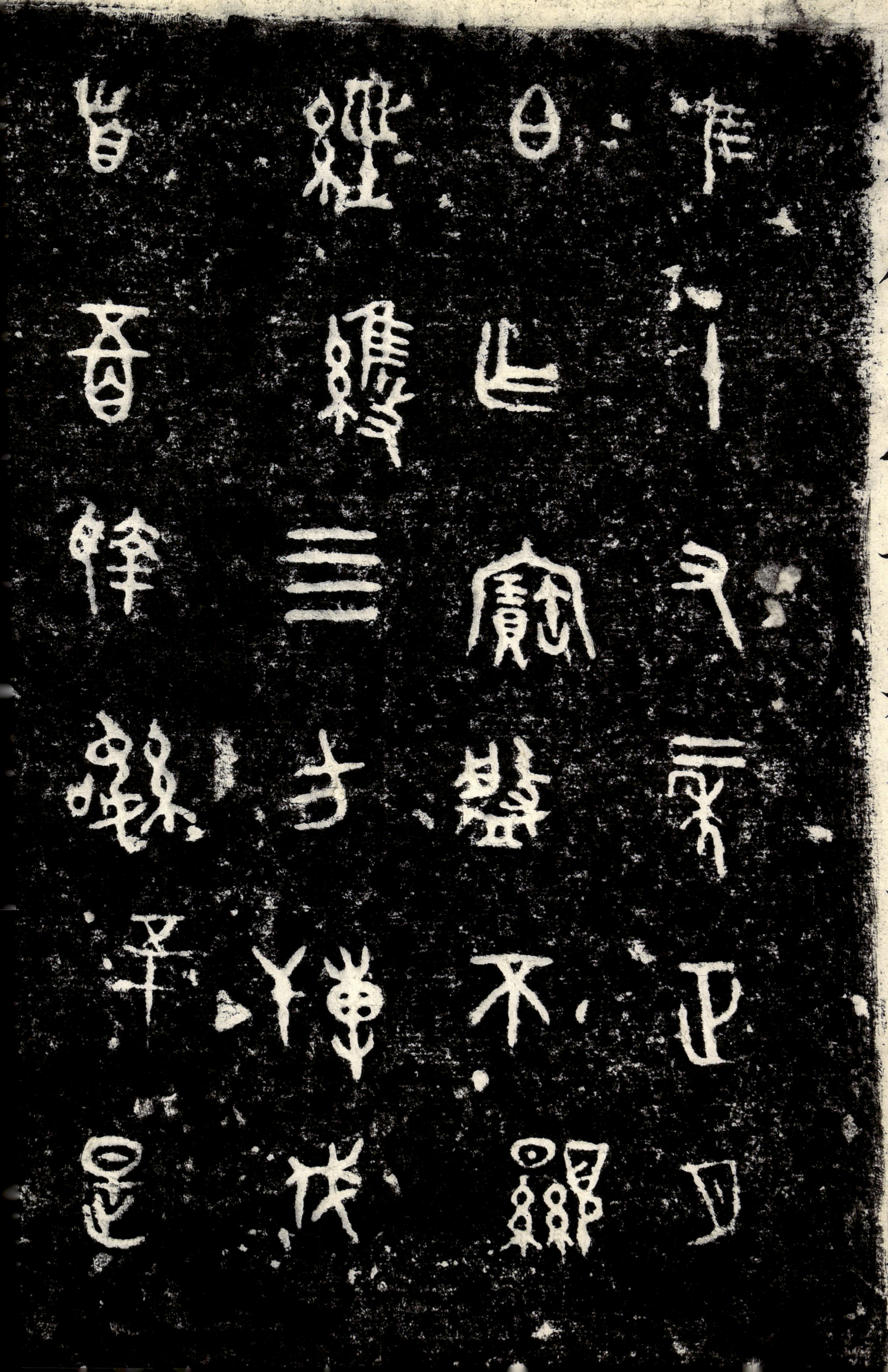

右虢季子白盤銘拓本盤故周宣王時物也出
勛伐歷二千餘年至有清嘉慶間始出土為

為碩大而完美殆閱覽博物之君子所樂玩耽也

庚午長夏合肥劉朝望題贈

王嘉虢季子白伐獫狁有勞故錫邑是盤褒美
常州徐氏所有洪楊兵起沉埋虎穴同治甲子夏

初吉丁亥虢季子
子白壯武于戎工
玁狁于洛之陽折
以先行桓子白獻

萬中立題跋　商三形爵拓本

1 張　紙本

52.7cm × 89.3cm

鈐印：

萬氏吉金

題簽：

三形爵。鈐印：梅嵒仿藏經紙

題識：

商爵文在鋬内。手形、爵形、目形，猶言以手持爵，舉爵至目，以昭誠敬。昔觀曲阜孔氏商爵墨本，亞形中“[illegible]”（手捧爵形），阮文達曾親見其器，摹入《積古款識册》。此銘象形字三，又多一義，乃商爵之最精者。尺度大逾常制，花文細若絲縷，色澤古艷，心醉神移。昔人所謂碧如翠羽，兹更光同寶玉矣。誠天壤無偶之奇物也。紫檀座底有文曰“懷米山房所藏”，爲曹秋舫吉金圖中器，近落於蘇州飛凫人手者。光緒辛丑嘉平客海上，聞將售於扶桑，估人直銀餅五百，議幾承就，亟倩雲林後人符貫攘歸，子商法物安忍任其投之遐荒乎？或云沽者欲求善價，故欺以其方。然古緣牽結，特行其心之所安耳。謹質之陶公或嘉其豪舉耶。抑目爲迂論耶。雅有同嗜，希以教之。漢陽萬中立。鈐印：三形爵主、梅嵒居士真鑑碻稽記、梅厓金石題跋、中立平生所嗜

提要：

此件萬中立題跋商三形爵拓本，據萬中立題跋可知，爵杯原爲蘇州曹秋舫舊物，其《懷米山房吉金圖》中有記載。曹秋舫名載奎，秋舫爲其字，蘇州著名收藏家、金石家，與阮元齊名，與張廷濟、吴榮光相友善。

萬中立（1861—1907），原名立，字欣陶，號梅岩（厓），湖北漢陽人。光緒二十年（1894）舉人。嘗官江蘇道員。萬中立喜研金石文字，藏彝器、碑帖甚富，時有甲東南之譽。沈樹鏞藏漢石經、清儀閣舊藏多爲其所得。

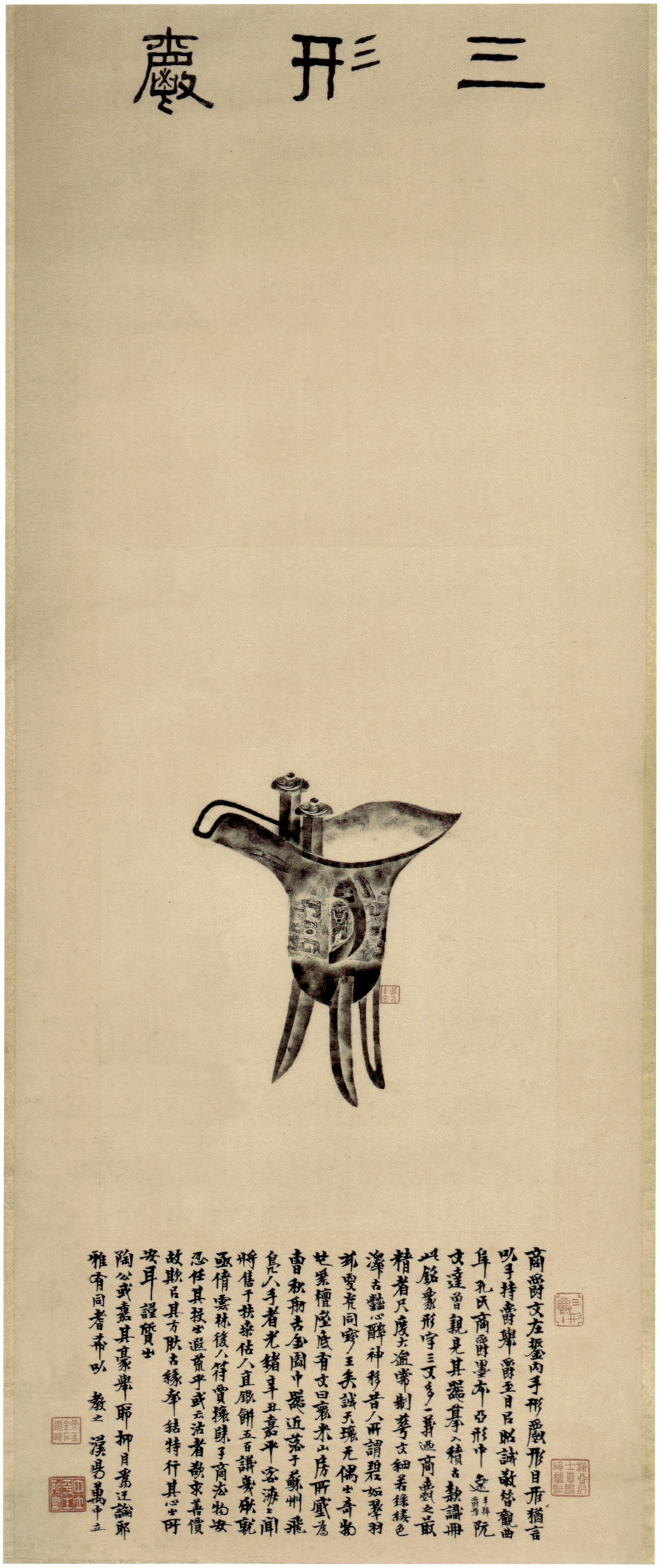

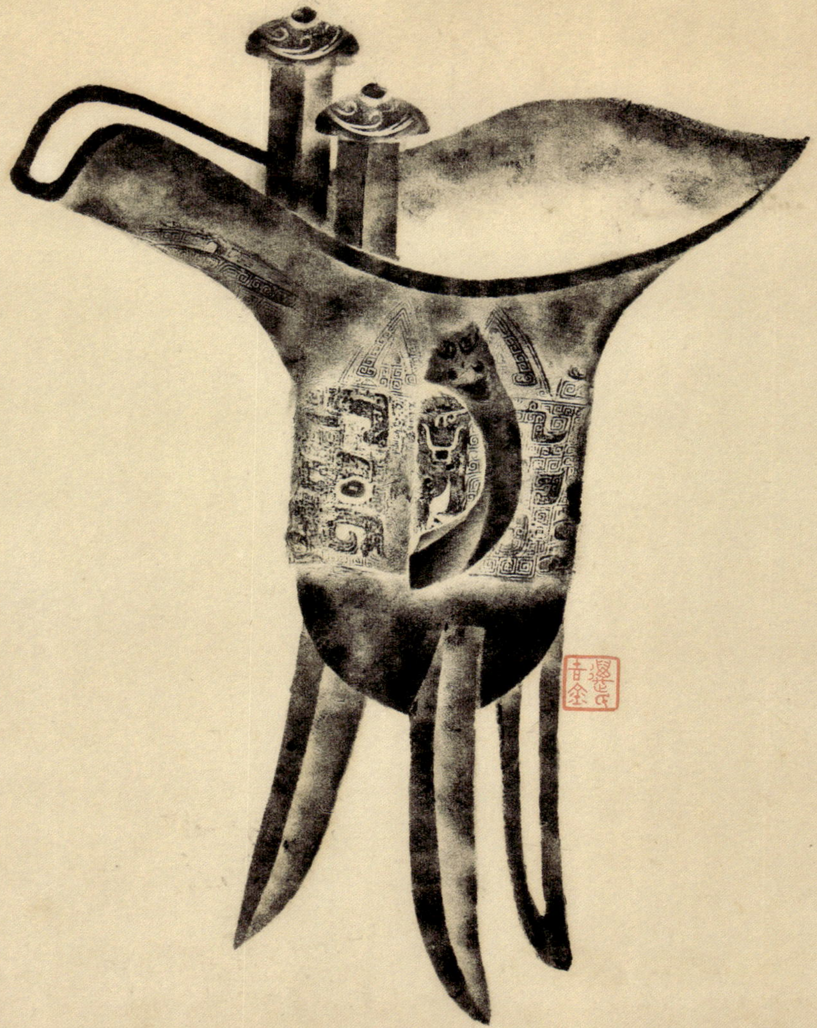

商爵文左鋬内手形爵形目形猶言
以手持爵舉爵至目已昭誠敬皆觀曲
阜孔氏商爵墨本亞形中象手捧爵形阮
文達曾親見其器摹入積古款識冊
此銘象形字三又多一義過商彝之最
精者尺度大盈帶制夔文細若絲縷色
澤古豔心醉神移昔人所謂碧石如翠羽
珍愛光同寶之王矣識天壤無偶之奇物
世紫檀座底有文曰寂米山房所藏為
曹秋舫吉金圖中器近落于蘇州飛
鳧人手者光緒辛丑嘉平客滬上聞
將售于扶桑估人直賤餅五百議幾成就
亟倩雲林後人符賈攘歸予商彝物安
忍任其投之遐荒乎或云沽者欺求善價
故欺己其方耽古緣牽結特行其心之所
安耳一謔質之
陶公或嘉其豪舉耶抑目爲迂論耶
雅有同耆希以教之 漢易萬中立

萬中立題贈端方　周三家彝全形拓

1張　紙本

52.7cm × 89.3cm

鈐印：

漢陽萬氏永寶

題識：

1. 三家彝爲宇内著名重器，舊藏禾郡方蓮卿處。清儀老人曾扁其室曰“彝齋”，并稱色質俱佳，文字尤精妙，無以得此寶物，鄗人當避三舍云云。光緒廿有七年辛丑九月竟歸我梅巖精廬，拂拭悉玩，覺太古之色撲人麋宇。蓋十數載夢寐結想而不可獲者，一旦入我寶笈，謂非古金奇緣耶。石柯居士選花乳石欣然制印，曰“三家彝齋”，以紀古歡。粤歲四月既望，萬中立志。鈐印：萬氏家珍、目賞心愉、畐居一適、梅畐考古之辭

2. 方氏既有此器，頗知珍秘，未嘗傳拓。《積古齋款識册》僅據江秋史侍御摹本編入。兵燹後在兩罍軒吴氏，近見於蘇州古玩肆中。先是友人寄視打本，文字絶佳，略無闕敝，訝爲大寶，馳電購歸。於是喧傳某巖獲贗鼎矣，蓋彼處鑒家以吴人翳刻者爲真本耳。噫，餐藜含糗者流，烏足與論太羹之滋味邪。重五日梅畐識字耕田夫又記。鈐印：中立題記

3. 全形景出更精神，信是金剛不壞身。堪笑世人偏好事，以真作贗贗爲真。真鑒碻稽原不易，誇多門靡近修名。要知學問讀經史，珍重遺文子細評。中夜有感因成此詩，匋齋尚書許爲有得之言否。中立。鈐印：萬中立腹笥中物、三家彝齋

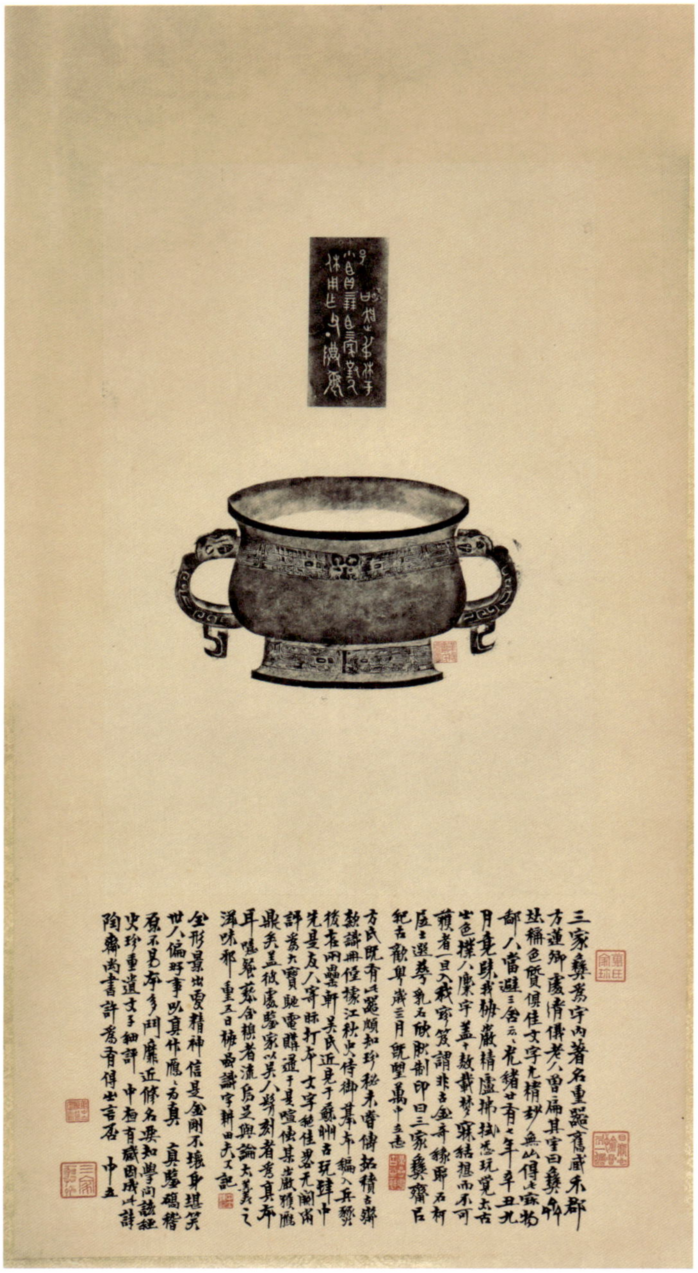

提要：

三家彝又名易旁簋，西周早期器，經郭止亭、方惟祺、萬中立、劉鶚先後遞藏，器物現藏故宫博物院。三家彝器内底有三行二十四字銘文，記述易旁爲答謝遣叔賜給他三串貝和三家奴僕的事，并紀念父丁。嘉樹堂此本爲辛丑（1901）九月三家彝器歸漢陽萬氏後，萬中立傳拓後題贈端方。

光緒三十三年（1907）正月二十七日，萬中立突遭惡疾，不治身亡，卒年四十有七。其身後，端方親撰墓志銘，親書上石，又復篆蓋、點主，可謂是垂青備至。端方所撰墓銘有云：“余所識當代金石家若吴縣潘氏，福山王氏，海豐吴氏皆巨人長德爲海内所宗仰。其有位不副德，容貌若中人，而精鑒好古，敦行不怠，足與諸家相頡頏者，則莫如吾友梅岩萬君。”由此語可見二人的金石交誼頗爲深厚。嘉樹堂所藏此件三家彝拓上萬中立題贈端方的跋語，亦可爲二人的金石相交之厚再添一段佐證。

三家彝爲宇內著名重器舊藏禾郡方蓮卿處清儀老人曾扁其室曰彝竹然稱色質俱佳文字尤精妙無比得古森物郡人當避三舍云云光緒廿有七年辛丑九月竟歸我梅叢精廬拂拭憑玩覺太古之色撲人眉宇蓋十數載夢寐結想而不可獲者一旦入我窮笈謂非古金奇緣耶石村居士選琴乳石欣然制印曰三家彝齋以紀古歡舉歲三月既望萬中立志

方氏既有此器頗知珍秘未嘗傳拓積古齋款識冊僅據江秋史侍御摹本編入兵燹後在兩罍軒吳氏近見于蘇州古玩肆中先是友人寄贈打本文字絕佳界元瀾滿評爲大寶馳電購還于是喧傳某古廠贋鼎矣蓋彼處鑒家以吳人精刻者爲真本耳噫饕餮合模者流烏足與論太羹之滋味耶 重五日梅叢識字耕田夫又記

全形景出更精神信是金剛不壞身堪笑世人偏好事以真作贋贋爲真 真真鑒碻稽原不易本多鬥靡近修名要知學問該經史珍重遺文子細評 中柏有藏因成此詩陶齋尚書許爲有得之言否 中立

王懿榮題跋　許延暄拓周叔向父禹簋全形拓

1 張　紙本

44cm × 98.5cm

鈐印：

延暄手拓彝器

題簽：

延煦堂所藏叔向敦拓本。此敦後歸潘文勤公。字文極精可愛。王文敏題。子英藏。

題識：

同治癸酉漢軍許氏延暄求得此敦於河南某家，向未著録者。是歲肥城舊縣出卣四，亦爲其所得。甲戌（1874）夏以此敦全形拓贈子英道兄，乃屬懿榮題記。鈐印：王正孺

提要：

叔向父禹簋爲西周晚期周厲王時期青銅器，銘見《殷周金文集成》4242。叔向父禹是穆公後裔，服事周室，爲武公僚屬，封邑於井。叔向父禹簋是爲了顯揚禹的先祖幽大叔的明德威儀而作的禮器。

此拓本爲許延暄手拓。據王懿榮題跋可知，叔向父禹簋初出土時爲許延暄所得，此器後歸潘祖蔭收藏。今藏上海博物館。

許延暄，字煦堂，延煦堂爲其堂號，清咸同間滿洲人。精鑒别，富收藏，潘祖蔭致陳介祺手札中屢屢提及他。

王懿榮（1845—1900），字正孺，一字廉生、蓮生，晚署直廬花衣、養泉居士、養潛先生，登州府福山縣（今烟臺市福山區）人。光緒六年（1880）庚辰科進士，授翰林院編修，入值南書房，授國子監祭酒，官至侍讀。自幼酷嗜金石文字，收藏金石碑刻，精於銘文考訂，與翁同龢、徐郙、潘祖蔭、吴大徵、羅振玉、劉鶚等交游密切。潘祖蔭在京的很多金石搜集方面的事務多由吴大澂和王懿榮代辦。吴大澂甚至認爲王氏“爲吾輩中第一法眼”。潘氏富藏實有王懿榮很大的功勞。

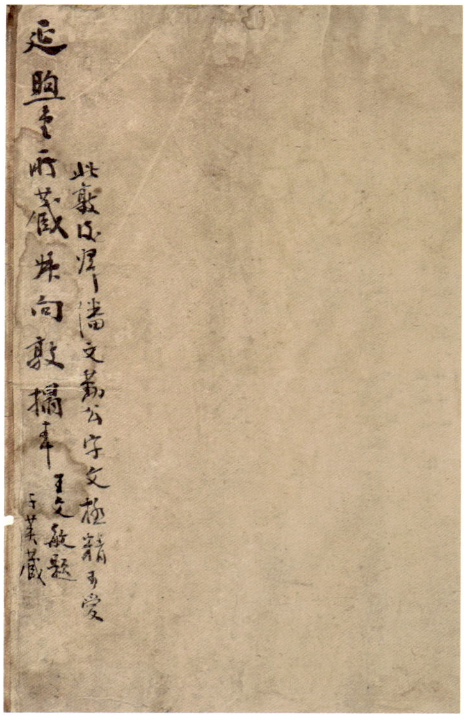

同治癸酉漢軍許氏延暄求得此敦於河南某家
而未著錄者是歲肥城舊縣出卣四亦為其所得甲
戌夏以此敦全形拓贈 子英道兄乃屬 懿榮題記

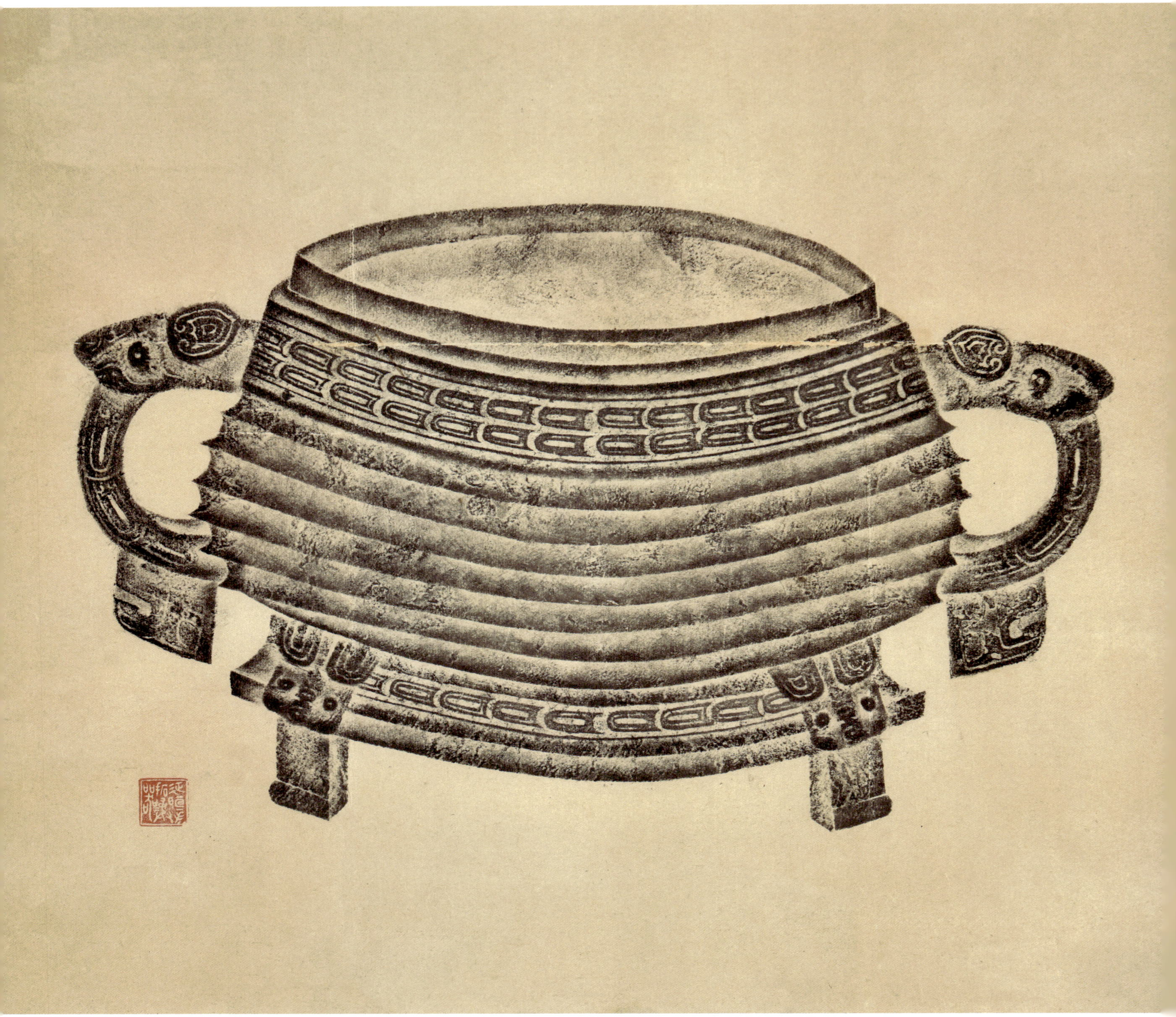

同治癸酉漢軍許氏延暄求得此敦於河南某家
向未著錄者是歲肥城舊縣出卣四亦為其所得甲
戌夏以此敦全形拓贈
子英道兄乃屬懿榮題記

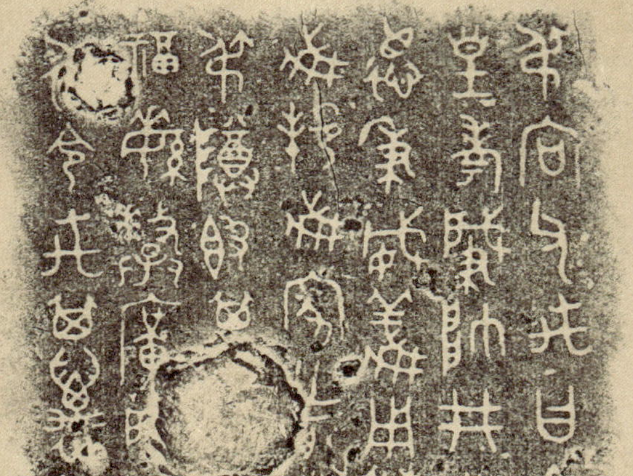

東武王氏藏吉金拓

1 册附錦套　紙本

17.2cm × 27cm

鈐印：

王戟門平生珍賞、錫棨審定、東武王氏所藏金石記、王錫棨印、選青山房珍藏、戟門所得金石、戟門珍藏、王氏吉金、戟門獲古、蘭溪手拓古金、王緒祖藏鐘鼎文字、蘭溪珍賞、緒祖審定、蘭畦手搨、緒祖、王氏仲子、蘭溪珍藏、王緒祖印信長壽、蘭溪得古佛像皈依信、生平金石作良朋、盉軒得來、丁亥更字鄦閣、琅邪人、金石刻畫臣能爲、保殘守闕、蘭溪所得金石、蘭溪所藏、王緒祖長壽年宜子孫、鄦閣藏器、王蘭溪平生珍賞、十布秘藏之室、篤嗜金石

提要：

此册吉金拓收録古器39件，皆爲東武王氏父子遞藏，包含周益公鐘、古句鑃、李璋煜藏漢永建犀毗、長平句兵、齊陳子翼戈等諸多流傳有序的青銅名器。其中如周益公鐘，因鉦間有七篆字銘文："益公爲楚氏和鐘"，故以"益公"爲名。益公鐘鑄造精美，端莊典雅，曾爲劉喜海舊藏，著録於《長安獲古編》，現藏山東省博物館。又如古句鑃，曾著録於民國《東方雜志》第二十七卷第二號。王氏後人王維樸於《東武王氏商盉堂金石業話》一文中提到："此句鑃浙江武康縣出土。向傳無字者十餘，惟二有字。一首缺唯字，初爲海寧蘇花農外翰所得，釋六舟《寶素室金石書畫編年録》詳細記之。後經烏程温氏，本邑劉氏，而歸予家，載《捃古録》《金文存》各書。"

東武王氏爲清末至民國年間山東諸城的收藏世家。王氏家族以著名收藏家王戟門及子王緒祖爲主，所收藏的文物之精，數量之多，名冠齊魯。他們前後四代人，采取傳遞式的收藏方式，共持續了一百三十多年。

王錫棨（1833—1870），字戟門，是王氏家族一位承上啓下、頗有建樹的人物。一方面他接傳衣缽，想方設法保護好上輩留下來的文物，另一方面繼續搜求古書畫、碑帖、金石古泉等物。王戟門晚年尤好藏泉，并集成力作《泉苑萃珍》。此書是一部研究古錢幣的資料總匯，與他的另一部《古泉匯考》，幾乎傾注了他的全部心血。王戟門另外還有《選青閣藏器目》《邃古閣藏古録》《亦佳室印集》等著作傳世。

王緒祖（1853—1919），字蘭溪、蘭畦，號次庭、鄦閣。王戟門次子，爲官至内閣中書，在北京爲官的十餘年里，他與大收藏家黄仲弢、端方交往最深。對他影響最大的則首推王懿榮。庚子之難中，八國聯軍攻陷北京，王懿榮以死抗争，這對當時已是四十七歲的王緒祖來説震動很大，不久他便離京返鄉。回到諸城之後，他一面整理父親和祖父兩代人留下的藏品，一面除了搜求古泉之外，將主要精力集中在對甲骨的收藏上，這大約是受了王懿榮的影響。王緒祖不僅廣泛收藏，還是一位頗有成就的學者。他的成就主要在對甲骨文與古錢的研究上，主要著作有《殷墟書契菁英》《貨泉匯考》等。此外，尚未整理出版的有《吉金釋文》一卷，《古泉匯補訂訛》三卷，《周句鑃齋藏石全目》等多種。

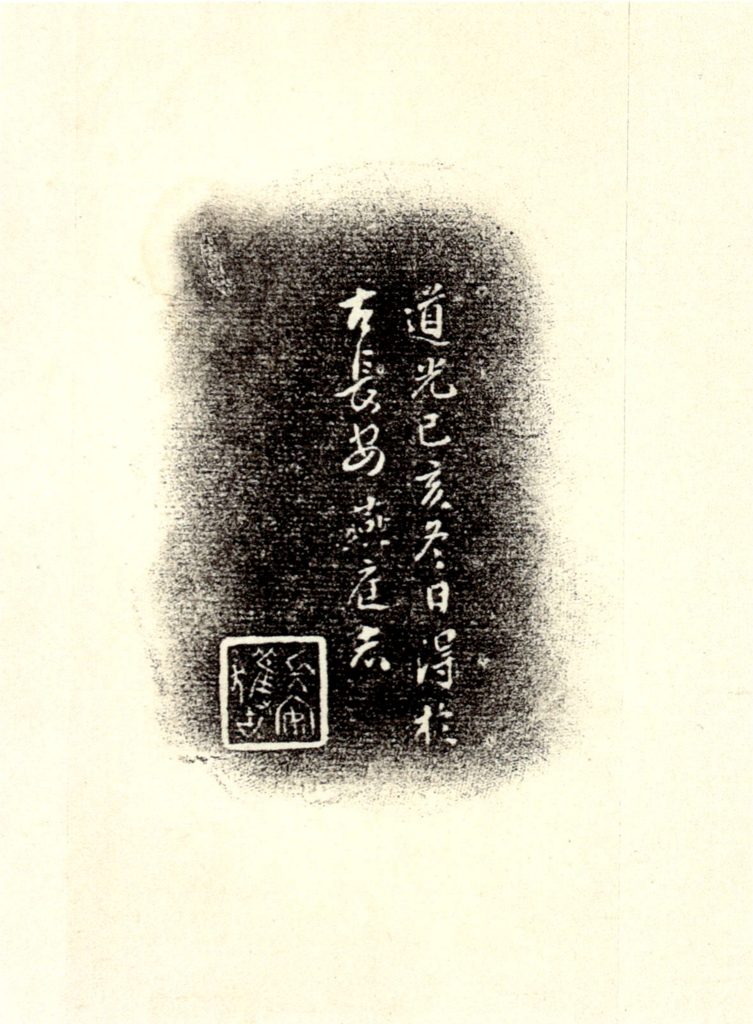
道光己亥冬日得於
長安燕庭志

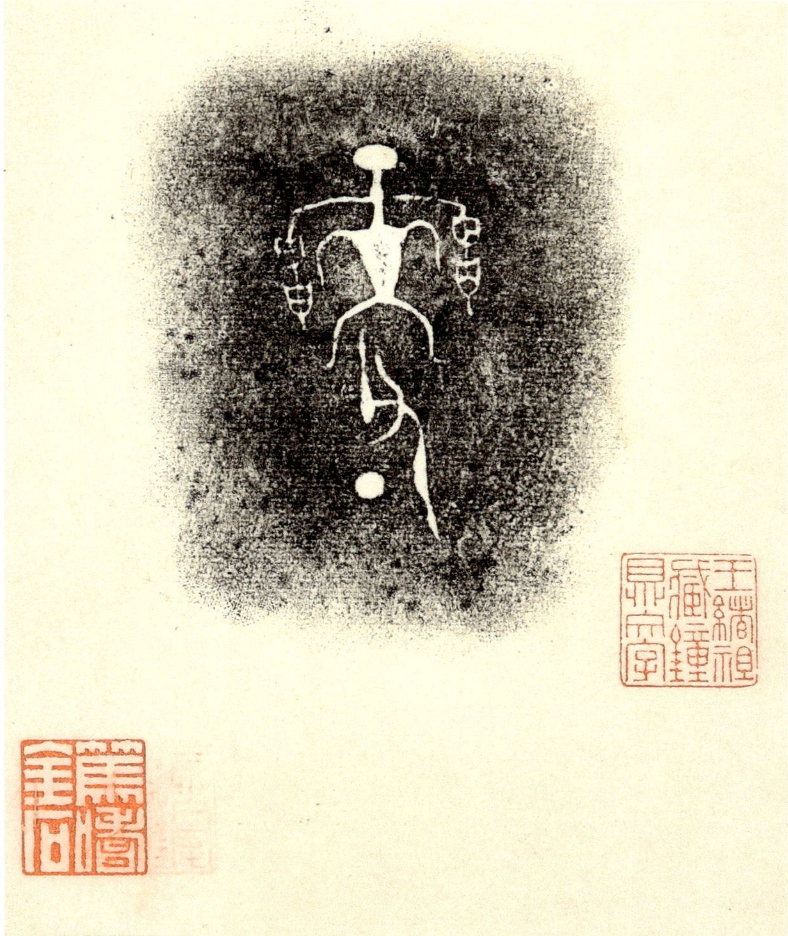

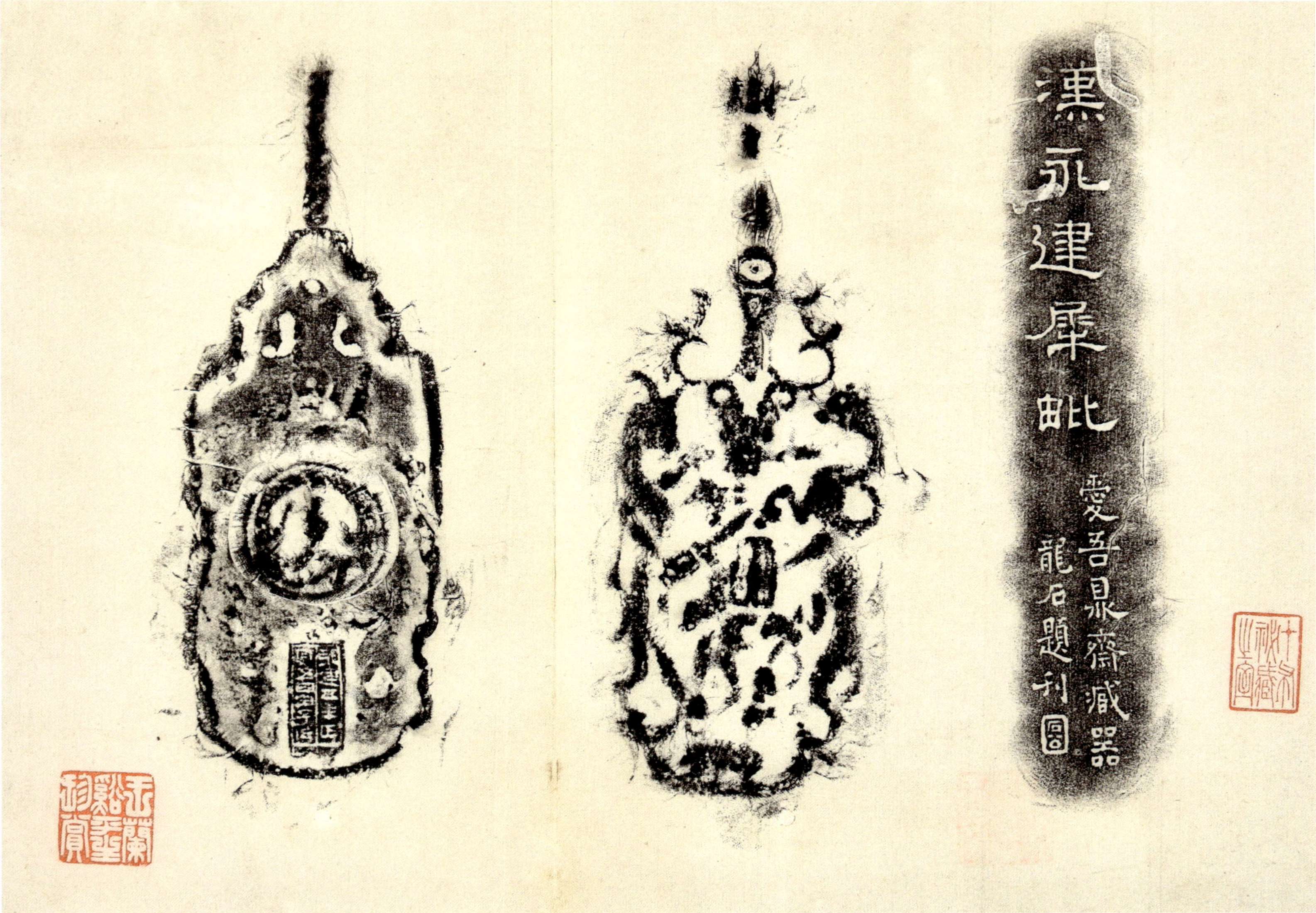
漢永建犀毗
愛吾鼎齋藏器
龍石題刊圖

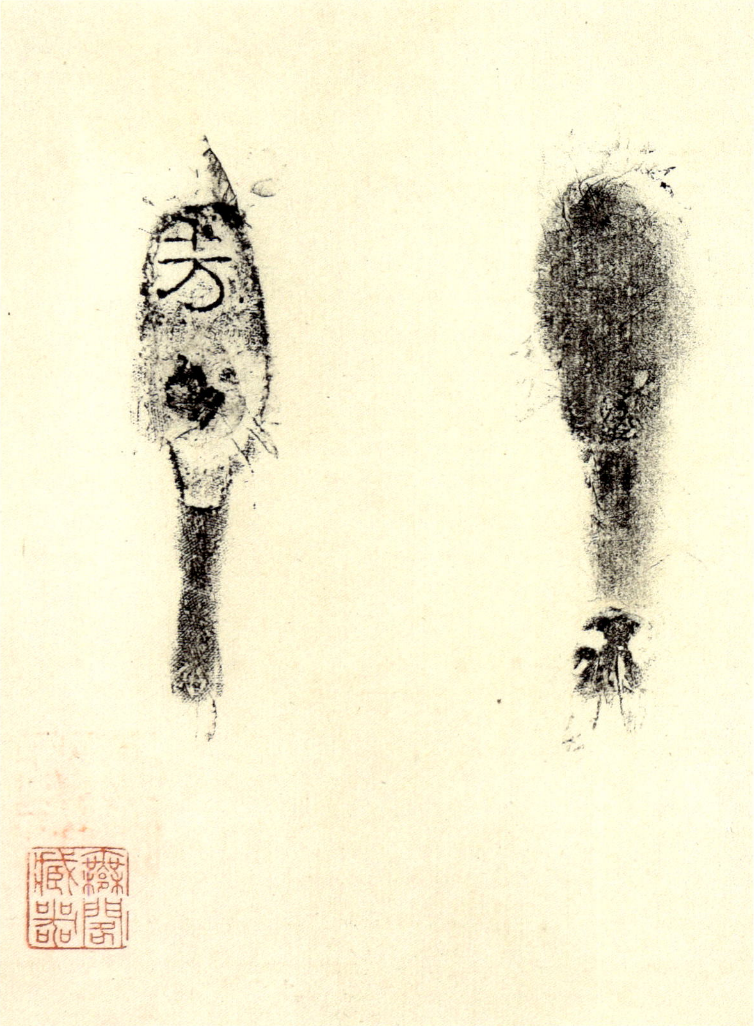

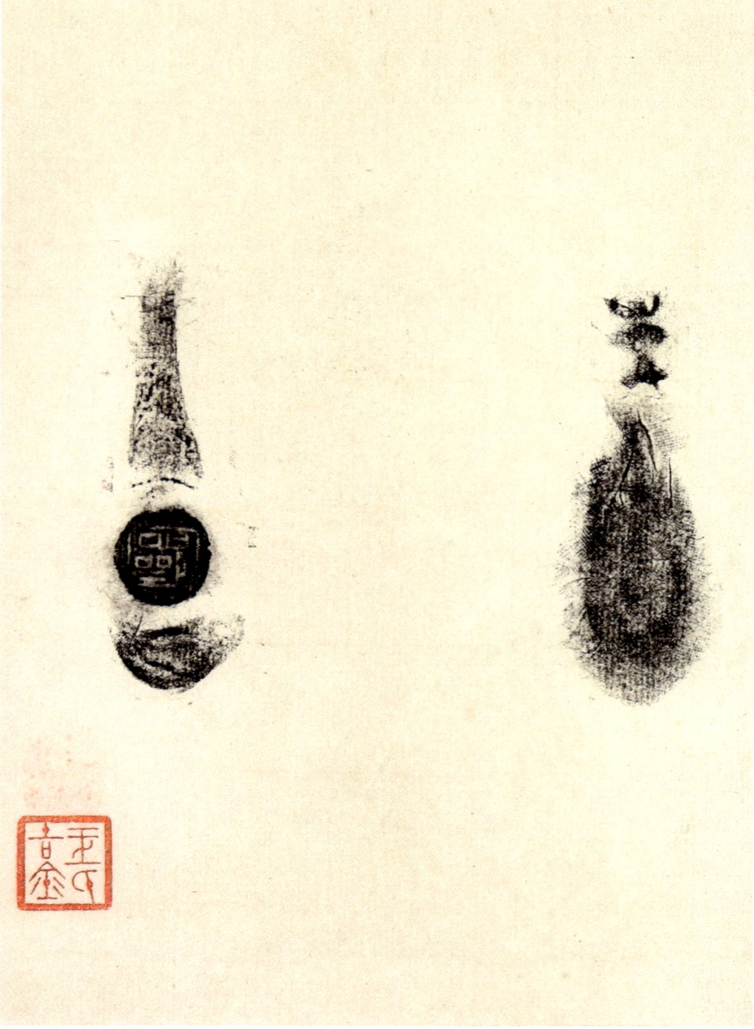

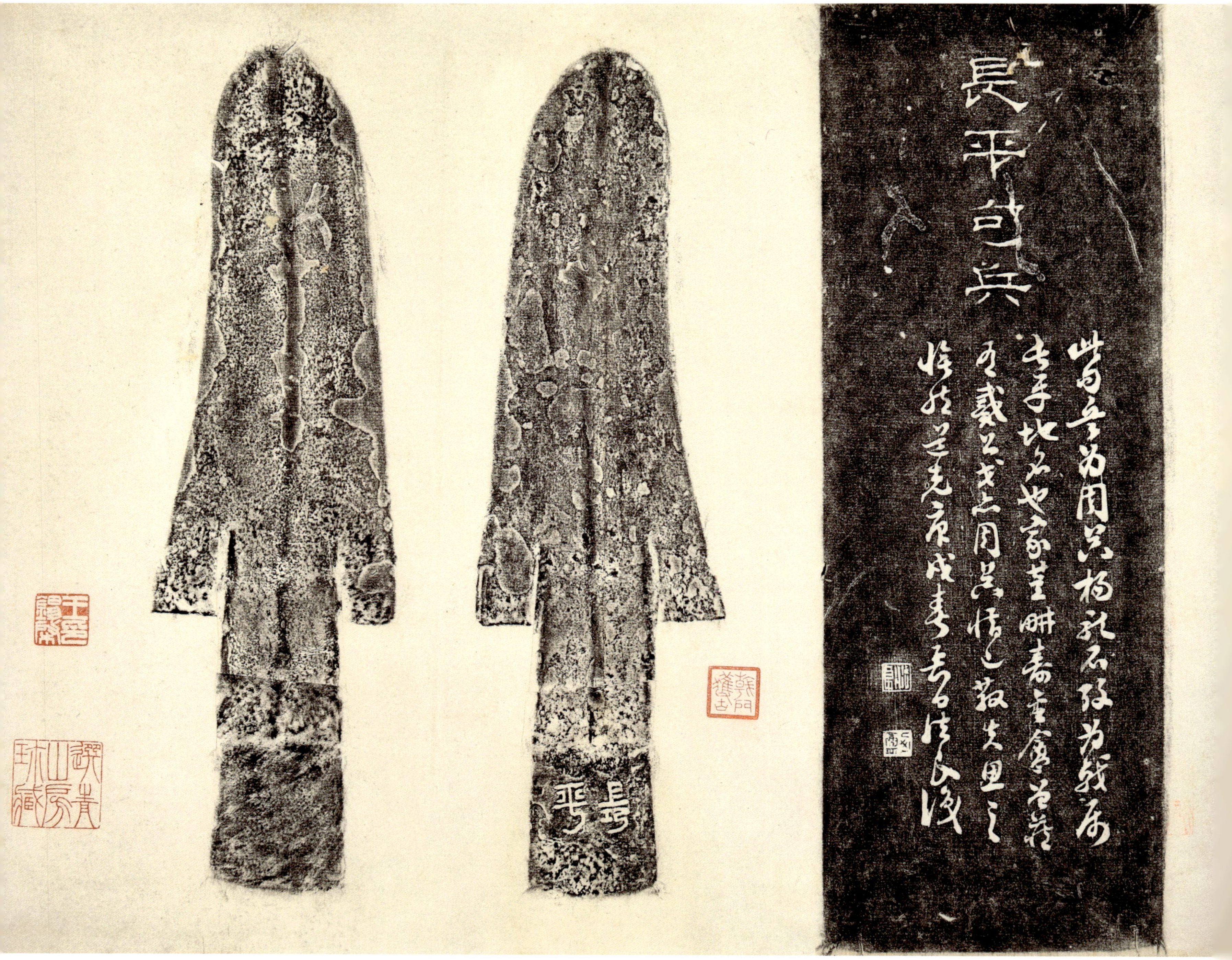
長平

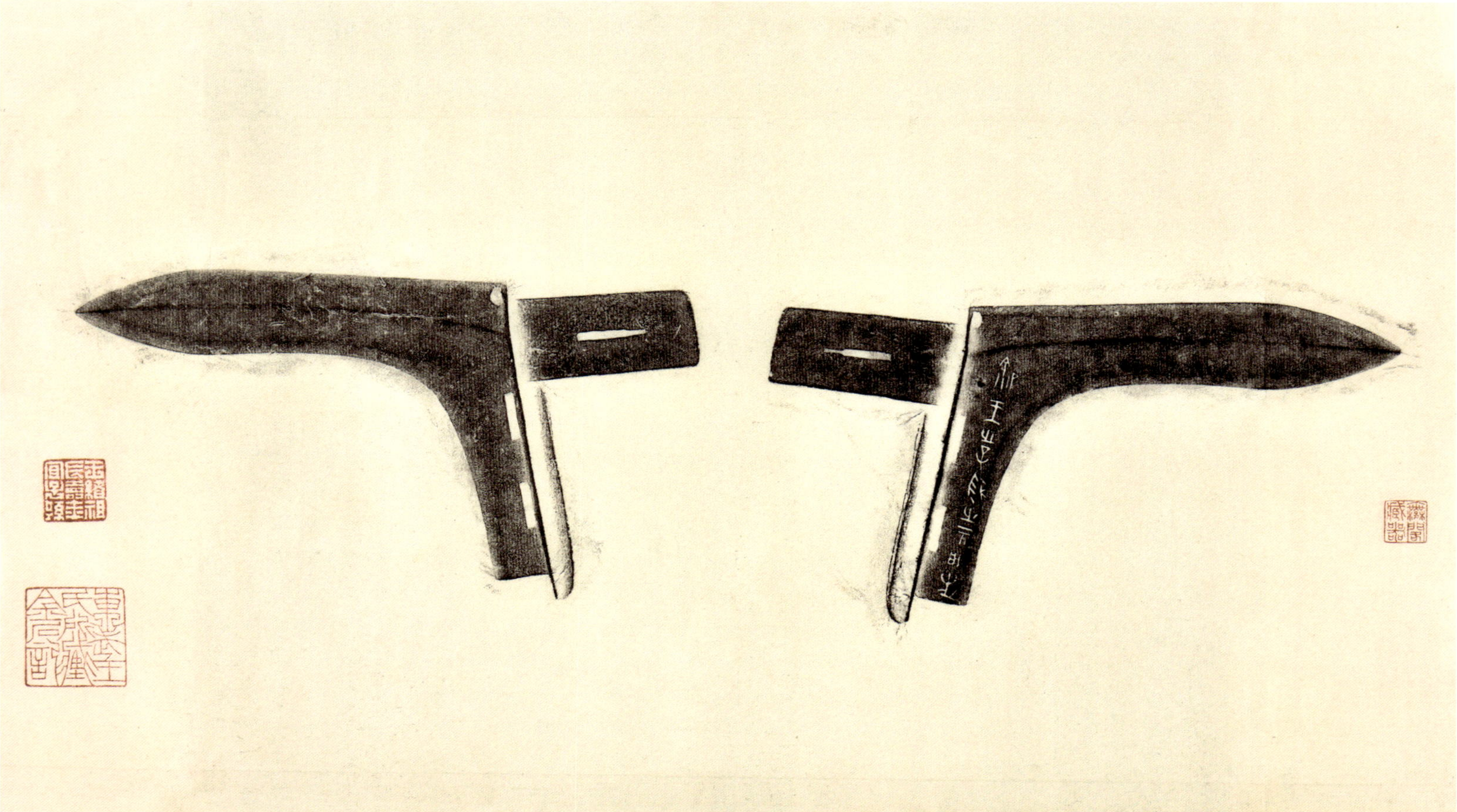

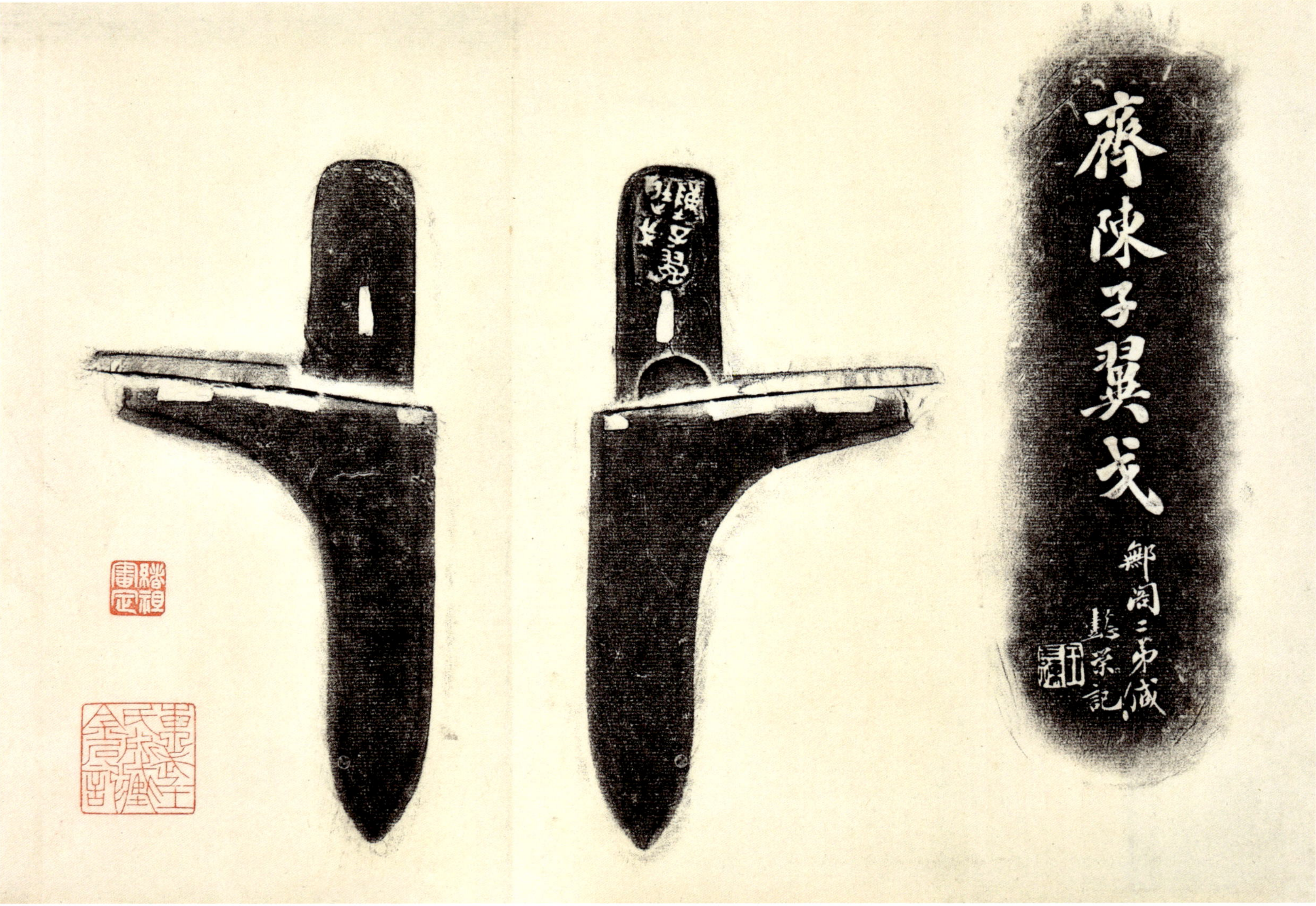
齊陳子翼戈
鄦閣三弟藏
懿榮記

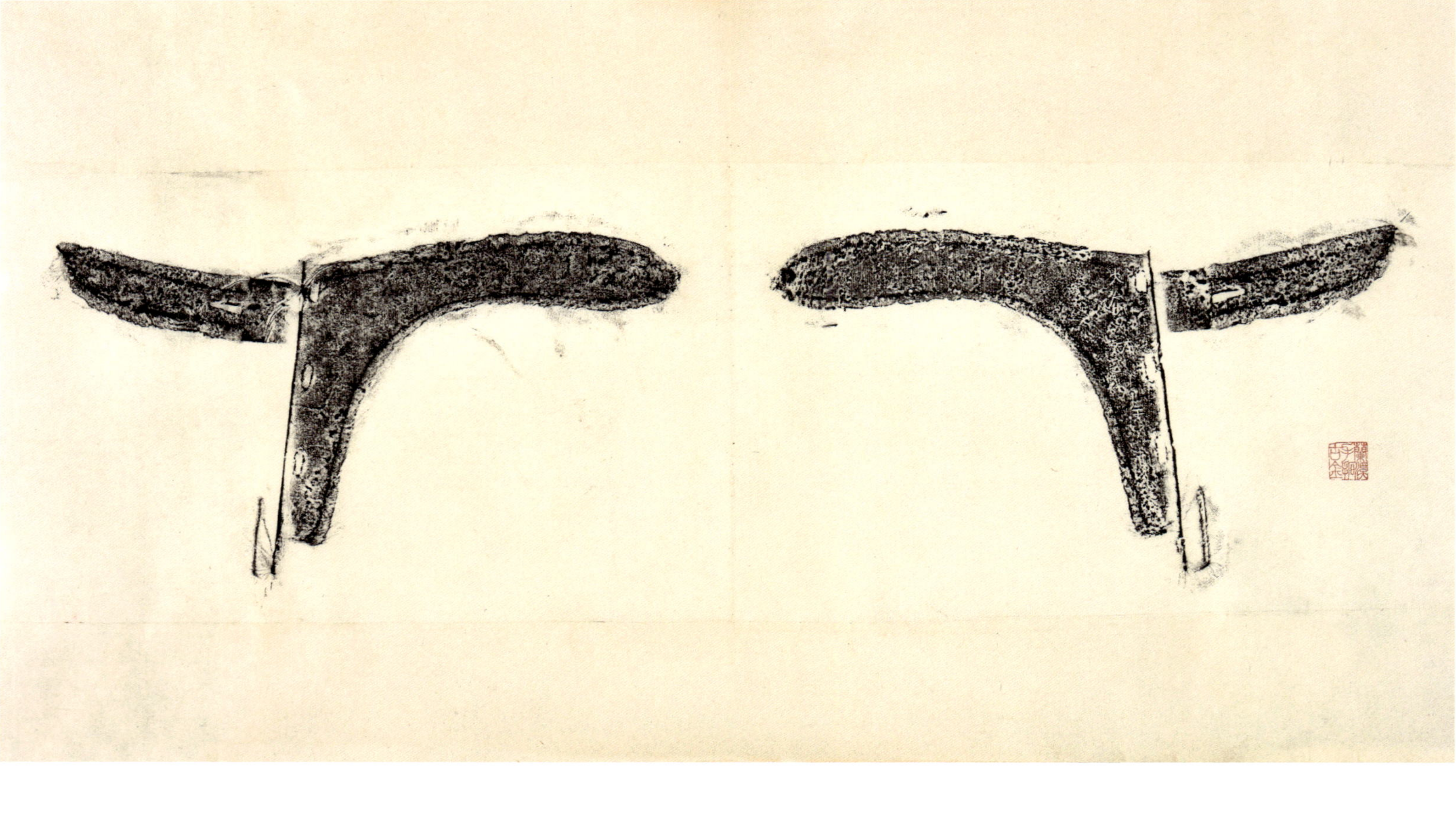

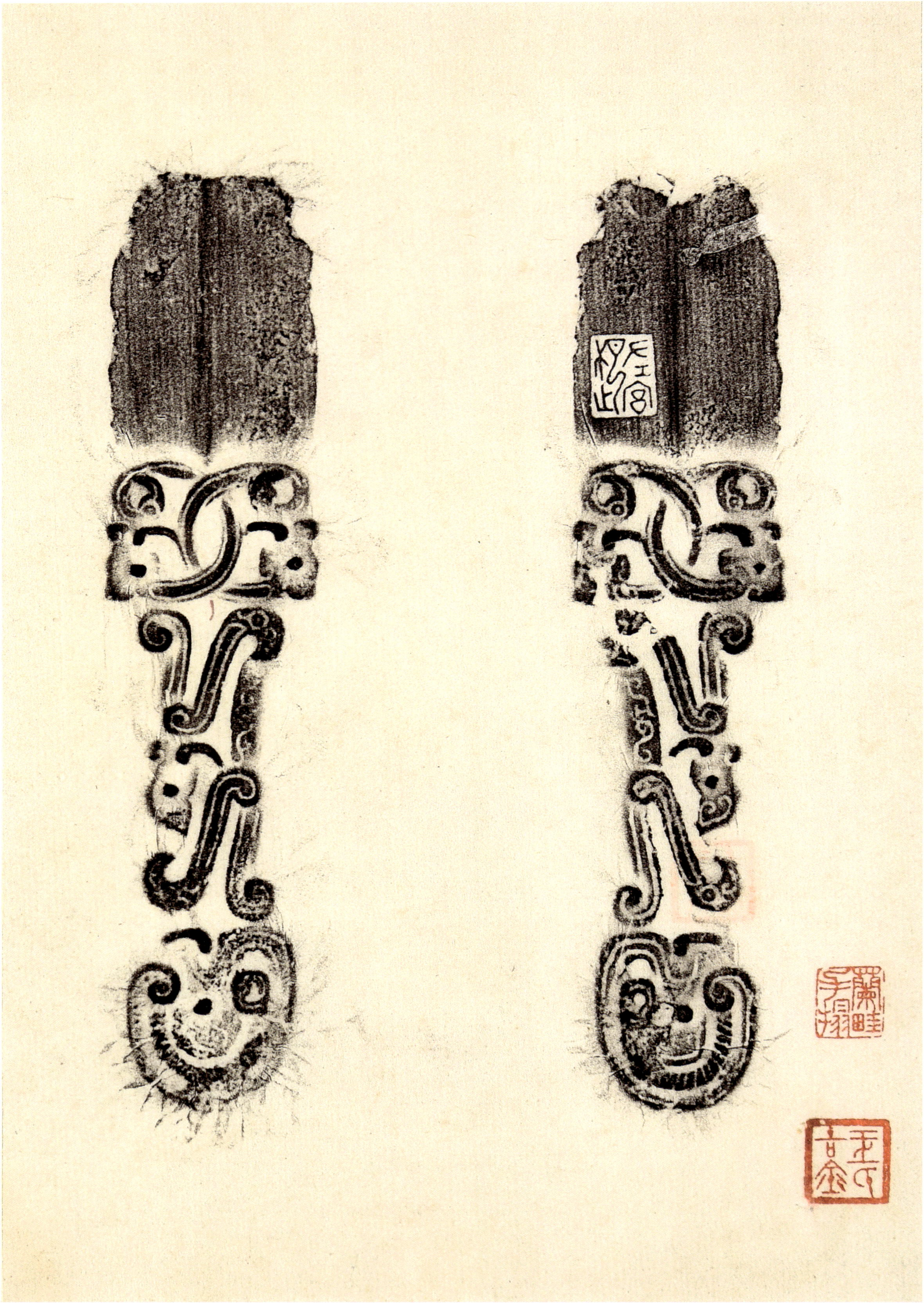

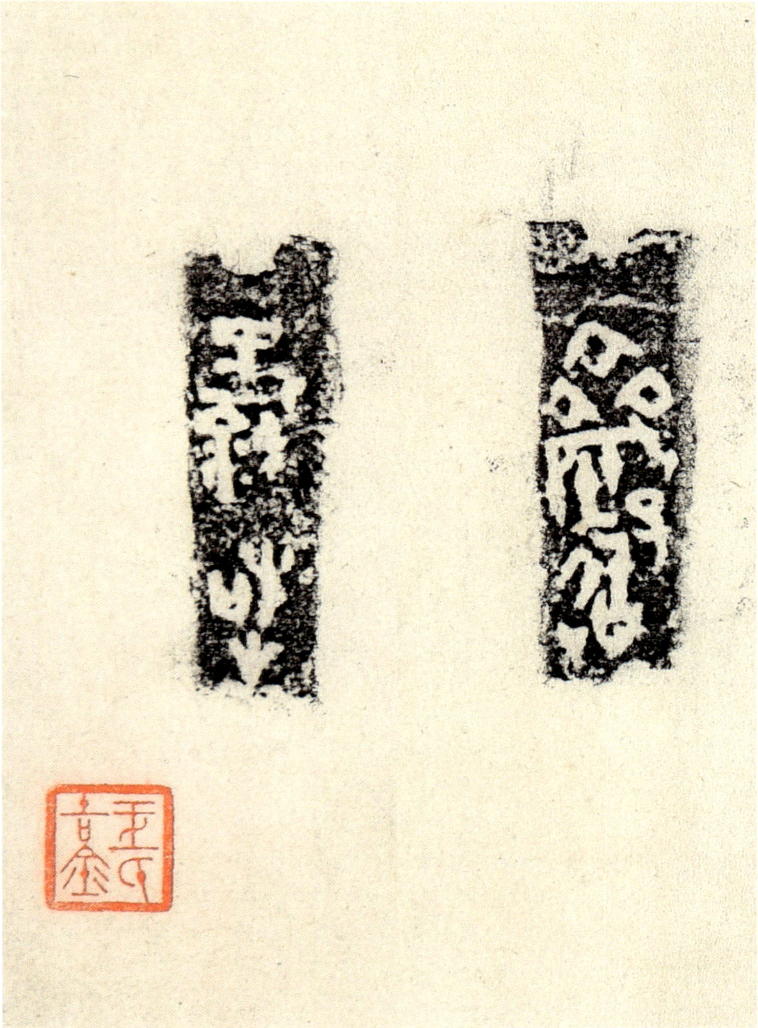

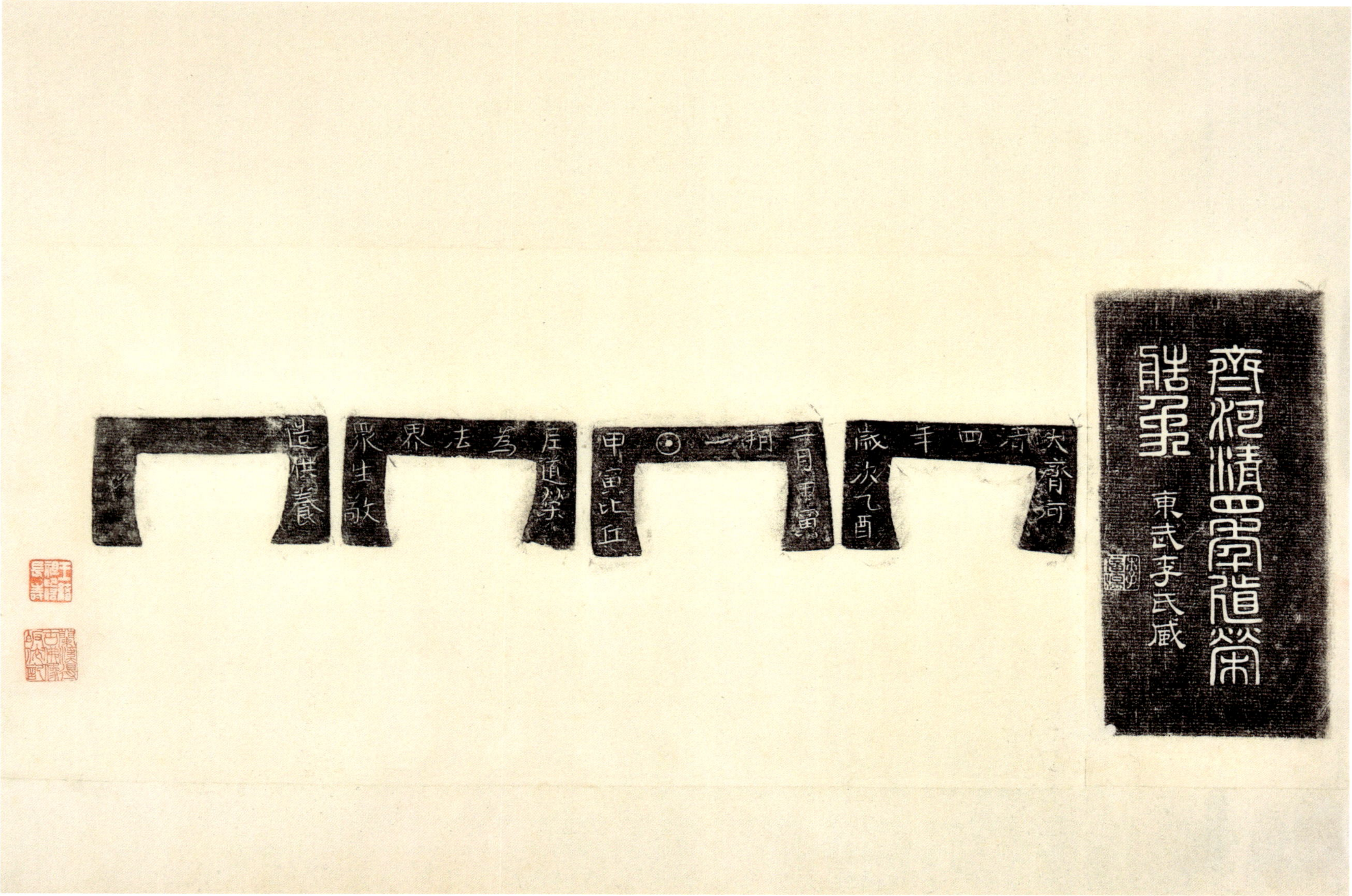
齊河清四學道榮造象
東武李氏藏
大齊河清四年歲次乙酉
二月甲寅朔一日甲寅比丘
邑道榮為法界眾生敬
造供養

王緒祖手拓家藏鐘鼎彝器拓片集

1 册 7 頁　紙本

25.2cm × 34.3cm

鈐印：

次庭珍藏金石文字、王次庭長物、次庭手拓吉金、綠雲山館、次庭手製拓本、東武王緒祖印信長壽、曾經雲間朱孔陽朱德天二代珍藏

題識：

右家藏諸器，丁卯（1867）仲冬次庭王緒祖拓於京寓，裝池識之。

提要：

此册爲王緒祖於丁卯（1867）仲冬手拓家藏商玉圭、商父癸鼎、商雍卣、周格伯敦蓋、周然睽敦、周伯俞簠、周丁卯敦、周善鼎、周曼龔父簋蓋、周叔琴簋、周應公彝、周仔林敦等12件王氏家藏商周鐘鼎彝器，并題識裝訂成册。

以王戟門爲主的山東諸城王氏家族是晚清民國時期山東金石收藏的大家族，王緒祖（1853—1919）爲王戟門次子，字蘭畦，號次庭、鄦閣。承父祖之餘緒，亦爲金石收藏家。畢生研究金石，著有《王氏吉金釋文》等。

商父癸鼎

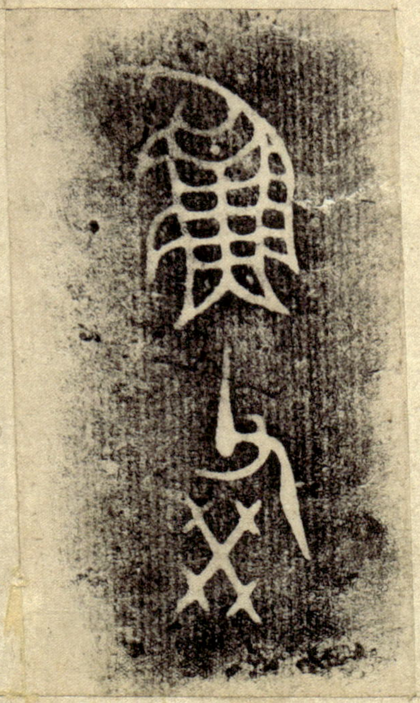

商雁卣

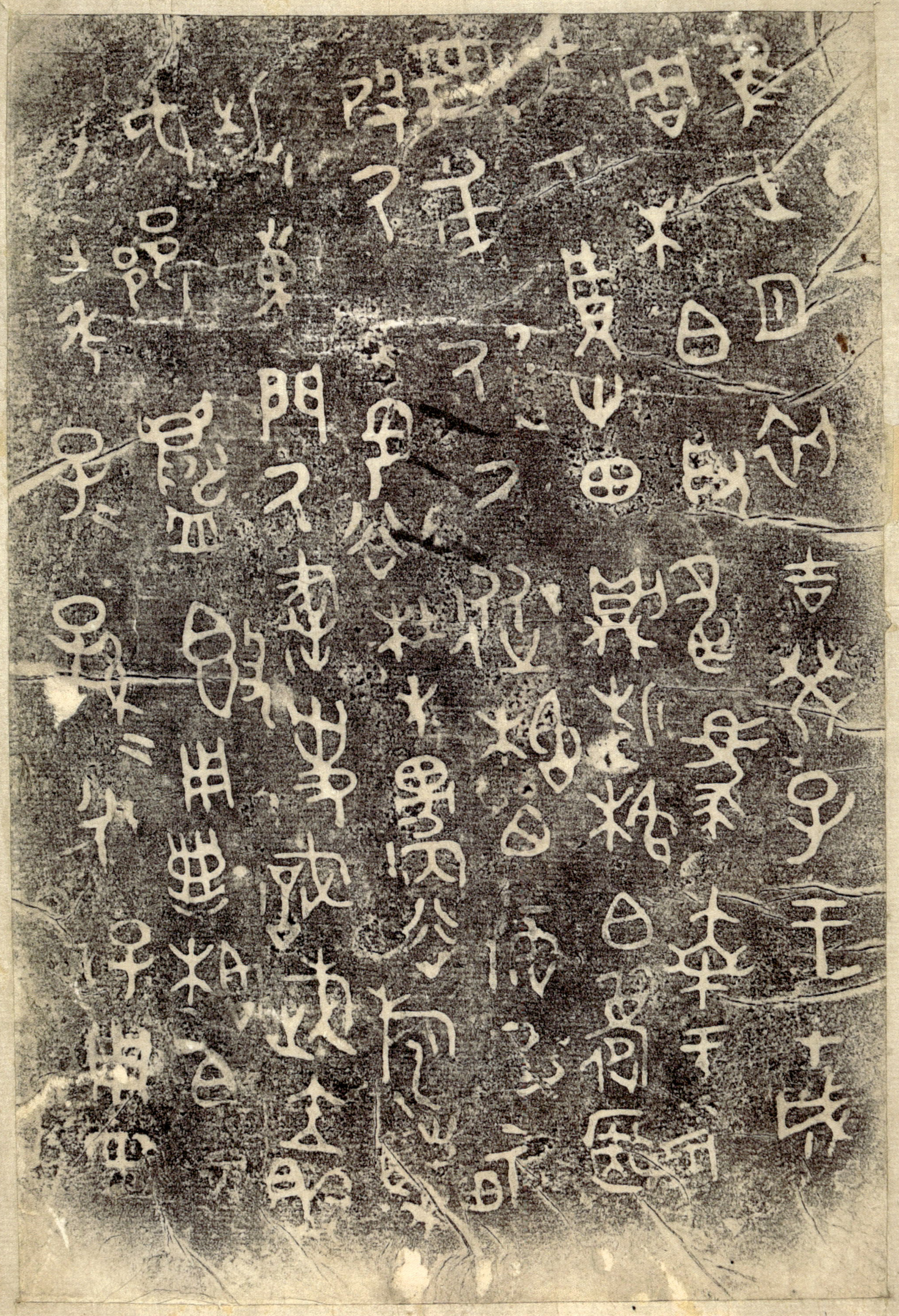

周格伯敦蓋

周絲眹敦

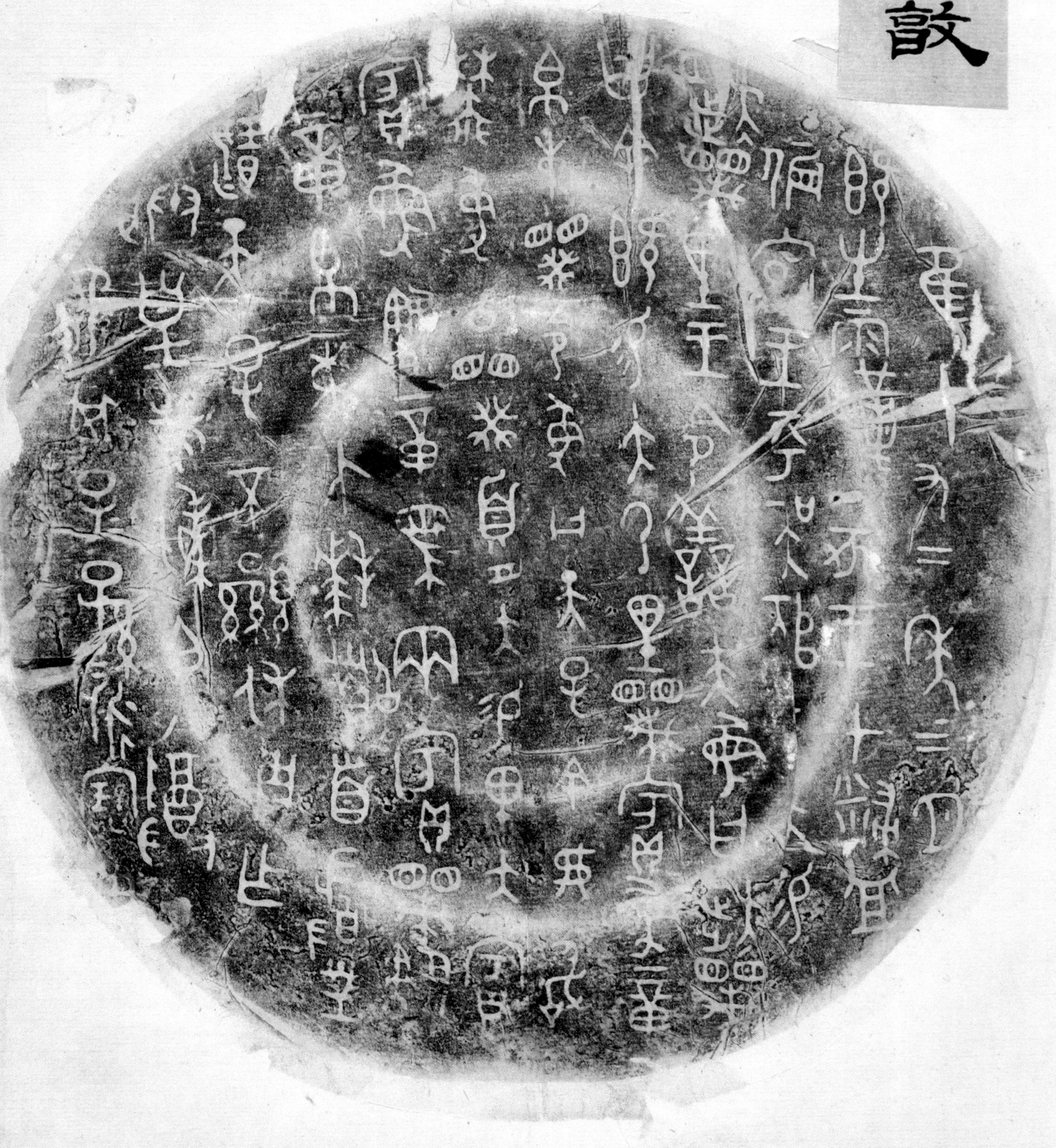

周伯俞盞

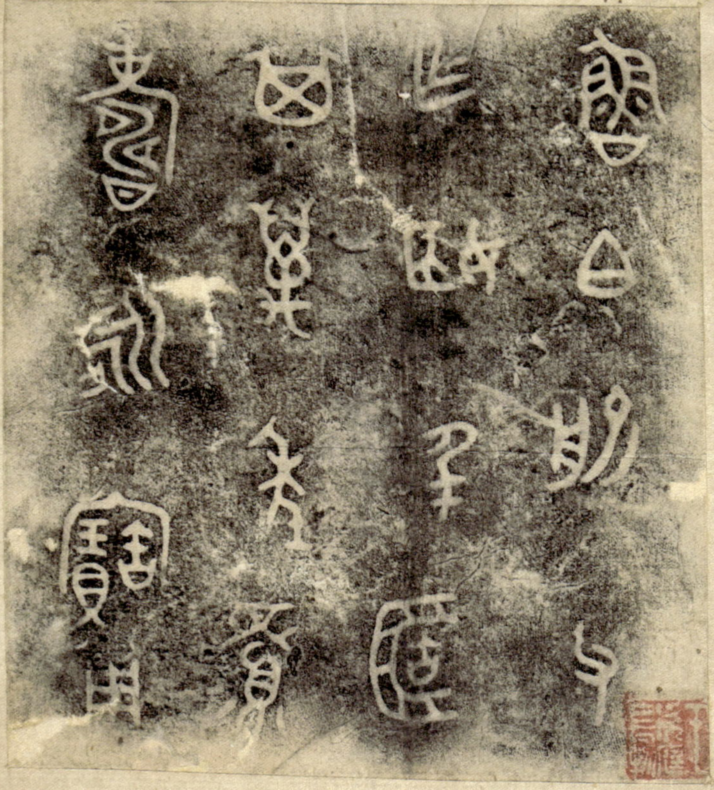

周丁卯敦

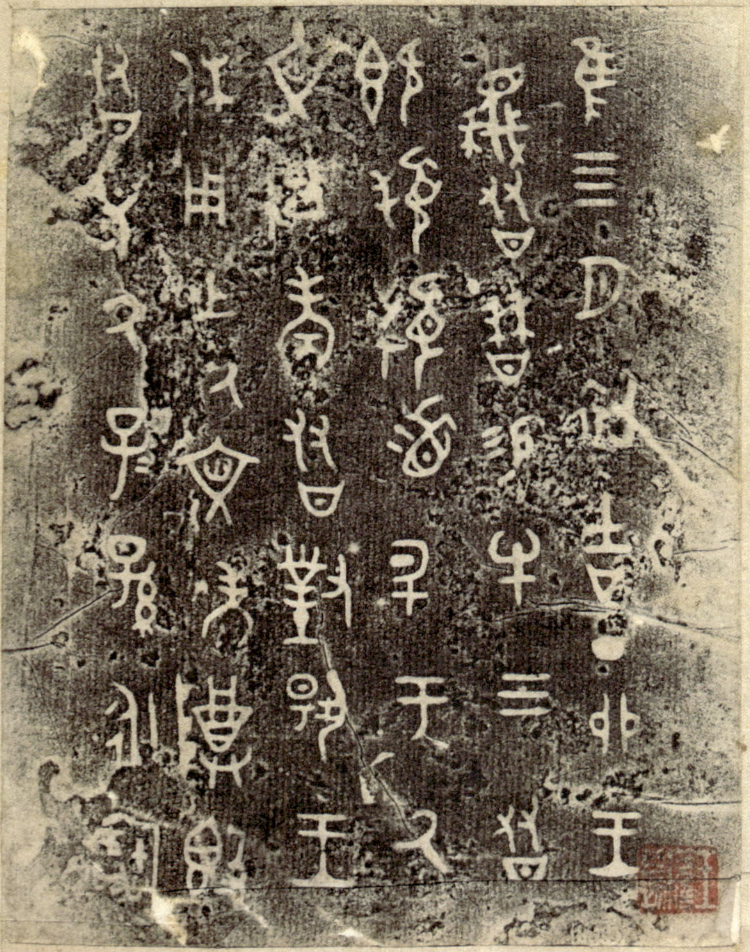

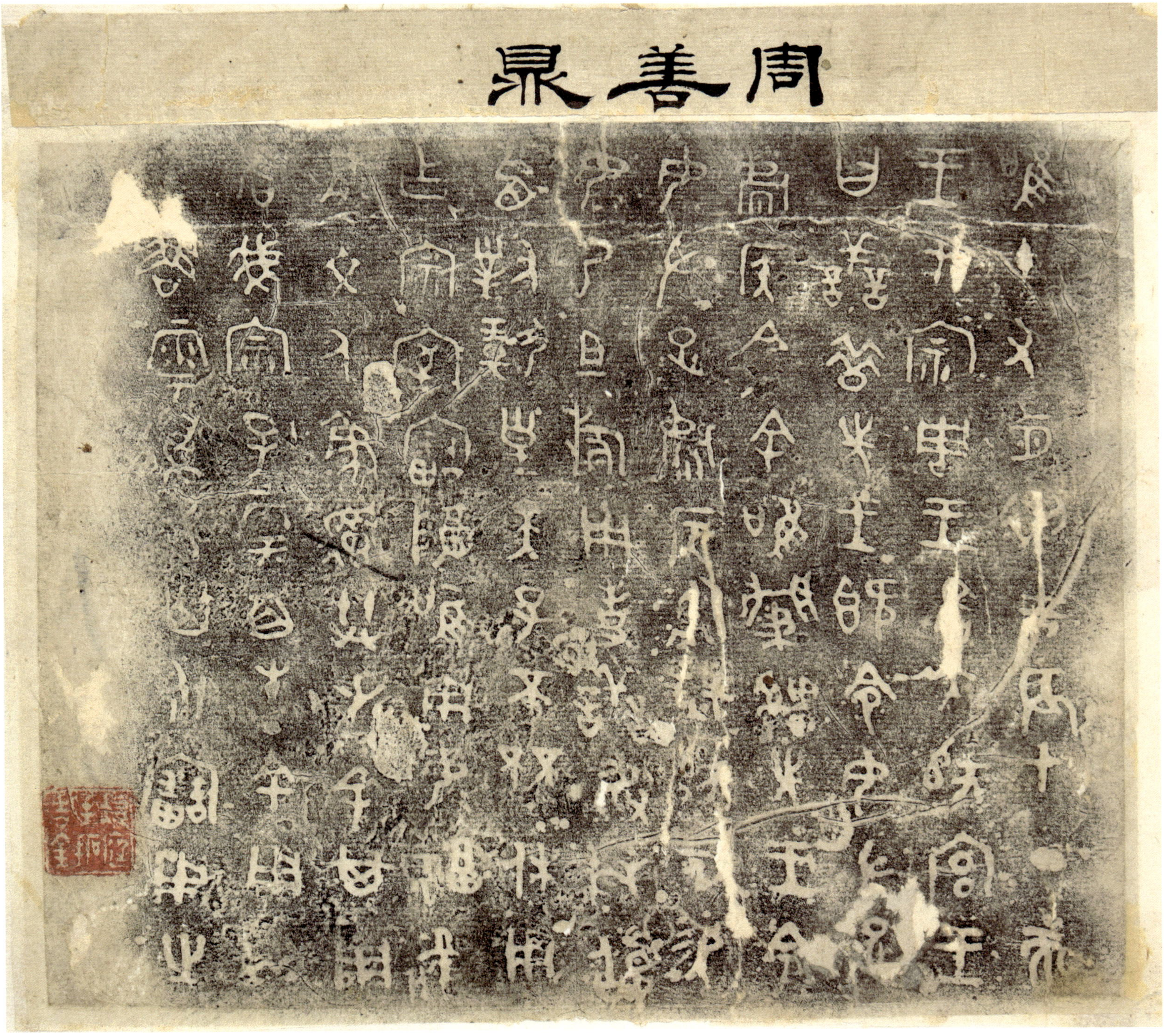
周善鼎

周曼龔父簋蓋

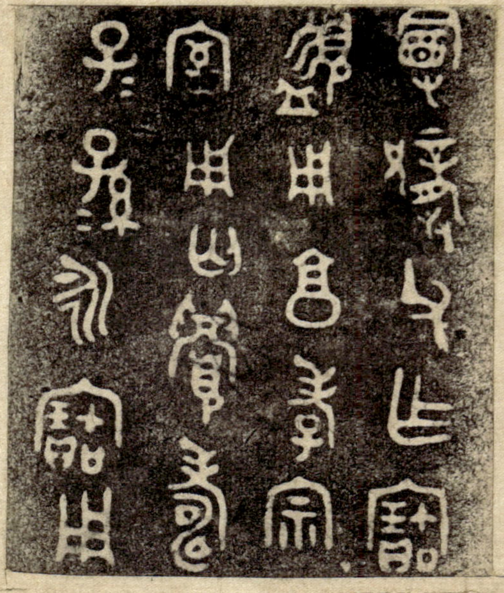

周村琴簋

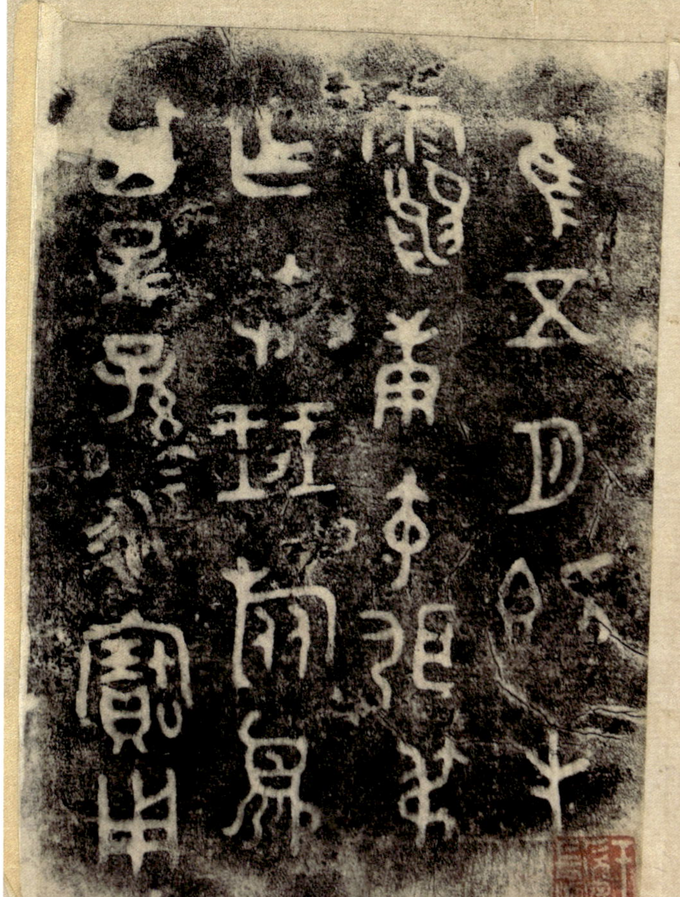

周應公彝

周仔林敦

右家藏諸器丁卯仲冬次庭王緒祖
拓於京寓襄池識之

姚華題簽　潘祖蔭舊藏齊子仲姜鎛全形拓

1軸附木盒　紙本

68cm × 77.5cm

鈐印：

伯寅寶藏第一、御賜延年益壽、鄭盦、龍自然室、茶夢軒、伯寅經眼、廿鐘主人、小脉望館、鄭盦所藏吉金、惟庚寅吾以降、孫伯亙藏金石墨本

題簽：

潘文勤公藏子中姜鎛精拓本。庚申（1920）清明弗堂收得因署其簽。茫父。

題識：

精拓子中姜鎛

提要：

齊子仲姜鎛爲潘祖蔭所藏青銅重器，上鈐“伯寅寶藏第一”巨印，與大盂鼎、大克鼎同珍。潘氏《攀古樓彝器款識》著録此器爲“齊鎛”，爲一種古代樂器，器身鑄銘18行170餘字，其鑄造者爲春秋時期著名齊國大夫鮑叔牙之孫。銘文記載了因祖先鮑叔有功於齊國，齊桓公賞賜鮑叔采邑的史實，其孫鑄此樂器，以祭祀其亡母仲姜，并祈國運昌盛，福澤萬年。

鎛器高大，呈上小下大的合瓦狀。鏤空扁鈕作夔龍吞噬翼獸狀，翼獸上半身已被吞入口中，僅留長尾、後肢及生於股際的兩短翼在外。器身兩面有微凸螺狀枚36個，篆間、鼓部均飾雲雷紋。

此全形拓蟠螭紋交錯華美，銘文拓印字口清晰，上鈐篆刻名手王石經爲潘祖蔭治“伯寅寶藏第一”巨印及潘氏藏印多方，足見其珍護之意。姚華墨筆題簽。

姚華（1876—1930），名芒，字一鄂，又字重光，號茫父，貴州貴陽人。清光緒三十年（1904）進士，官郵傳部主事。曾任北京女子師範校長、朝陽大學教授等。嗜金石書畫，精通詩文詞曲、碑版古器及考據音韻，富藏書。

精拓子中姜鎛

陳介祺、吴湖帆題記　吴氏四歐堂藏簠齋千化範拓本集

1 函 8 册　紙本

19cm × 33cm

鈐印：

簠齋藏古斨、千化範室、平生有三代文字之好、齊東陶父、海濱病史、半生林下田間、簠齋藏石、簠齋、文字之福、三代化範之室、秦前文字之語、古瓦量齋、寶康瓠室、萬印樓、收秦燔所不及、有周陶正之後、十鐘主人、古陶主人、吴大澂印、愙齋金石文字、吴湖帆、吴潘静淑

題簽：

簠齋藏千貨範拓本。上函。湖帆珍藏。

題識：

第一册：

1. 簠齋藏千化範拓本。書都十六册，猶是簠齋拓贈先尚書公之舊藏本也。壬申（1932）吴湖帆署。鈐印：萬里江山供燕几、吴湖帆

2. 簠齋千化範拓本總目：銅範三，石範一，沙範八百八十六。吴氏四歐所藏三代金石文字。簠齋先生親筆記册在每册末葉之背。鈐印：吴湖帆

3. 銅範三種。齊法化二完整，寶四化寶六化一殘。鈐印：吴氏文庫、四歐堂印、吴翼燕秘篋印、吴氏井克山所珍秘金石書畫圖集之印

4. 右寶四化寶六化殘銅範爲絶無僅見之寶，今不知尚在陳氏否。

5. 石範一種。寶六化完整。

6. 沙範八十八種。祇第一種完整，餘皆殘。

7. 簠齋藏三代化範。第一册。（陳介祺題）

8. 每本後幅俱有記數字樣，皆簠齋先生親筆也。計十六册無缺。壬申（1932）春日檢書記此，吴湖帆。鈐印：梅影書屋

第二册：

1、沙範五十七種。均殘。鈐印：吴氏文庫、四歐堂印

2. 第二册　（陳介祺題）

第三册：

1. 沙範四一六種。均殘。鈐印：吴氏文庫、四歐堂印

2. 第三册（陳介祺題）

第四册：

1. 沙範五十七種。均殘。鈐印：吴氏文庫、四歐堂印

2. 第四册（陳介祺題）

第五册：

1. 沙範五十六種。均殘。鈐印：吴氏文庫、四歐堂印

2. 第五册（陳介祺題）

第六册：

1. 沙範六一八種。均殘。鈐印：吴氏文庫、四歐堂印

2. 第六册（陳介祺題）

第七册：

1. 沙範八十九種。均殘。鈐印：吴氏文庫、四歐堂印

2. 第七册（陳介祺題）

第八册：

1. 沙範六十種。均殘。鈐印：吴氏文庫、四歐堂印

2. 第八册（陳介祺題）

提要：

是拓本原有上下函16册，今已散佚下函，僅存上函8厚册。爲陳介祺監拓并親手題記贈與吴大澂之物，關於此件可參見陸明君《簠齋研究》第六章“年表”光緒七年（1881）的記載：“十一月十三日，簠齋致吴大澂書，論經畫邊事以得民心得人才爲主。……并寄贈刀化範十六册。”此時的吴大澂正身在吉林“督辦”邊陲防務事宜。簠齋爲此册親筆題寫書名并標注每册的册數。所録皆爲簠齋三代化範之室所藏。此册之後爲吴大澂嗣孫吴湖帆繼承，爲四歐堂所藏。函套上有吴湖帆題簽。扉頁吴湖帆撰文“書都十六册，尤是簠齋拓贈先尚書公之舊藏本也，壬申吴湖帆署”。吴湖帆親筆題寫總目及每册篇目。八册共收銅範3種、石範1種、沙範886種，書内鈐印琳琅滿目。

陳介祺酷嗜金石文字，他搜集銅器、璽印、石刻、陶器磚瓦，必察其淵源，考其價值。古幣錢範也是陳介祺衆多收藏專案中的一種。古幣錢範模上及背部，均有古篆文字可作考訂，對此陳介祺尤注重收集，故所獲甚豐。李佐賢是清代頗有影響力的古錢幣學家。他在其著述的《續泉説》中記述：“泉範自朱竹垞始見著録，前此無人言及。近代出土愈多，種類繁多”，壽卿“可謂集泉範之大觀。就中寶四寶六殘銅範，寶六石範，齊刀兩銅範，皆成周古物，大半兩二土範，皆先秦古物”，“他如漢半兩石範，有兼帶千秋字及龍文者。有面背同文者，有一面榆莢，一面四銖半兩者，標新領異，莫可究詰。至莽範、兩漢六朝範，更不可枚舉”。

陳介祺在家鄉濰縣城内舊居，建有一幢兩層樓房，專門收藏歷年所得之古器物。陳氏蓄古印七千餘方，故此樓名曰“萬印樓”；樓中西間大廳陳列編鐘十一件，取整數稱爲“十鐘山房”；有一室專門收藏鏡範、鏃範及齊化刀範等各式泉範共一千餘件，故名曰“千化範室”。

吴湖帆（1894—1968），初名翼燕，後更多萬，又名倩、倩庵，字遹駿、東莊，别署丑簃，書畫署名湖帆，吴大澂嗣孫，江蘇蘇州人。歷任上海中國畫院畫師、浙江美術學院國畫教師、上海大學美術學院副教授、中國美術家協會上海分會副主席。爲二十世紀中國畫壇重要名家之一。

簠齋千化范拓本

書都十六冊猶是簠齋拓贈・
先尚書公之舊藏本也壬申吳湖帆署

簠齋千化范拓本總目

銅范三

石范一

沙范八百八十六

吳氏四歐所藏三代金石文字

簠齋先生親筆記冊在每冊末葉之背

銅范三種

齊法化二完整

寶四化寶六化一殘

銅

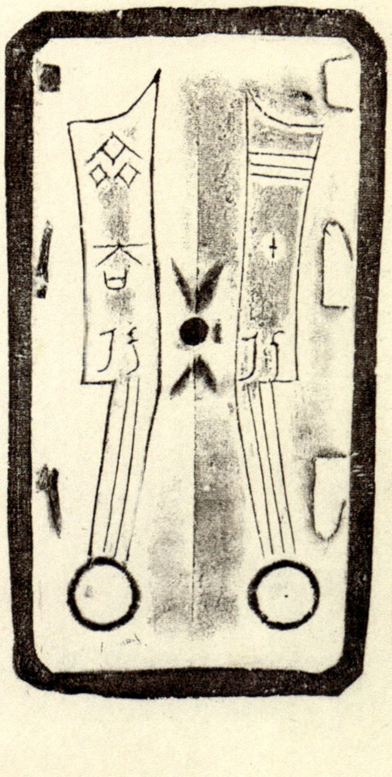

九府圜法齊太公銘以寶化泉流通錐
刀莽求財則豐泱泱乎東海風三千餘
載不出齊國中臨淄土銹苦花駁
吉甫來自東脫手出范銅寶與湯盤
同辟之楚人得楚弓好古孰予似
雄

道光七年丁亥嘉平月為
燕庭農部銘齋刀范　朱爲弼書陳克明刻

銅

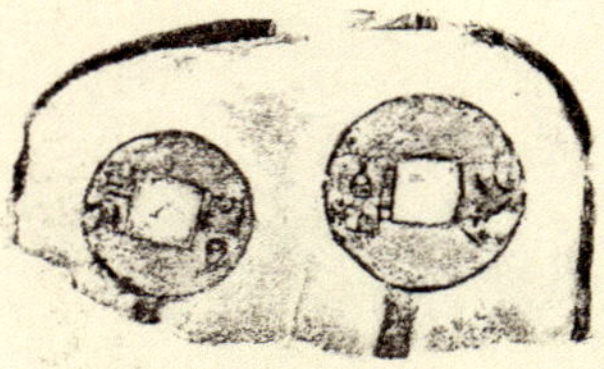

銅

石

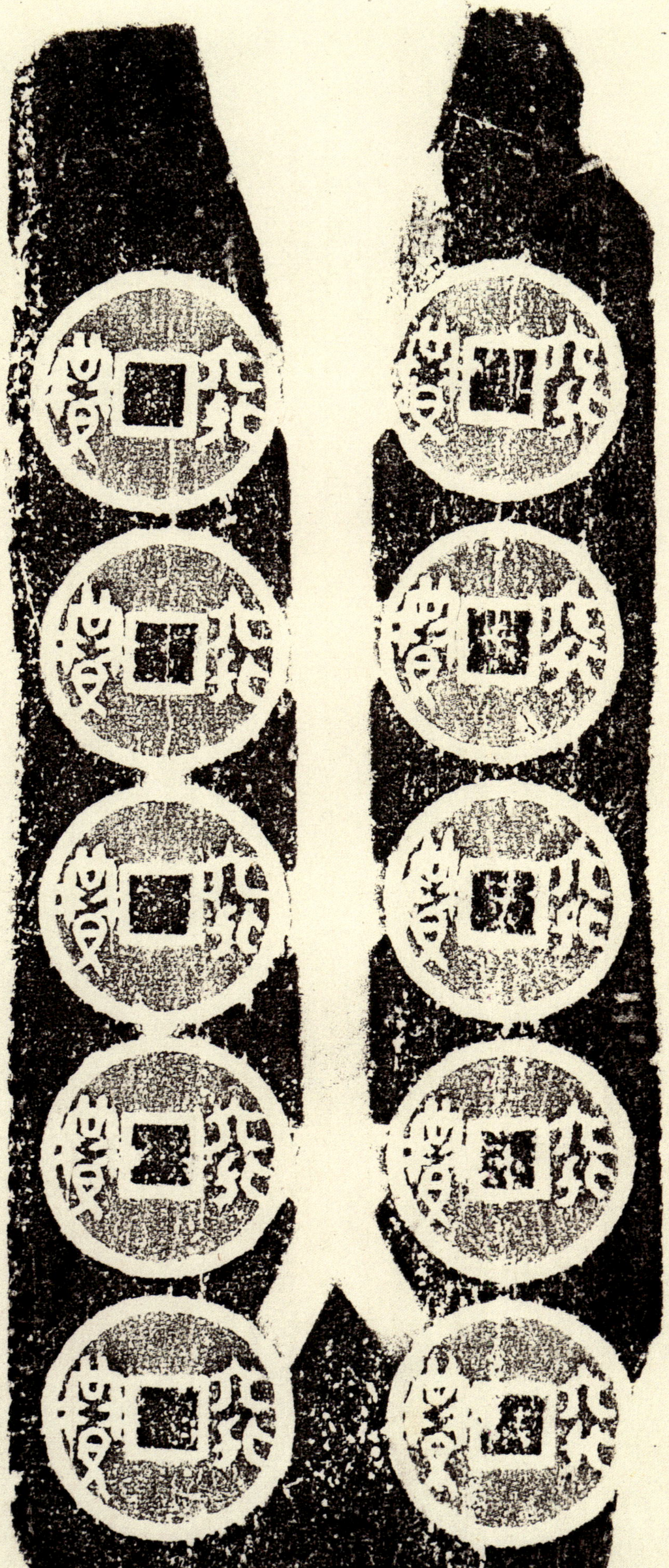

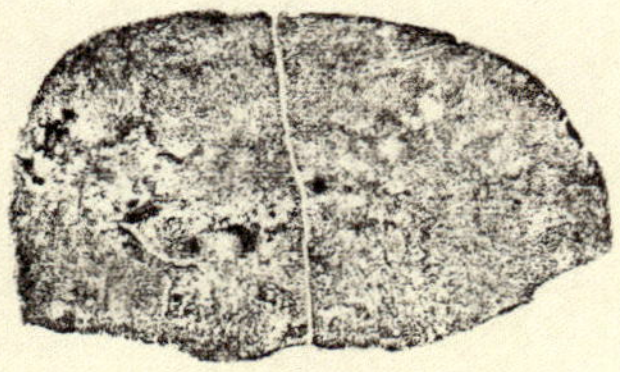

右寶四化寶六化殘銅范為絕無僅見之寶今不知尚在陳氏否

石范一種

寶六化完整

石

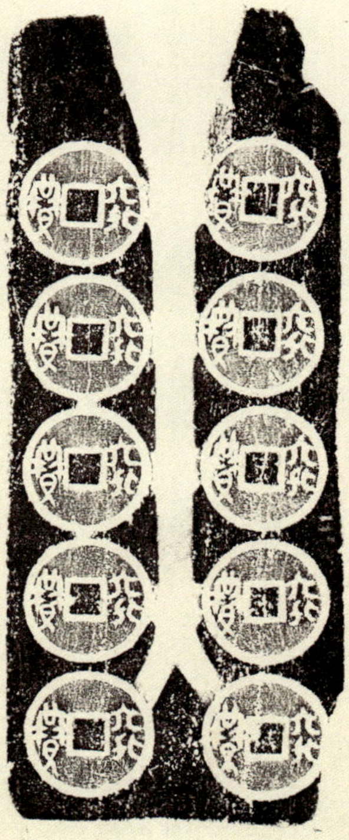

泉有范此特古寶六化齊九府
未鎔金先合土甄斯陶鑄斯鼓
如合同如符節刀布遺籍阿堵
銖兩興乃鼻祖出滕西來東去
識者誰劉吉甫歲在辛斗金聚
月閏三日十五

沙范八十八種

祇第一種完整餘皆殘

沙

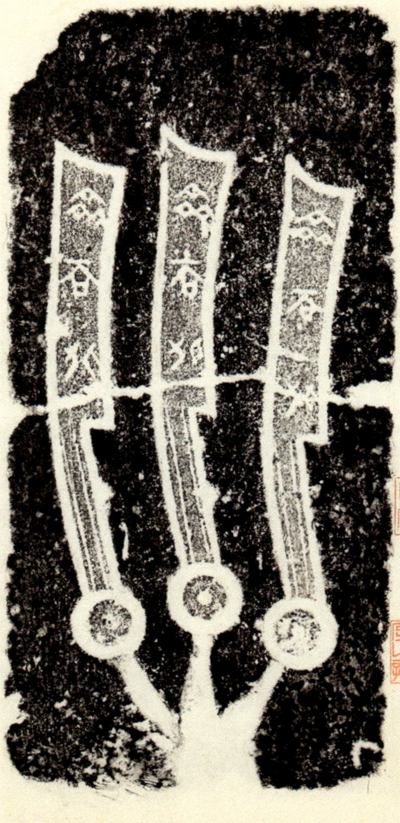

沙范五十七種 均残

匋齋藏三代化范

第一冊

每本後幅俱有記數字樣皆簠齋先生親筆也計十六冊無缺壬申春日檢書記此吳湖帆

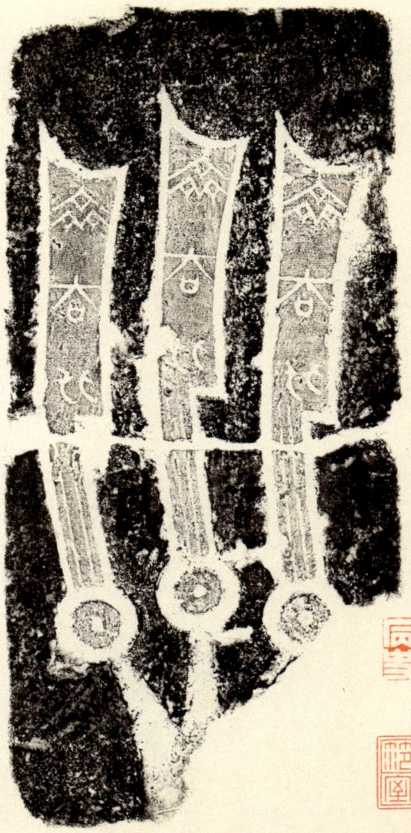

沙

沙

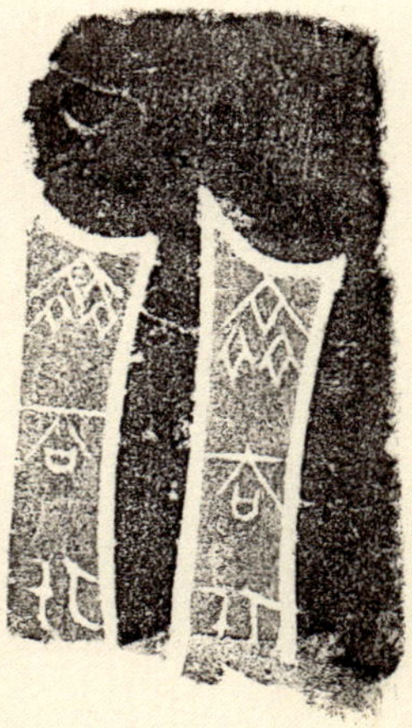

沙

沙

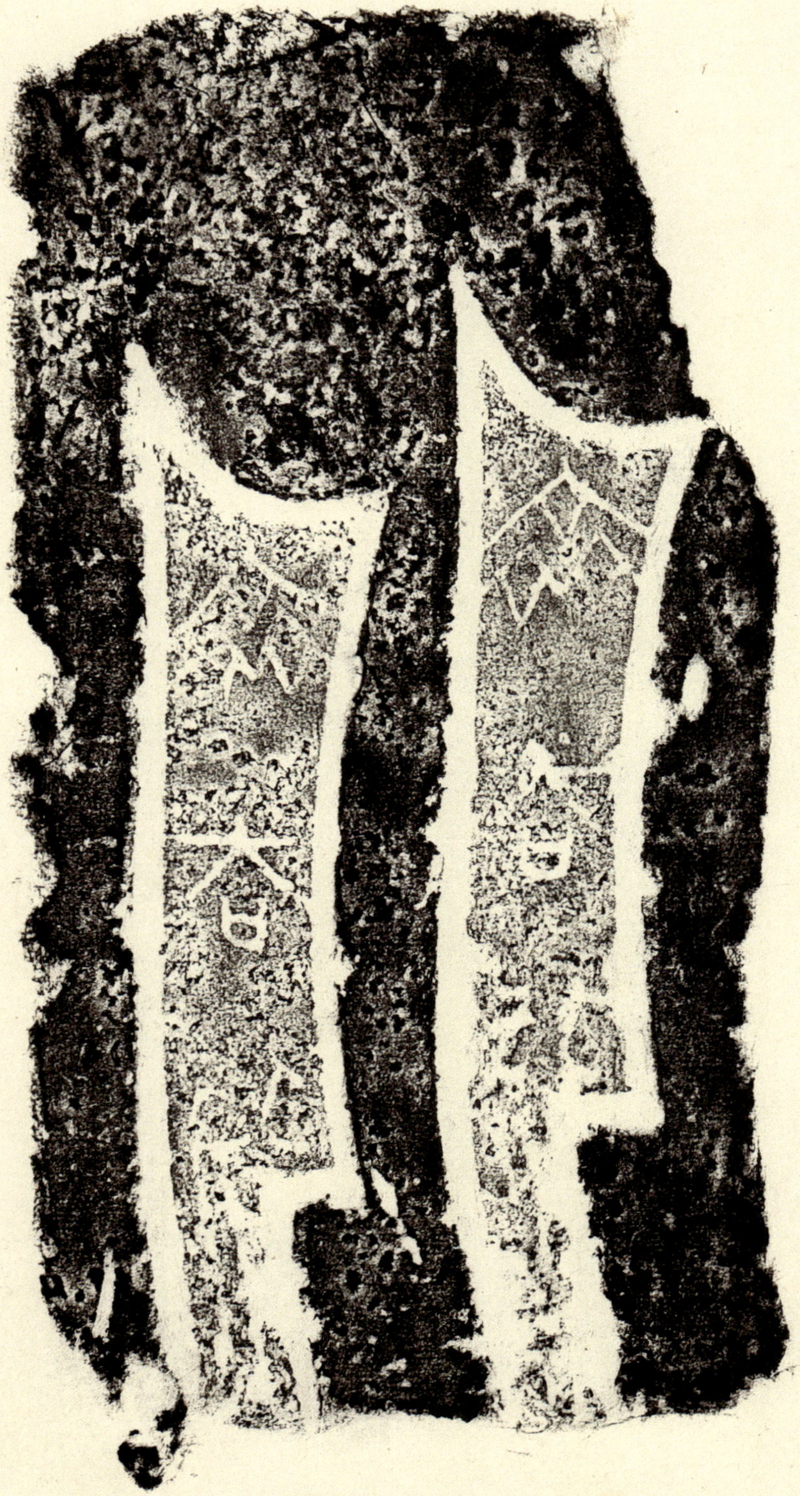

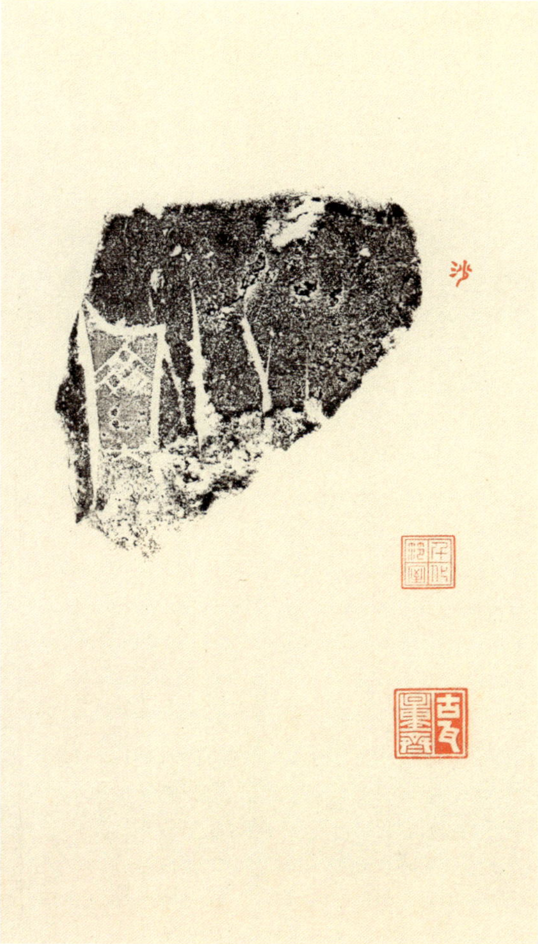

第二冊

沙笵四十六種

均残

沙

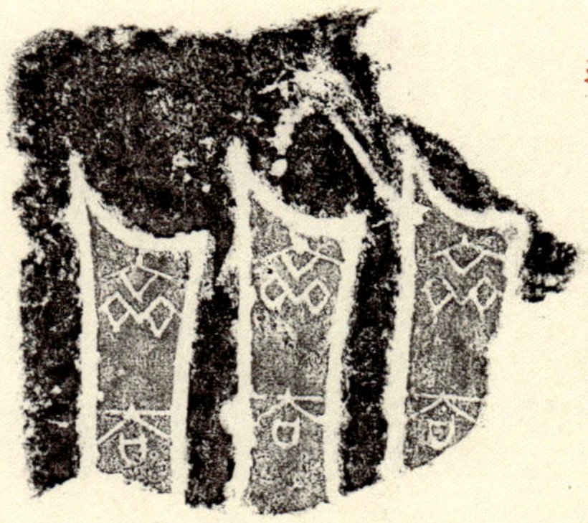

沙

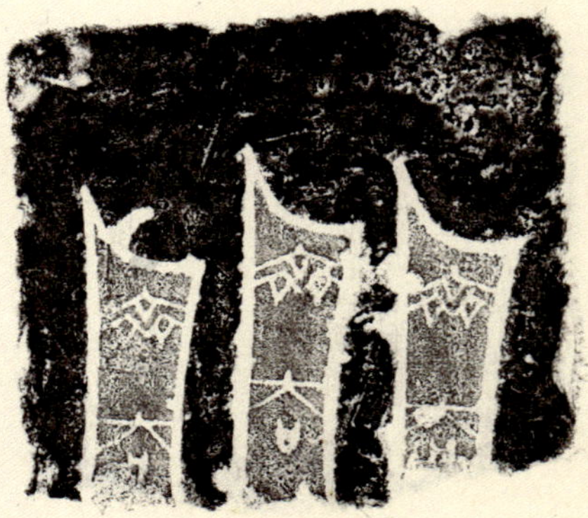

沙

沙

沙

沙

第三冊

沙笵五十七種
均残

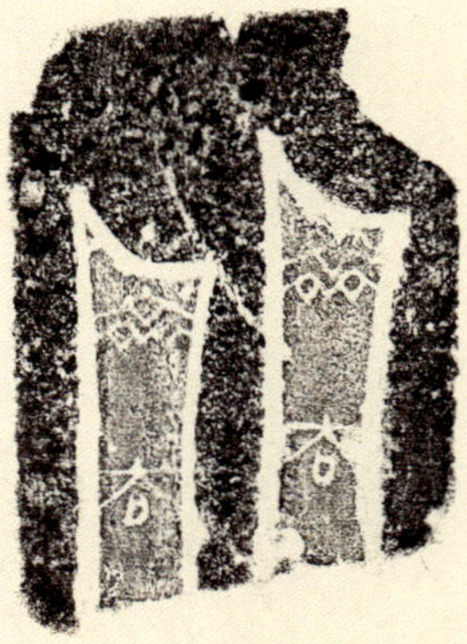

沙

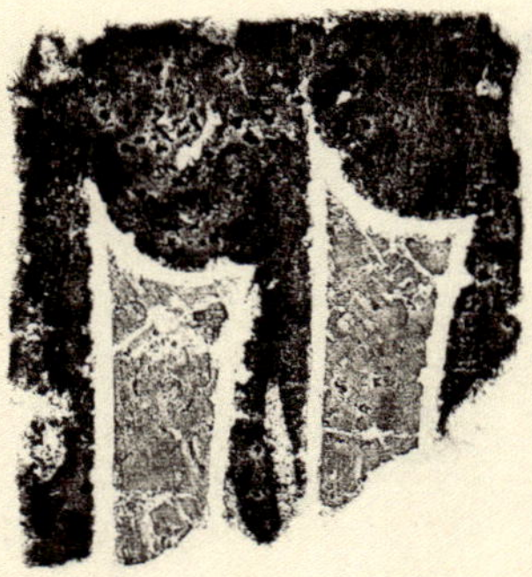

沙

沙

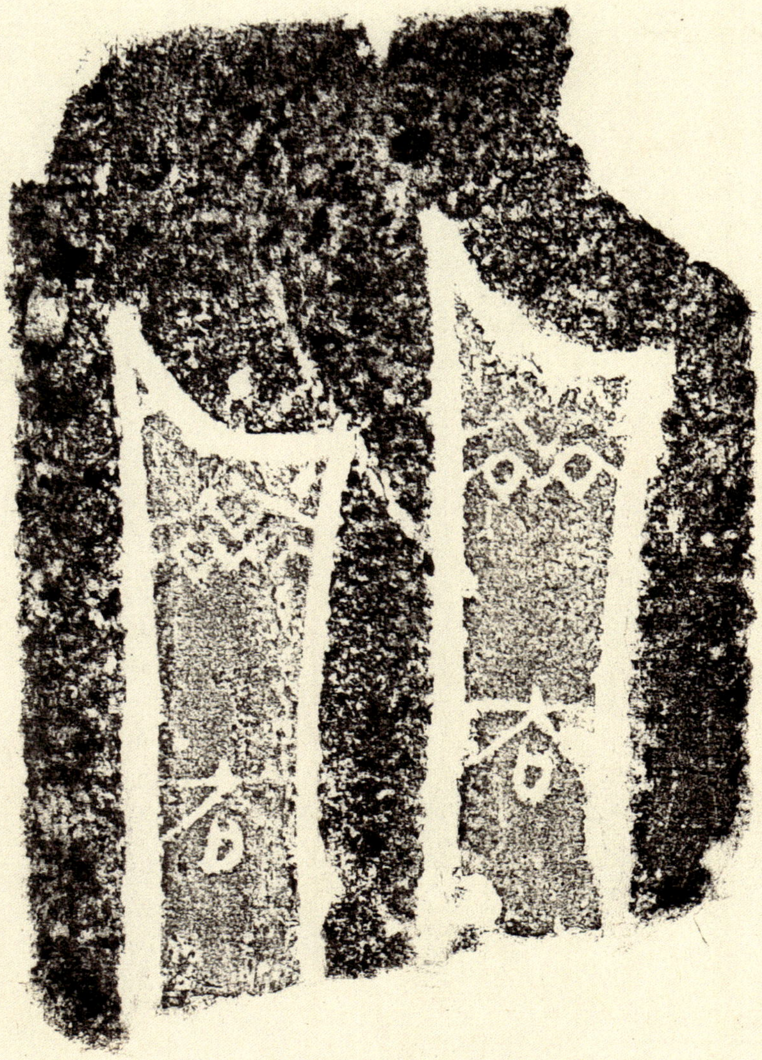

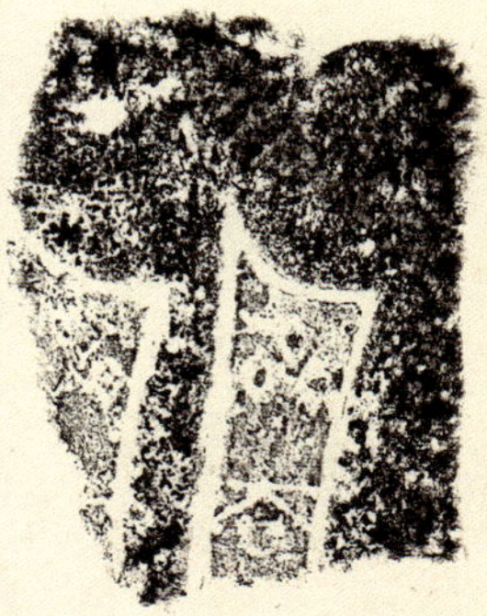

沙

沙

沙

第三冊

沙范五十六種 均殘

沙

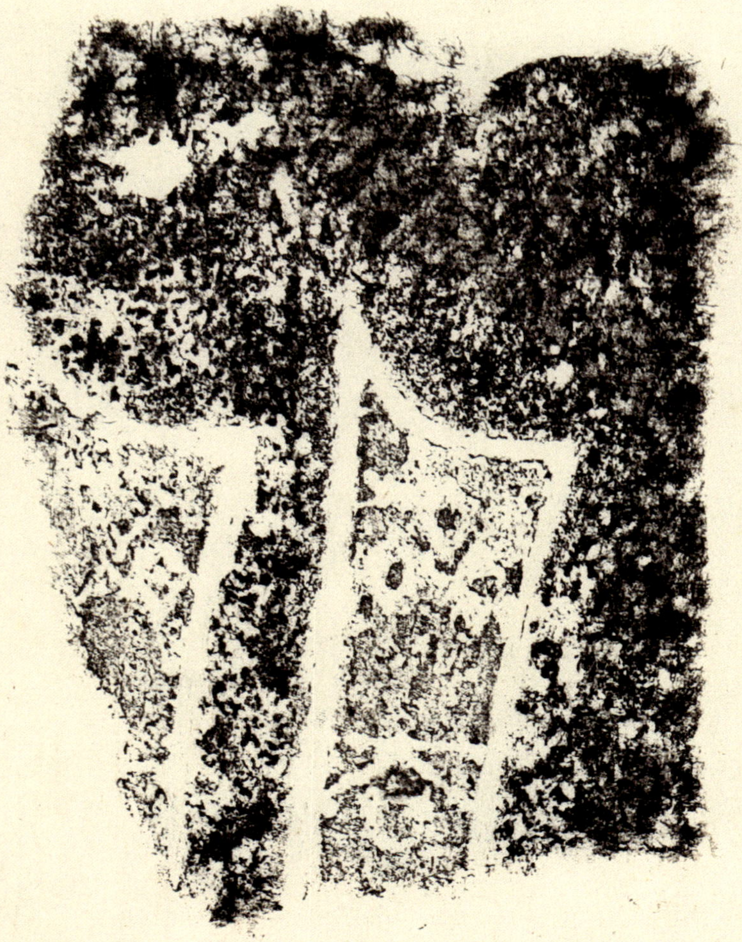

弟五冊

沙笵六十八種

均殘

第八冊

沙笵八十九種

均殘

沙

沙

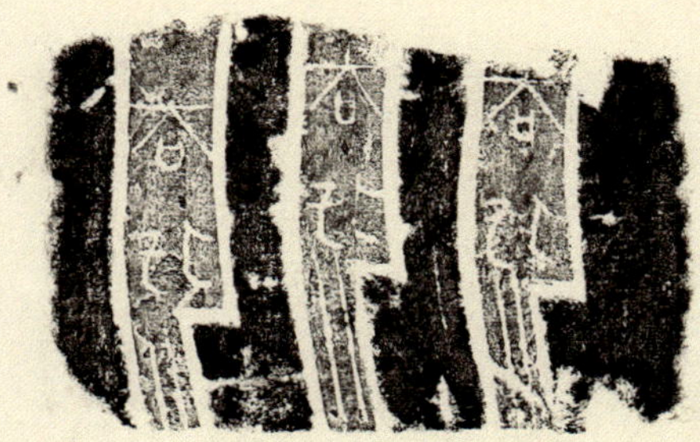

沙

沙

第七冊

沙范六十種

均残

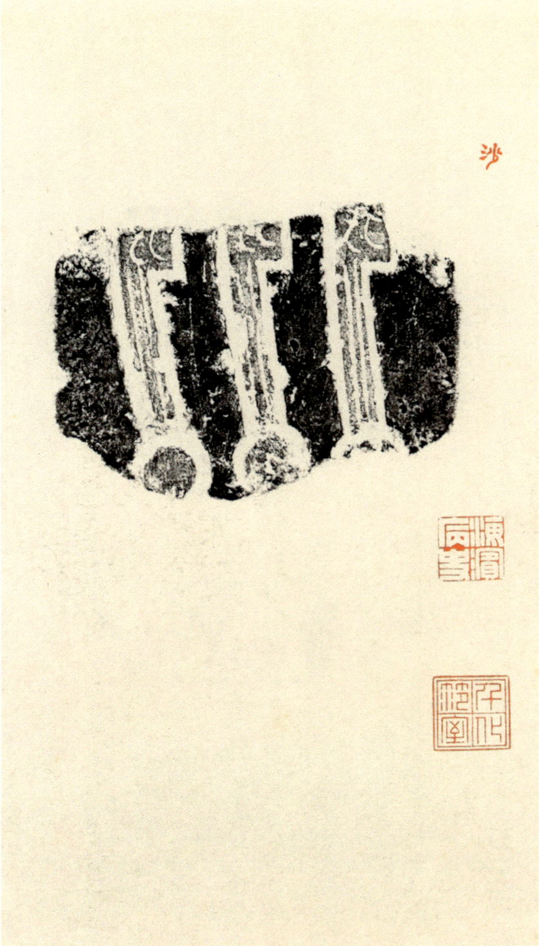

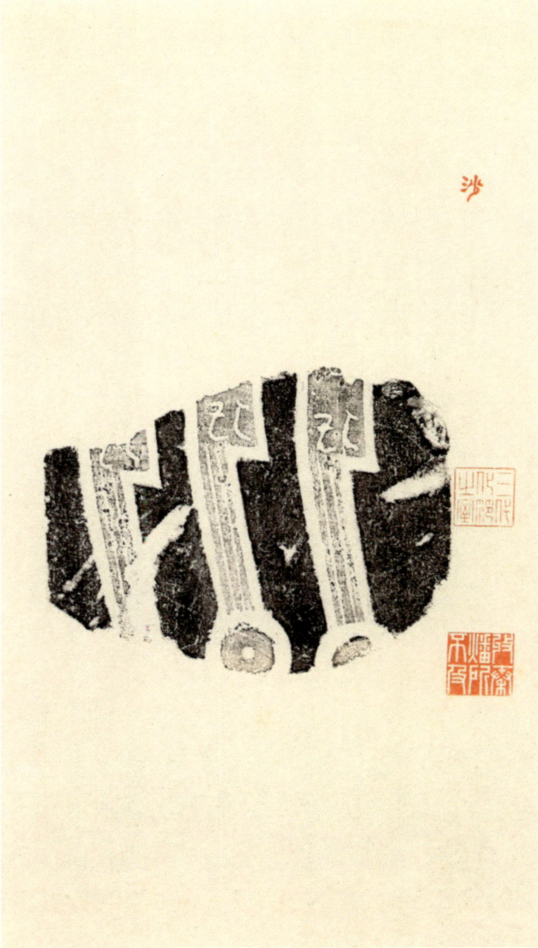

第八冊

王孝禹藏臨淄古陶文拓本

1 册 48 頁　紙本

17.1cm × 26.2cm

鈐印：

三代以來至寶、瘦雲樓、王瓘秘笈、孝玉所得、王氏金石、懺情室主

題簽：

臨淄古陶。王孝禹藏。

提要：

内收王孝禹所藏臨淄所出古陶文拓本80件。印文諸如“生”“辟”等，捶拓甚精，黏貼成册。印面所輯文字數不等，陰陽文兼具，樣式豐富，書體樸質。

陶文是指刻畫、書寫或列印在陶器上的文字。一般所説的“古陶文”特指商至秦滅亡之前這段時期的陶文。已發現的陶文中，以戰國和秦爲大宗，戰國陶文中又屬齊國的最多，齊國故城臨淄以出土大量戰國古陶文而著稱於世。古陶文對於古文字、職官、歷史地理、姓氏、古代藝術等具有極大的研究價值。

王孝禹（1847—1914），名瓘，字孝禹、一作孝玉，四川銅梁人。曾入兩江總督端方幕，能詩，工畫山水，精鑒别，富收藏，以金石書法聞名於世。

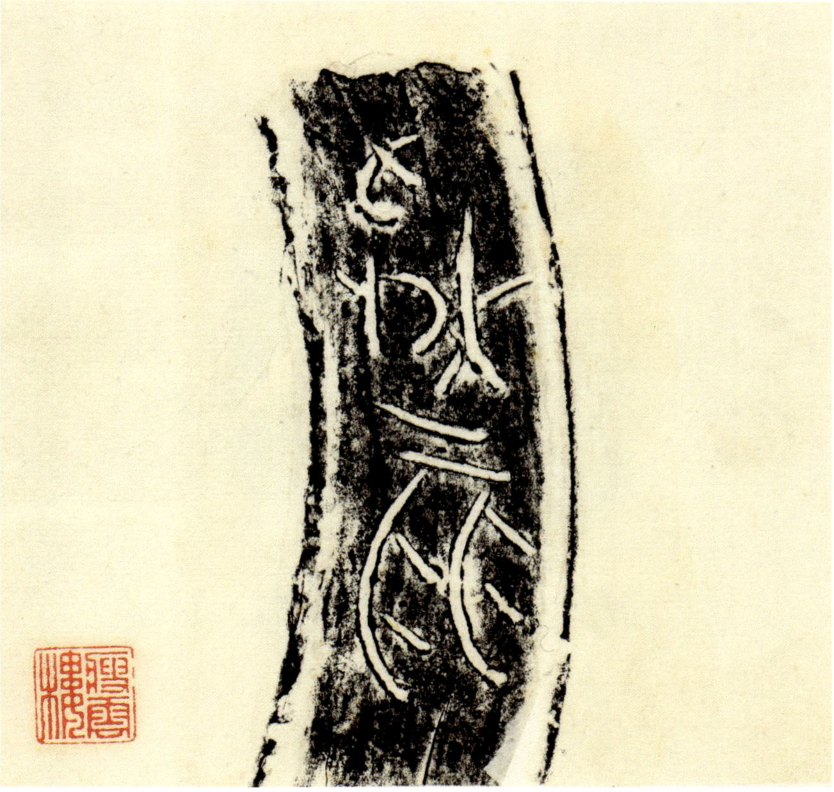

陳介祺考釋題跋　秦詔量瓦殘字稿本

1 函 2 册

20.1cm × 31.3cm

鈐印：

秦詔量瓦之齋、集秦斯之大觀、簠齋金石文、簠齋、壽考維祺

題簽：

秦詔量瓦殘片

題識：

第一册

1. 光緒元年十一月廿九日壬戌，有自鄒縣古城得“千秋萬歲餘未央”七字瓦來者。中有殘瓦一，存始皇詔字六，二完四缺。一行當三字。云出今寧陽地，名岡城，蓋汶之陽，岱之西南也。觀者無不詫嘆，得未曾有，而以文在瓦爲未詳。余謂其宫必始皇登岱所居，而李斯所作，故刻詔殿上之瓦以紀并兼之盛者。書刻并美，鋒穎猶新。上追十鼓，下祖柔豪。今之泰山、琅邪二石，吾齋中銅量、鐵權、木量、銅版諸詔字，此皆未能多讓，豈余大集斯相書而斯相之靈呵護使來前與。丙子（1876）三月十一日，六十四歲海濱病史書。鈐印：簠齋、壽考維祺

2. 秦始皇詔瓦量殘字，丁丑（1877）七月定。此是書於器上刻後入火者。筆法刀法分明之至，是即秦斯墨迹。唐宋拓之妙未足語此。鈐印：簠齋金石文、秦詔量瓦之齋

3. 此後三十二種皆有印痕，非刻者。己卯（1879）十月朔記。鈐印：秦詔量瓦之齋、集秦斯之大觀

4. “皇”古作“㞷”，許氏作“皇”，此从“王”，異於“土”，从“白”，異於“自”。鈐印：秦詔量瓦之齋、集秦斯之大觀

第二册

1. 秦詔瓦量殘字。鈐印：秦詔量瓦之齋、集秦斯之大觀

2. 王君西泉云：此李斯之蘭亭也。鈐印：秦詔量瓦之齋、集秦斯之大觀

3. 余昔得秦始皇詔刻字殘瓦一，疑爲宫瓦。今又屢得三十有二，内多種器，口宛然，定爲瓦量。古瓦器皆計所容，以法度量之詔，施於瓦器，非量而何。字在器頸，二字一行，當二十行。瓦似相同而非一器。頸圜故鑄二行四字，銅印陶成，加印於泥，然後入火，土

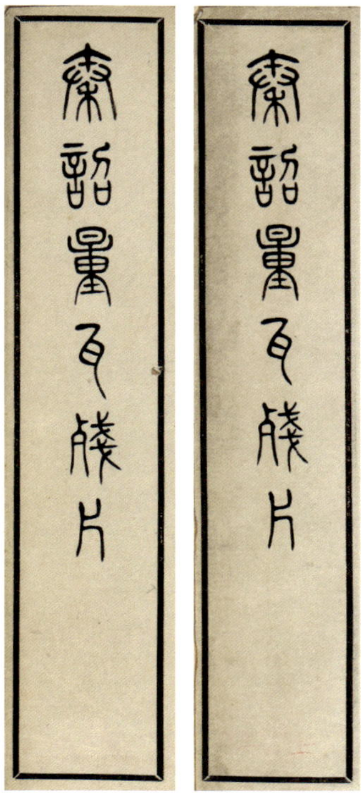

金木之生氣，火煉至竭則不敝，故磚瓦之堅者，字每如新。秦無文字又十五年即作斯書，爲柔豪之祖，傳世至少。余卅年來大集秦金，每於泰山、琅邪訪秦石數字而不得，以秦瓦當數百自慰，不意今竟獲瓦詔字，與石同，不在泰山、琅邪二石下，秦之文字亦於斯爲盛矣。丁丑（1877）七月十六日己巳記。鈐印：壽考維祺

提要：

此部《秦詔量瓦殘字稿本》爲兩册，第一册首葉大字墨署："秦始皇詔瓦量殘字。"下方小字："丁丑（1877）七月定。"第一册十七紙，每頁一拓共十七件拓片。第二册十七紙，其中拓片十六頁，最後一頁爲簠齋題識。每頁拓片下方鈐"秦詔量瓦之齋""集秦斯之大觀"兩方印章。共計秦詔量瓦殘字拓片三十三種。書册内有陳介祺多條小篆考釋文字及長跋。從兩册題識來看，爲陳介祺1876至1879年間考訂手書。

"古陶文是繼商周時代銅器、璽印、貨幣、石刻文字之後，在古文字研究領域中出現的另一分支。此一分支學科的開拓者是山東濰縣學者陳介祺。"（高明《古陶文彙編》序）李學勤先生亦稱："最早鑒定和收藏陶文的是著名金石學家陳介祺。據我們見到的陳氏手迹，他開始訪獲陶文在清同治壬申，即公元1872年。這比甲骨文的鑒定早27年。"（李學勤《山東陶文的發現和著録》，載《齊魯學刊》1982年第5期。）

陳介祺（1813—1884），字壽卿，號簠齋，晚號海濱病史、齊東陶父，室名有十鐘山房、萬印樓、三百範齋、古瓦量齋等，山東濰縣（今濰坊市）人。道光二十五年（1845）進士，授翰林院編修，後加侍讀學士銜，咸豐四年（1854）告歸。陳氏酷嗜金石之學，一生雅好收藏，舉凡青銅器、古印璽、陶器磚瓦、石刻造像等無所不集。收藏之夥，時人譽謂甲於海内。其中包括大量罕世重器，尤以毛公鼎推天下吉金之冠。

清代中期以後，金石學進入鼎盛時期，并由此開啓學術新境。正是從陳介祺等開始，突破了"金""石"質地的局限，從文明資訊的角度開始關注歷史遺存，陶片、封泥、磚瓦文字遂成爲收藏與學術研究的重要部分。陳介祺於同治十一年（1872）發現陶文，他欣喜若狂，嘗言："三代古陶文字不意於祺發之，三代有文字完瓦器不意至祺獲之。殆祺好古之誠，有以格今契古，而天實爲之耶。"陳介祺對片瓦隻字皆極珍視，不惜資財大力搜羅。光緒元年陳介祺得秦詔量瓦殘片一件，起初誤以爲是"宫瓦"，後來又陸續得到三十二種，遂確定爲"秦始皇詔瓦量"。他發現"此後三十二種皆有印痕，非刻者"，遂推斷出瓦量"頸環鑄二行四字，銅印陶成，加印於泥，然後入火"。李學勤先生在《簠齋論陶·序》中指出，"（陳介祺）這一敏鋭的預見後來果然實現，只不過印系陶質，并非猜想中的'銅印'而已"。

秦始皇詔瓦量殘字 丁丑七月定

此是書于器上刻後入火者筆法刀法分明止至是即秦斯墨蹟唐宋拓本妙未足語此

此後三十二種皆有印痕非刻者

己卯十月朔記

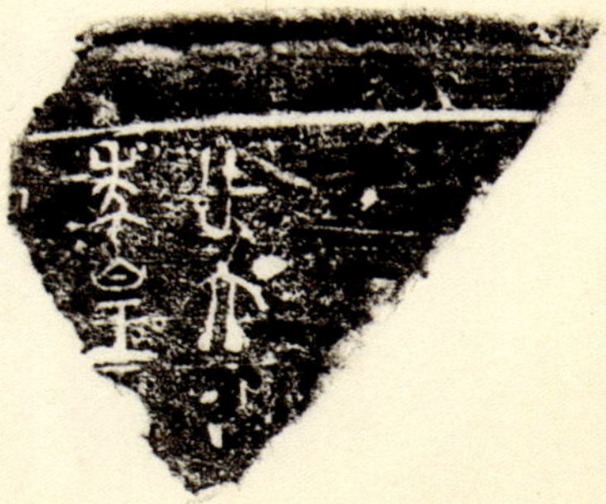

光緒元年十一月廿九日壬戌有自鄒縣古城得千秋萬歲餘未央七字瓦來者中有殘瓦一扞始皇詔字六二完四缺一行當三字云出今甯陽地名田城蓋汶之陽岱之西南也觀者無不詫歎得未曾有而已文在瓦爲未詳余謂其宮必始皇登岱所居而李斯所書故刻詔殿上之瓦已紀群兼之盛者書刻並美鋒穎猶新上追十鼓下視果豪今之泰山瑯邪二石吾齋中銅量鐵權木量銅版諸詔字此皆未能多讓豈余大集斯相書而斯相之靈呵護使來歟

丙子三月十一日六十四歲海濱病史書

秦始皇詔瓦量殘字丁丑七月定

此是書于器上然後入火者筆法刀法分明止至是即秦斯墨蹟唐宋拓之妙未足語此

皇古作皇許氏作皇从王
異於土从白異於自

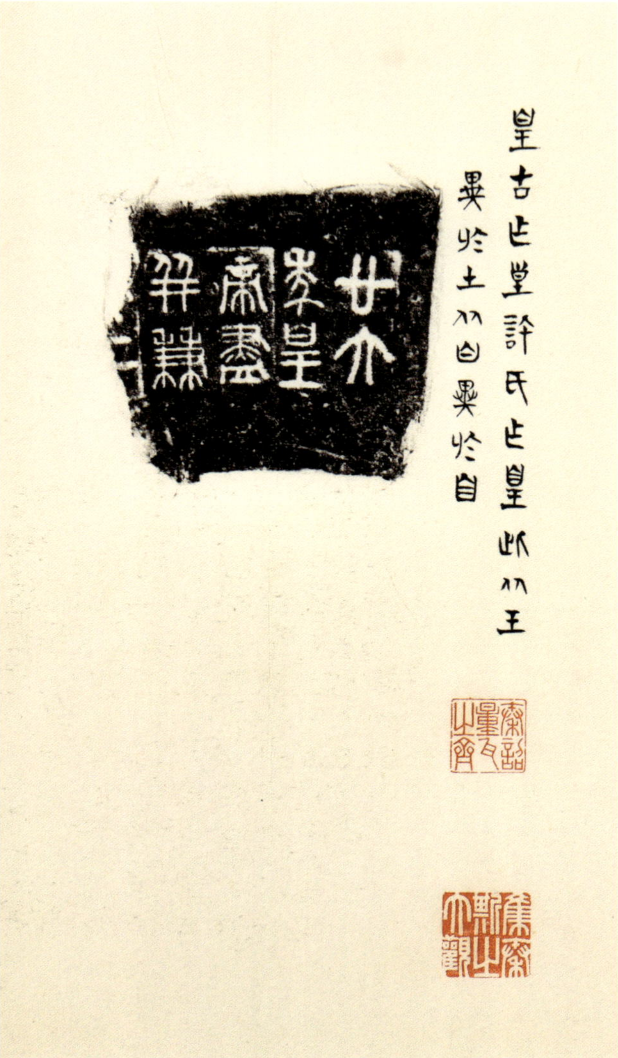

秦詔瓦量殘字

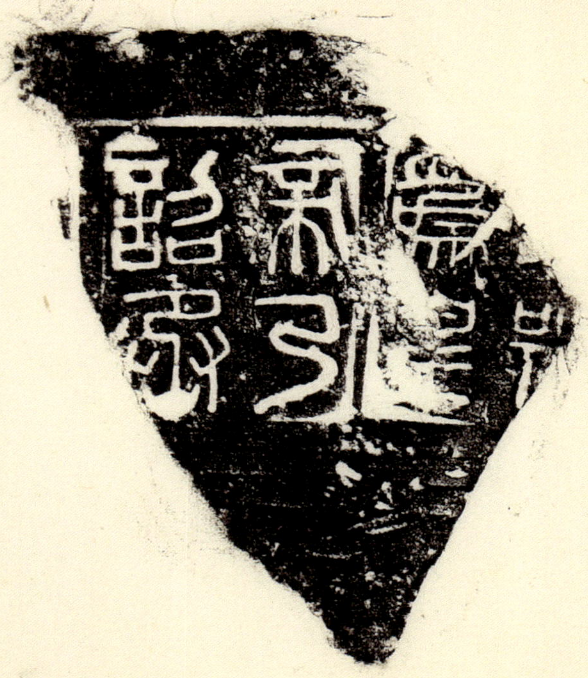

度量
則不

王君卣宗云此李斯之蘭亭也

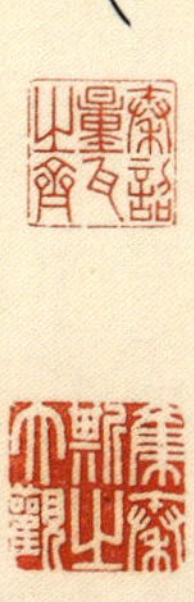

余昔得秦始皇詔殘字殘瓦一疑爲宮瓦今又屢得三
十青二內多種器曰究然定爲瓦量古瓦器皆計所容
以濟度量之詔施於瓦器非量而何字在器頸二字一
行當二十行瓦似相同而非一器頸圓故鑄二行四字
銅印陶成加印于泥然後入火土金木之生氣火鍊至竭
則不敝故塼瓦之堅者字每如新秦兼文字又十区年
郎邪斯書爲果豪之祖傳世至少余卅年來大集秦金
每於泰山瑯邪訪秦石數字而不得以秦瓦當數百自
慰不意今竟獲瓦詔字與石同不在泰山瑯邪二石下
秦之文字亦於斯爲盛矣　丁亥七月十六日己巳記

褚德彝批校　簠齋藏秦詔權量文字

1 册 18 开附木盒　紙本

17.5cm × 29.3cm

鈐印：

簠齋先秦文字、集秦斯之大觀、海濱病史、秦鐵權齋、松窗集古、嘉樹堂藏先秦文字、嘉樹堂藏

題簽：

1. 簠齋先秦文字。余曾藏權量二器，爲至精之品，今在枀盦摩挲此册，不無惘然。中立。鈐印：梅畐

2. 簠齋先秦文字。權量附瓦詔，松窗。

3. 陳簠齋集先秦文字。權量附瓦詔，褚松窗舊藏。

題識：

1. 据集秦書成大觀，簠翁心力十分殫。相斯筆法分明在，鄭重柔豪始祖看。辛酉（1921）十月松窗題。

2. 此始皇權而二世增刻詔書者。

3. 此即詔板之陰，每行當有三字。

4. 此即詔板之陰，父字奇偉可憙。

5. 此大字殘詔亦每行三字。

6. 此詔上有“廘”字，當是造權者之姓。松窗。

7. 書體沉著飛動，亦斯翁手刻也。

8. 殘詔板。

9. 此詔爲東武劉氏藏，載《長安獲古編》。

10. 此詔板爲東武劉燕庭藏，見《長安獲古編》。

11. 此詔文字精絶，當爲相斯手迹。鈐印：德彝

12. 此即鐵權所鈐之銅詔板。

13. 秦仿古百二十斤石鐵權，李斯書詔全刻。簠齋同治甲戌（1874）四月五日丁丑所得。（陳介祺題）

14. 此鐵權中嵌銅詔板，與愙齋所藏大銅權同爲秦時之石權。

15. 殘瓦量刻辭。此詔每行三字，與詔板反面之大字殘詔正同。

16. 此詔乃刻於瓦量者，簠齋尚有瓦量，亦載始皇詔。乃刻文於木範，印於瓦量者，合瓦量之碎片可以合成全文。共二十六片，惜未得其墨本也。

17. 是册凡秦量三，權一，詔板十，簠齋所藏相斯刻辭大略已具。先秦金石刻辭簠齋所藏尚有瓦詔尚未搜得。余去年曾購得琅邪臺瓦及海上祠瓦各拓約十餘紙，合之陶齋所藏相斯權量詔板三十六種、龔氏之商鞅量、簠齋吕不韋戈，余所得橐泉宫瓦裝爲一册，豈非集先秦文字之大觀乎！丙辰年（1916）二月褚德彝記。己未季（1919）正月購得瓦量詔書殘字拓本凡二十六紙，惟商鞅量未得耳。松窗識。鈐印：籀迹

提要：

此褚德彝集輯舊藏題跋批點本，十五開十三品，其中鐵石權一及其上詔版二，爲同一品。與《簠齋金文題識》（陳繼揆整理）及其他有關文獻對照互見，此册已涵蓋陳介祺除陶量之外所弆藏及傳拓秦詔權量文字之全部，爲秦詔文字之吉金部分，計銅量三、詔版八、鐵權一，末附瓦詔刻辭一。大部分爲簠齋收藏，亦若干借拓自金石友人。民國間，褚氏此册曾借予鄧實（秋枚），助其輯印《簠齋吉金録》，其中若干品見録書中，故此册可謂是《簠齋吉金録》底本之一。

褚德彝（1871—1942），原名德儀，避宣統諱更名德彝，字守隅、松窗，號禮堂，又作裹堂，别號漢威、舟枕山民等，室名角茶軒，浙江餘杭人。成憲侄。精金石考據，嗜古博物，尤精篆刻，初師浙派，後潛研秦漢璽印。工書，亦能寫梅。著有《金石學續録》《竹人録續》《松窗遺印》等。

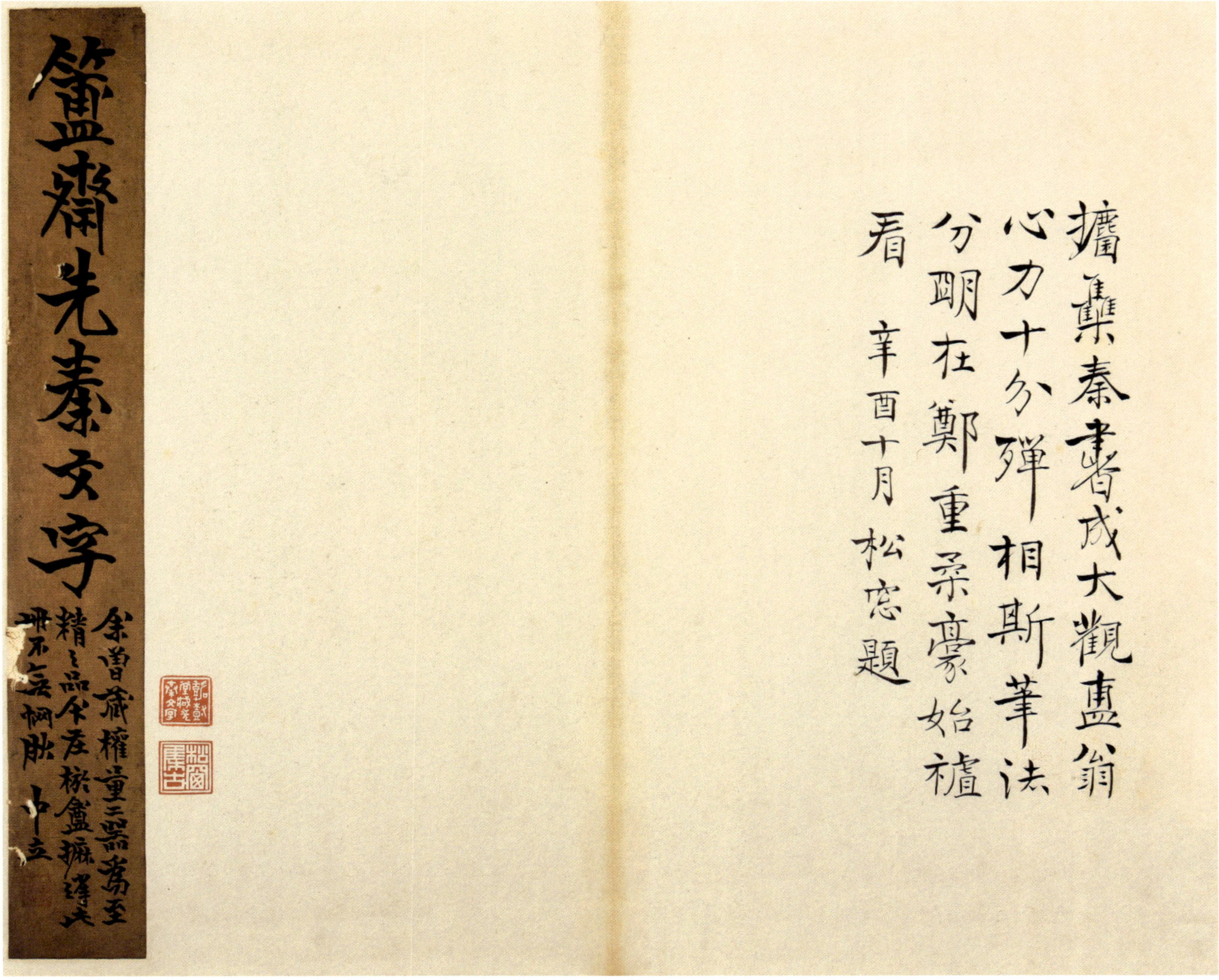
簠齋先秦文字
攟集秦書成大觀盡翁
心力十分殫相斯筆法
分明在鄭重柔豪始禮
看
辛酉十月 松窗題

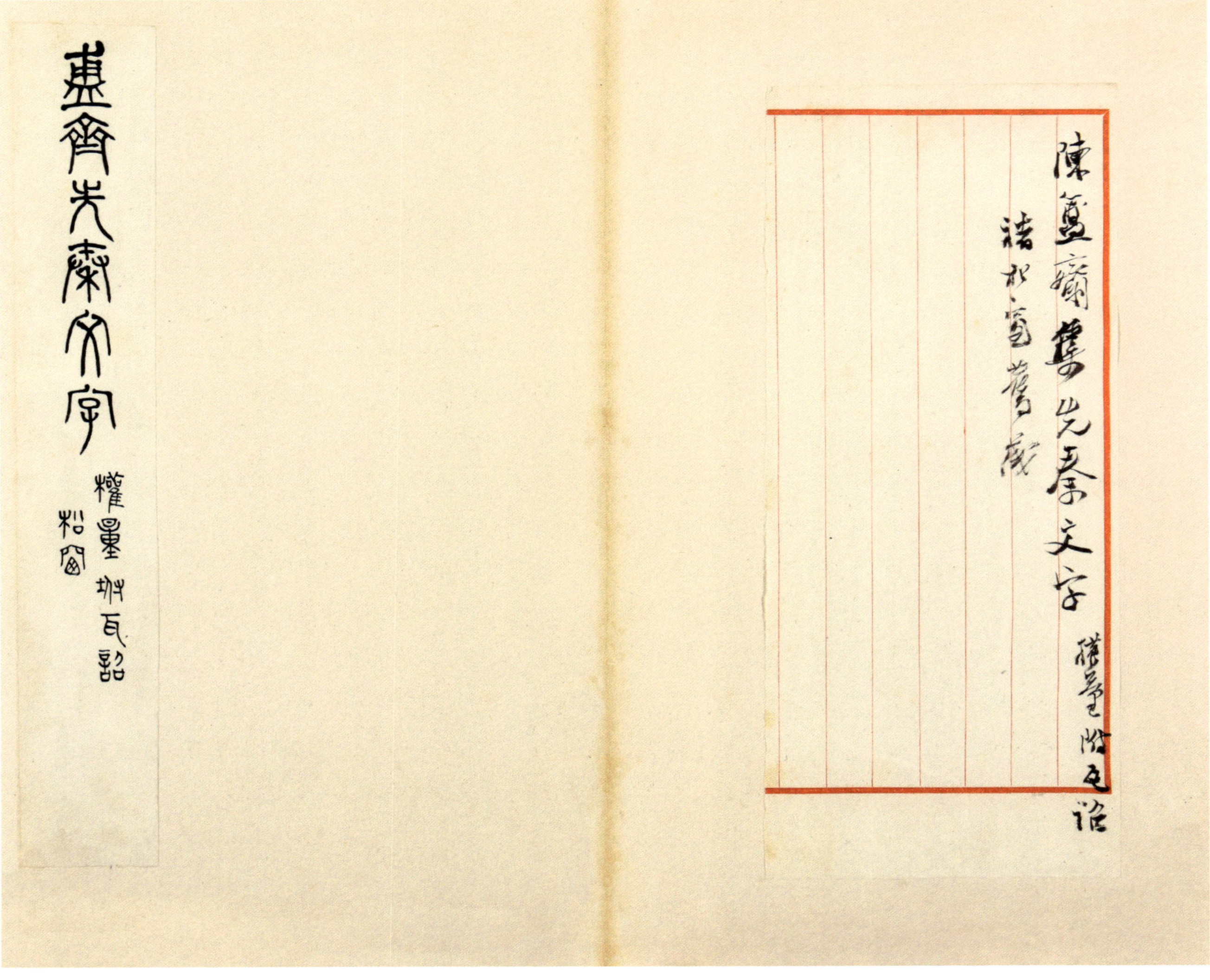
簠齋先秦文字
權量坿瓦詔
松窗
陳簠齋藏先秦文字
諸城松窗舊藏
權量之附瓦詔

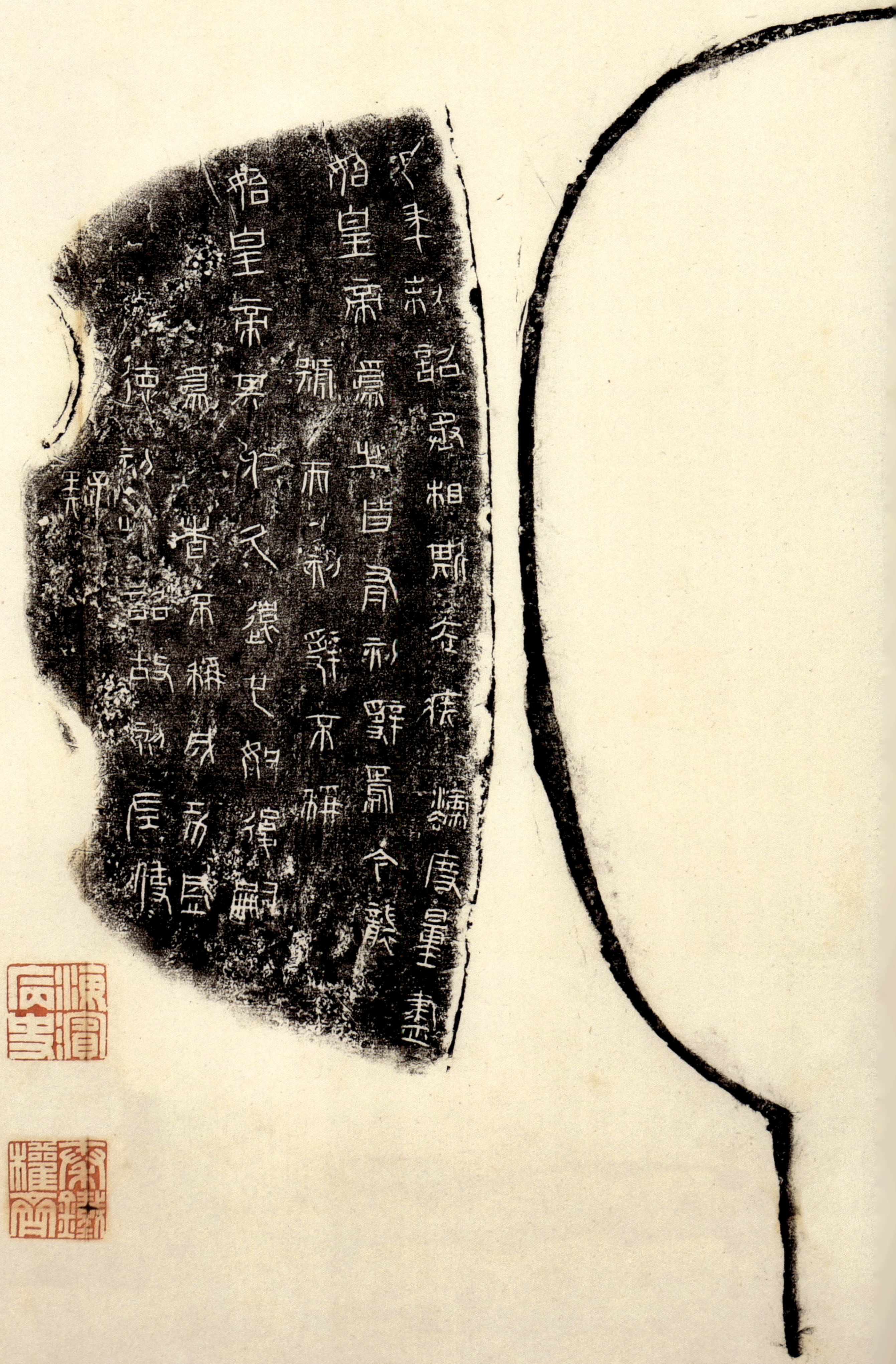
元年制詔丞相斯去疾法度量盡
始皇帝為之皆有刻辭焉今襲
號而刻辭不稱
始皇帝其於久遠也如後嗣
為之者不稱成功盛
德刻此詔故刻左使

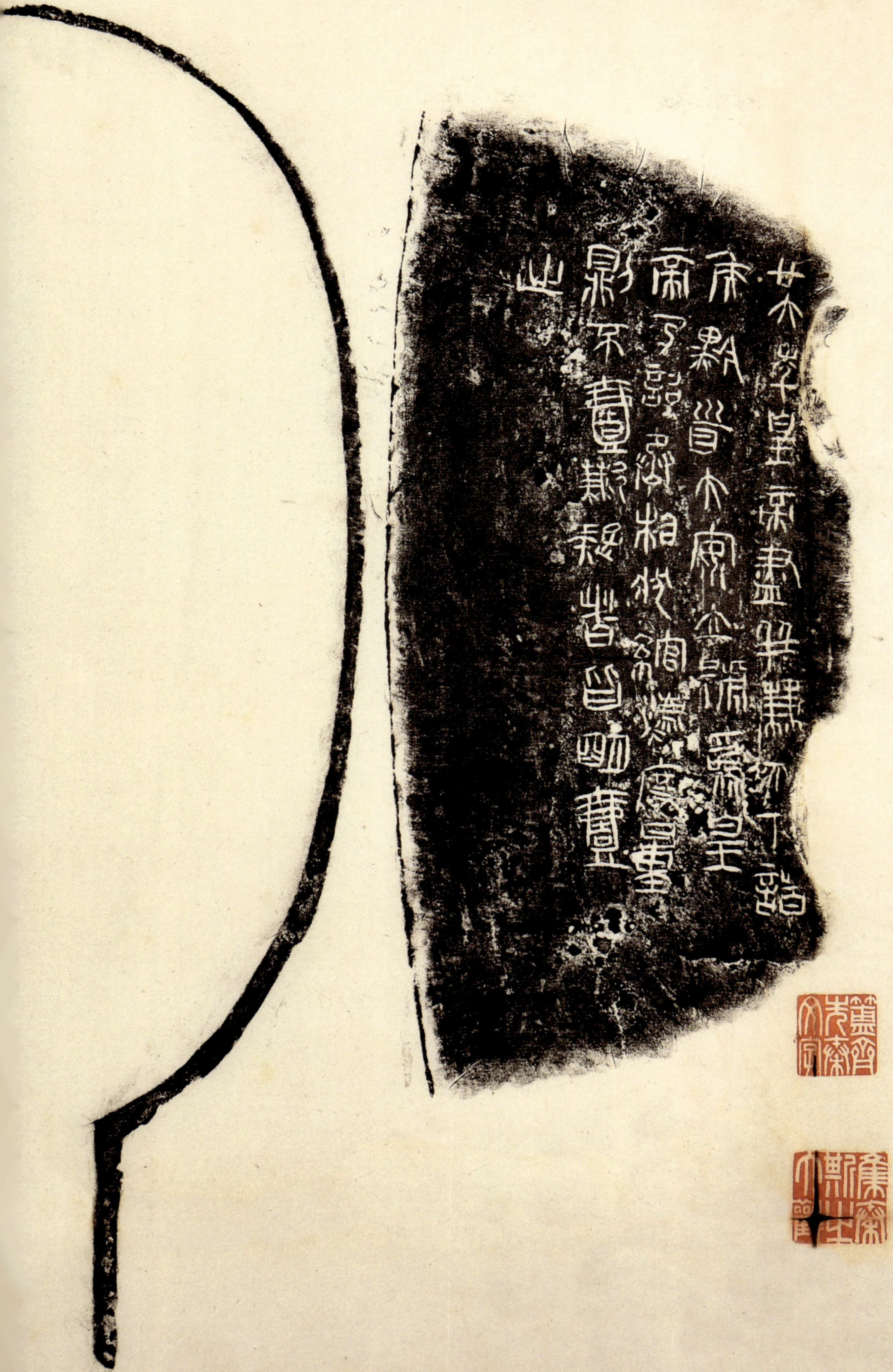

此始皇權而二世增刻詔書者

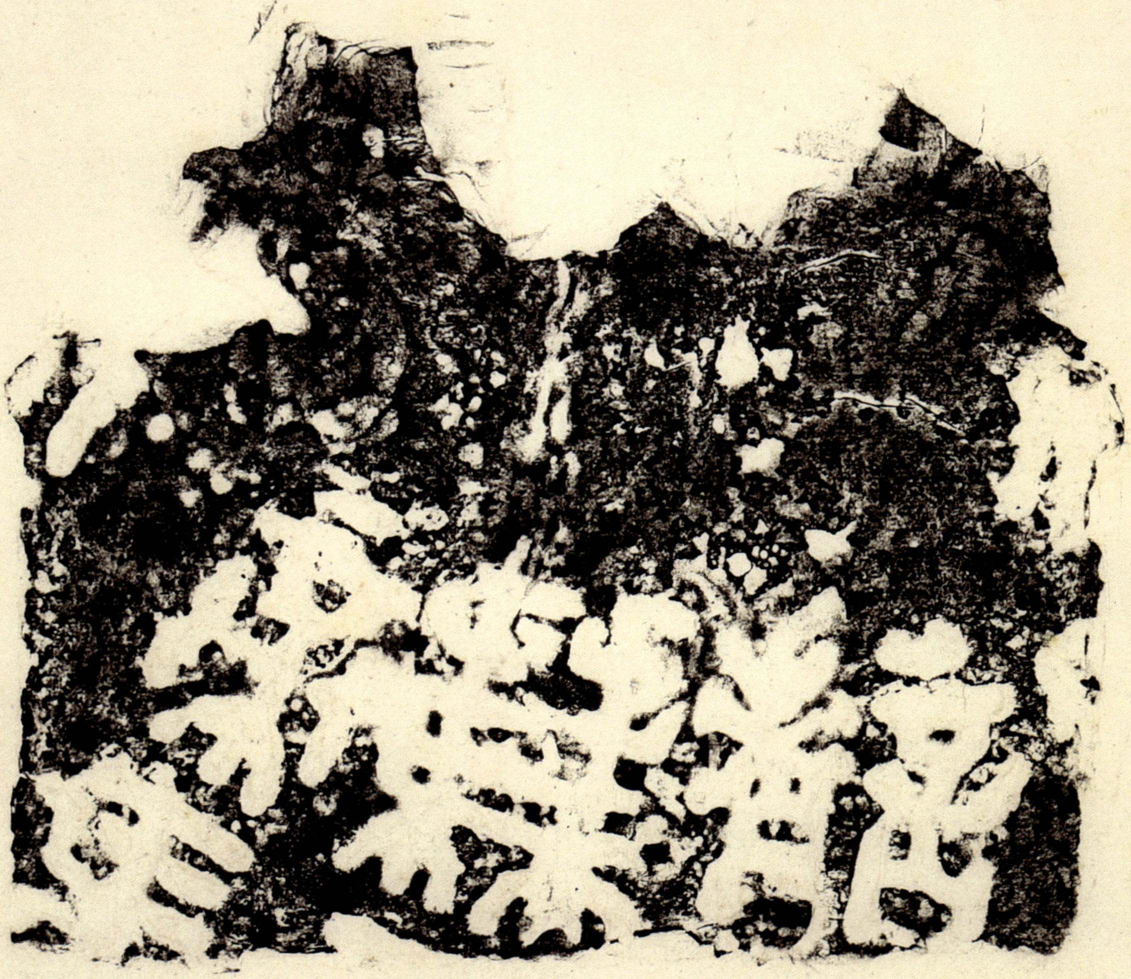

此紀詔
板生陰
者於當
有三字

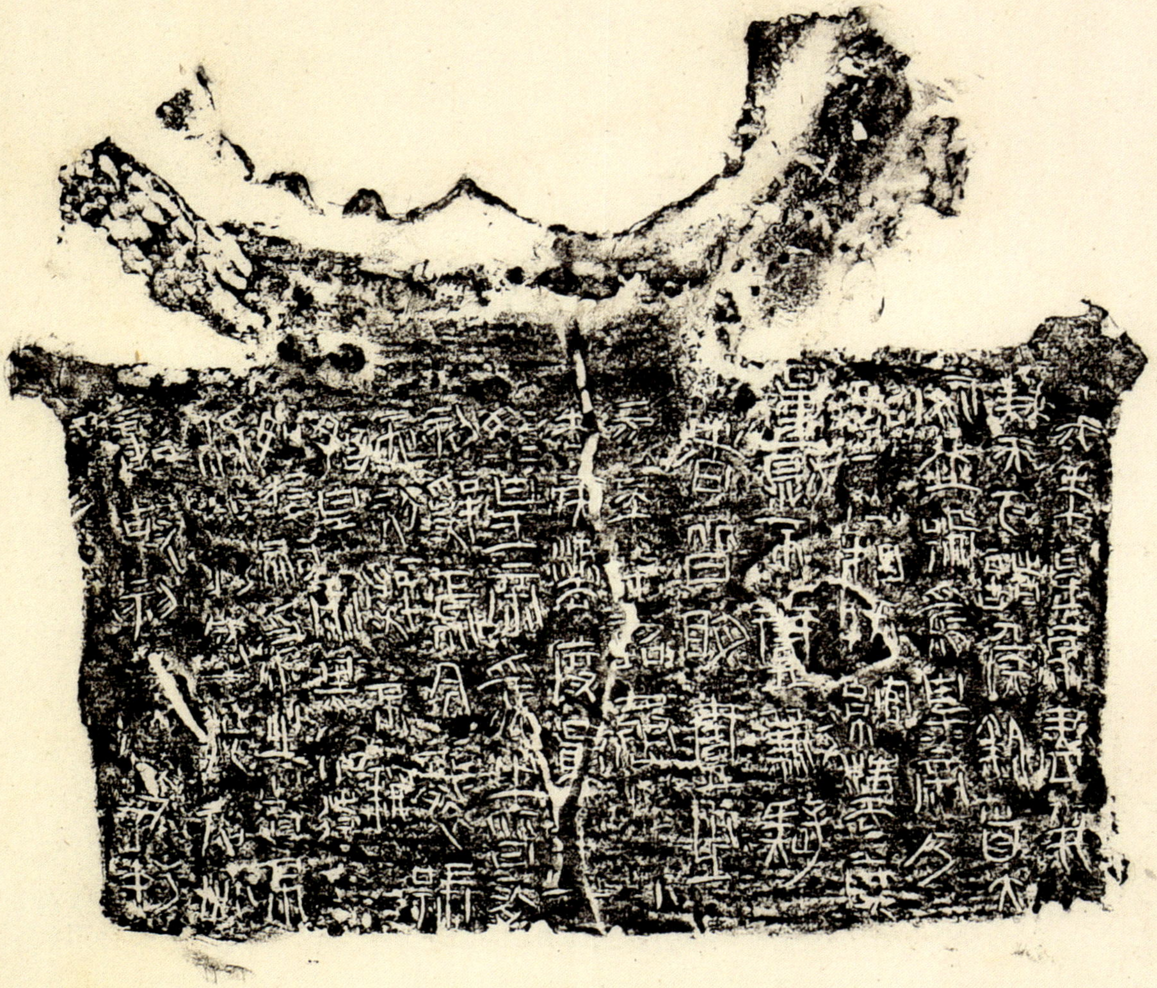

此即詔板之陰文字奇偉可喜此大字與詔文甚於三字

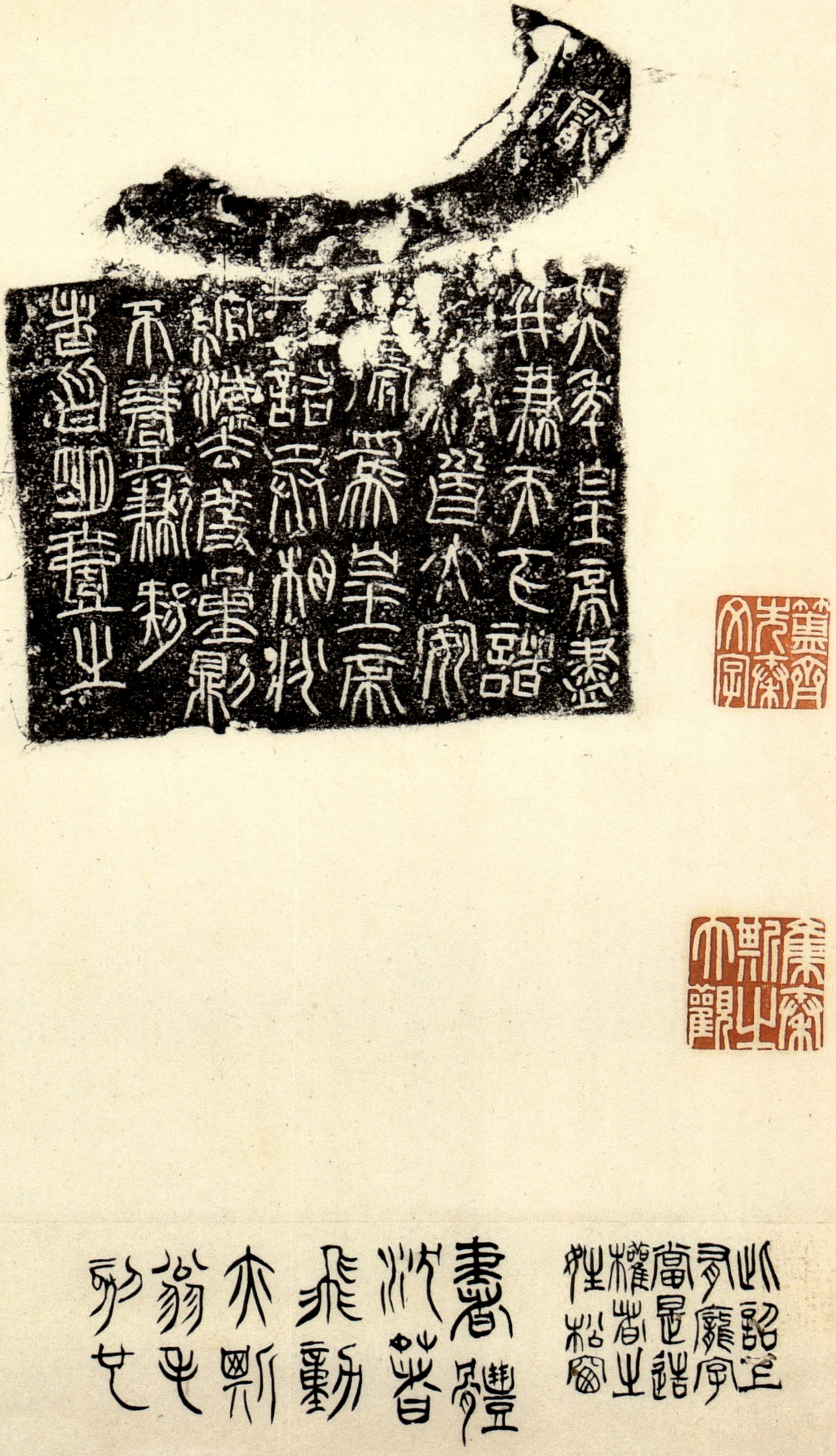

殘詔板

卌詔為東武劉氏臧載長安獲古编

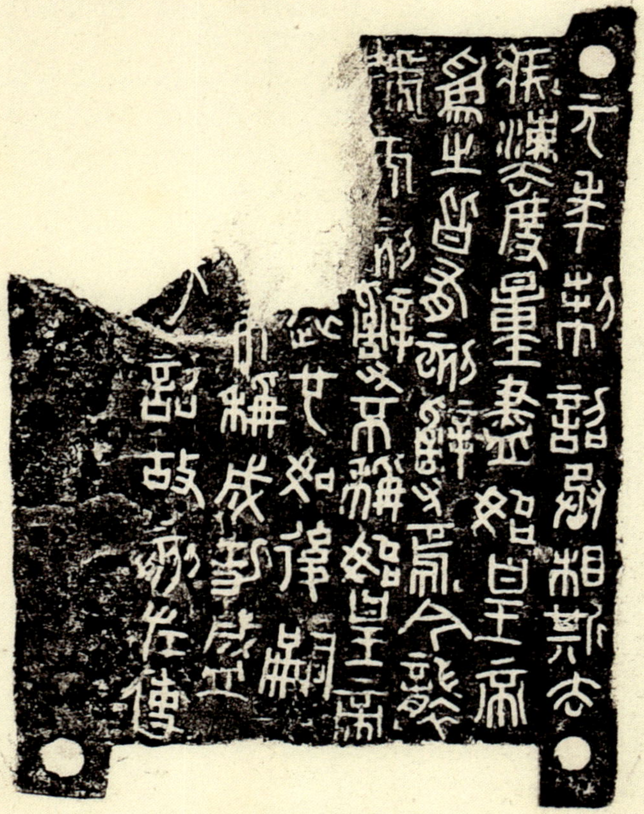

此詔板為東武劉燕庭咸見長安
獲古編

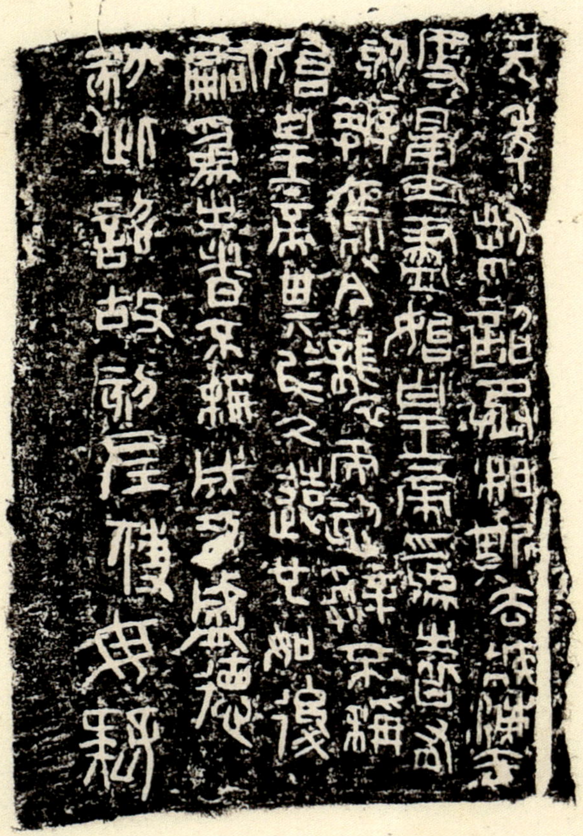

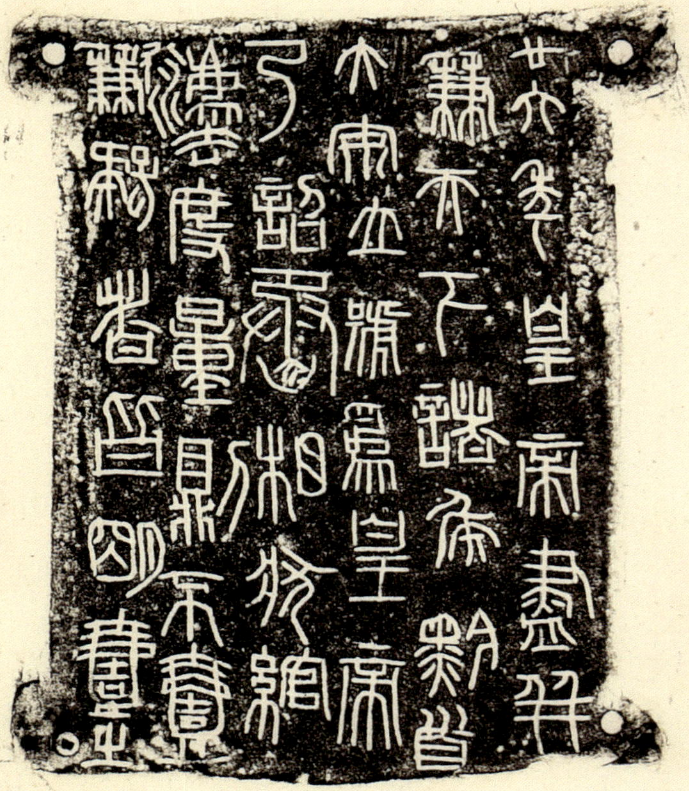

此詔文字精整當爲相斯手蹟

此即鍾權所鈐之銅詔板

秦仿古百二十斤石鐵權李斯書詔全刻

簠齋同治甲戌四月五日丁丑所得

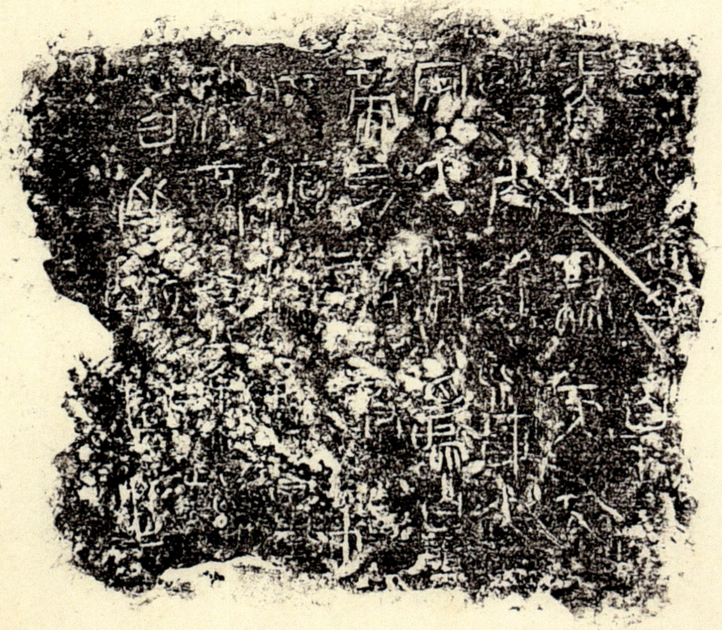

此鐵權中嵌銅詔板與愙齋所藏大銅權同為秦時之石權

始瓦量刻辭

此詔存六三字與詔版同圖之大字殘詔正同

此詔乃刻於瓦量皆臣名尚有瓦量文載始皇詔乃刻文于木范印于瓦量皆合瓦量之碎片可以合成全文共二十六片惜未得其墨本也

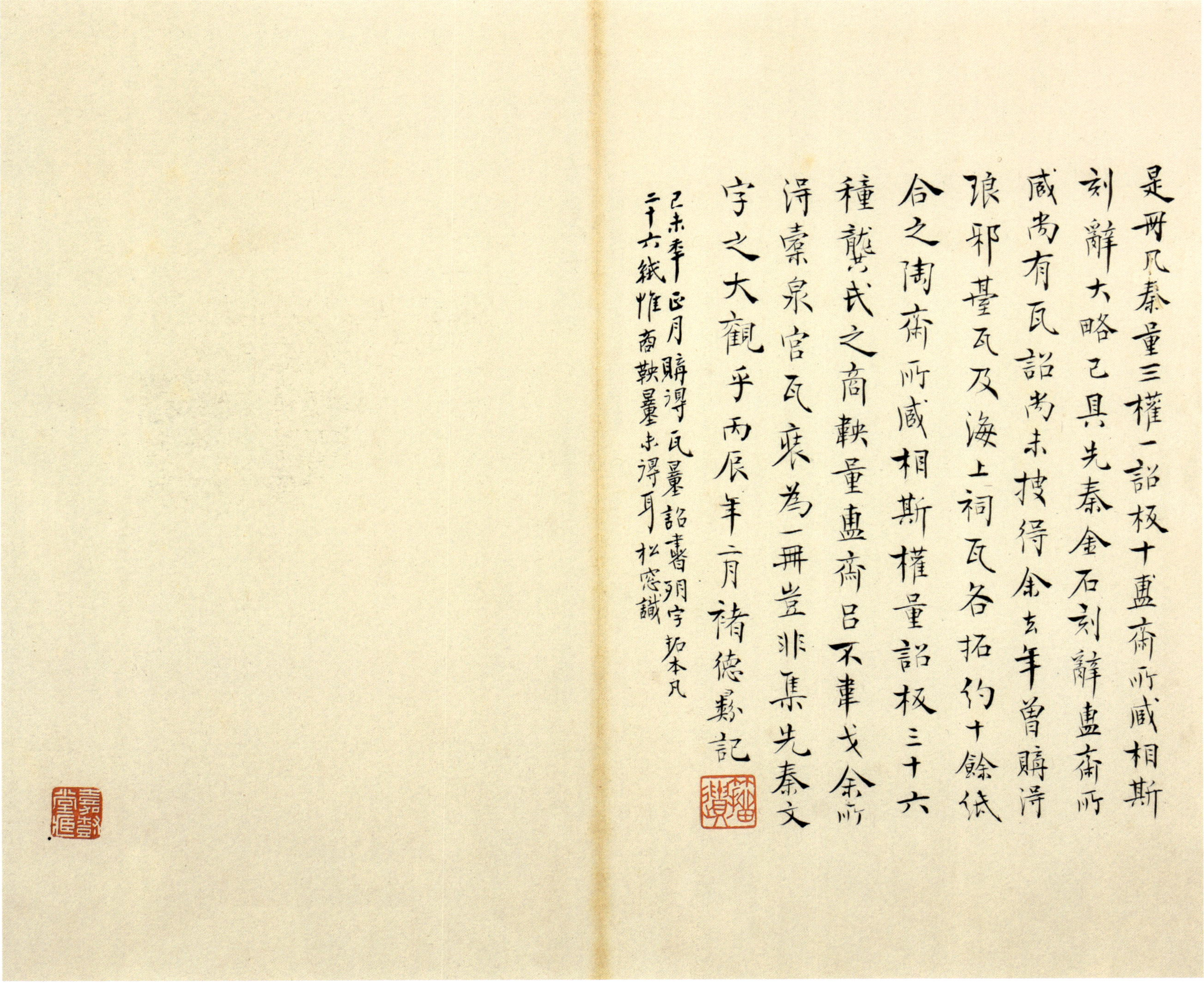

是冊凡秦量三權一詔板十簠齋所藏相斯
刻辭大略已具先秦金石刻辭簠齋所
藏尚有瓦詔尚未搜得余去年曾購得
琅邪臺瓦及海上祠瓦各拓約十餘紙
合之陶齋所藏相斯權量詔板三十六
種龔氏之商鞅量簠齋呂不韋戈余所
得橐泉宮瓦來為一冊豈非集先秦文
字之大觀乎丙辰年二月褚德彝記

己未季正月購得瓦量詔書明字拓本凡
二十六紙惟商鞅量未得耳 松窗識

羅繼祖藏　陳介祺舊藏漢瓦登拓片集

1 函 8 冊　紙本

10.5cm × 13.5cm

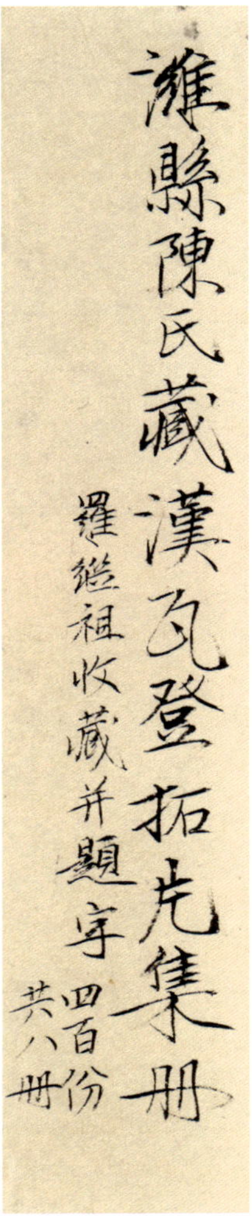

鈐印：

三代古陶軒

題簽：

濰縣陳氏藏漢瓦登拓片集冊。羅繼祖收藏并題字。四百份共八冊。

題識：

濰縣陳氏藏漢瓦登拓本集冊。癸酉（1933）九月羅繼祖鑒定并題首。共八冊四百份。鈐印：羅繼祖、壯不如人

提要：

此件爲羅振玉之孫羅繼祖收藏的陳介祺舊藏漢瓦登拓片集共八冊。拓片冊每頁一件拓片，每件拓片旁鈐“瓦登”印記，下鈐簠齋“三代古陶軒”印。拓片總計四百份。羅繼祖或得之於癸酉（1933）九月，并於第一冊卷首題記爲識。

羅繼祖（1913—2002），字奉高、甘孺，晚年號鯁庵、鯁翁。祖籍浙江上虞（今屬浙江紹興），出生於日本京都。自幼與祖父，著名金石學家、文獻學家羅振玉一起生活，接受嚴格庭訓，學貫文史，博涉多通，在歷史、考古、文博、圖書、書法等領域皆有建樹，尤其在文獻學和東北史研究方面有突出貢獻。他18歲時即協助祖父羅振玉作《朱笥河年譜》并刊行。26歲時寫成的《遼史校勘記》，以遼代墓志碑刻等核校遼史，奠定了學術地位，至今仍爲研究遼史的重要參考書。1949年任瀋陽博物館研究員，1955年到東北人民大學（今吉林大學）歷史系任教，後任吉林大學古籍研究所文獻研究室主任，中國歷史文獻研究會學術委員。

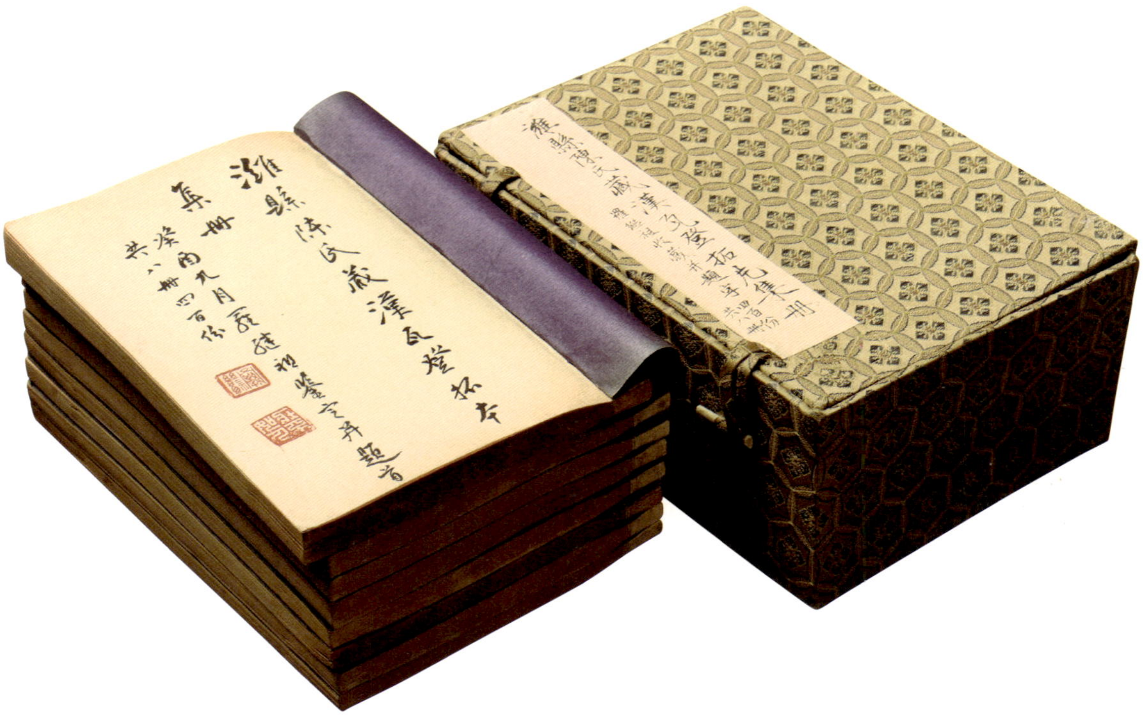

瓦登

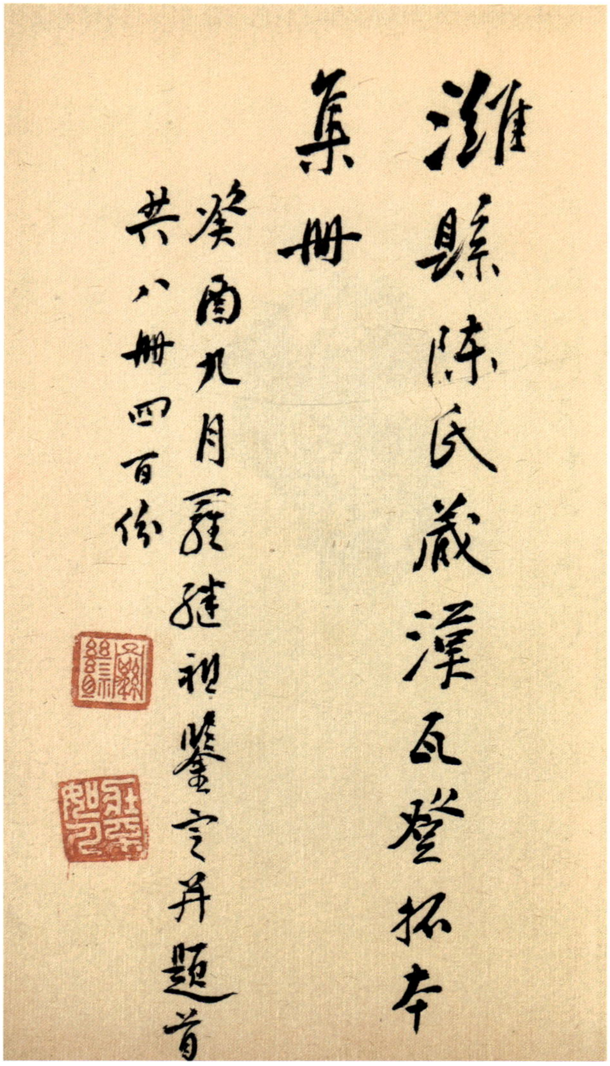
潍縣陳氏藏漢瓦登拓本集册
癸酉九月羅振玉鑒定并題首
共八册四百份

瓦登

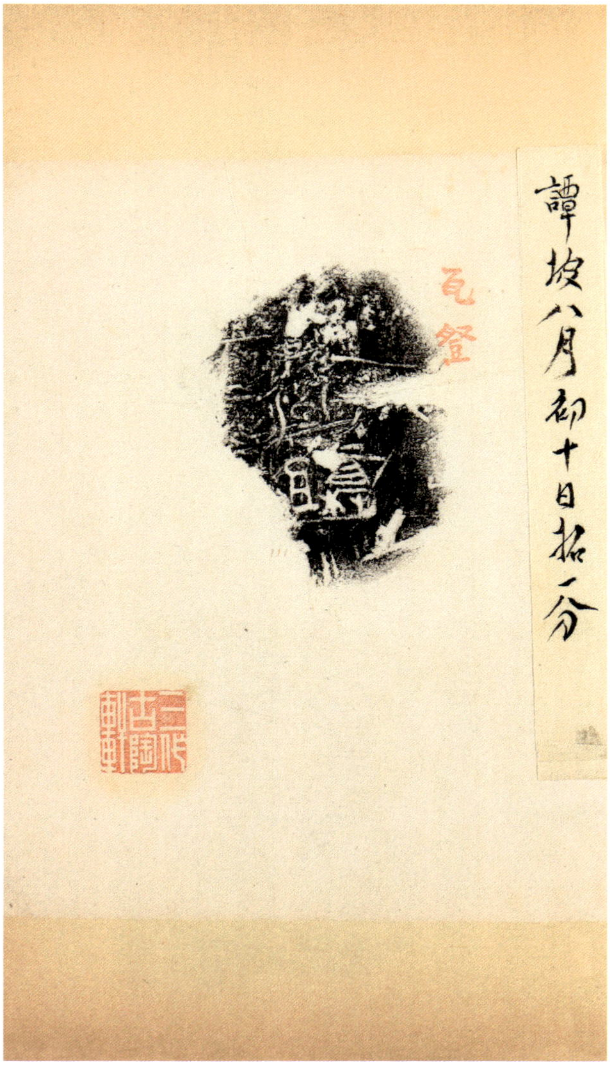
瓦登
譚坡八月初十日拓一分

瓦登

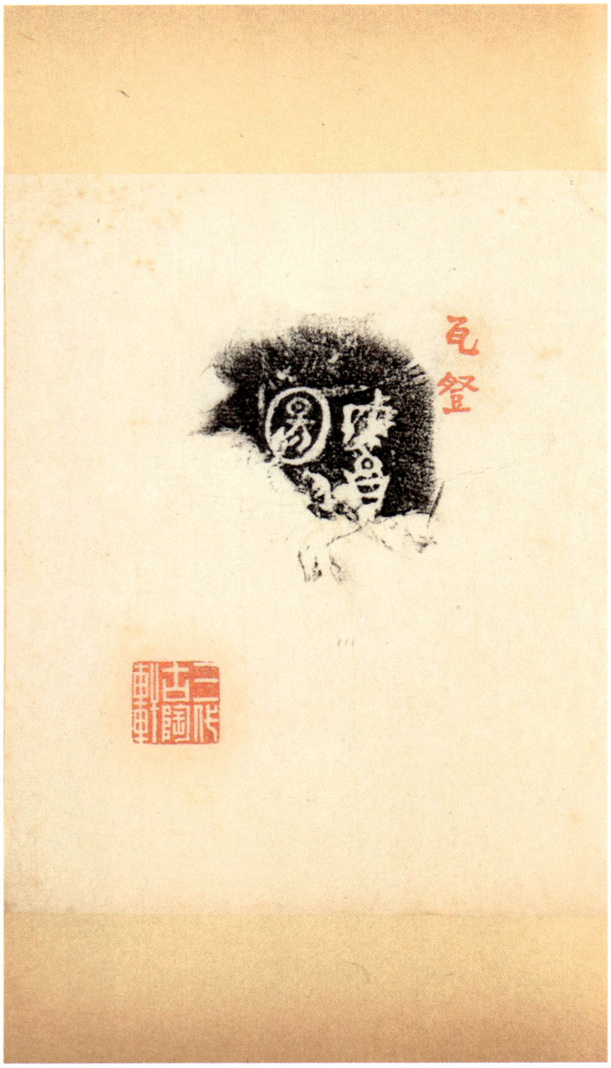
瓦登

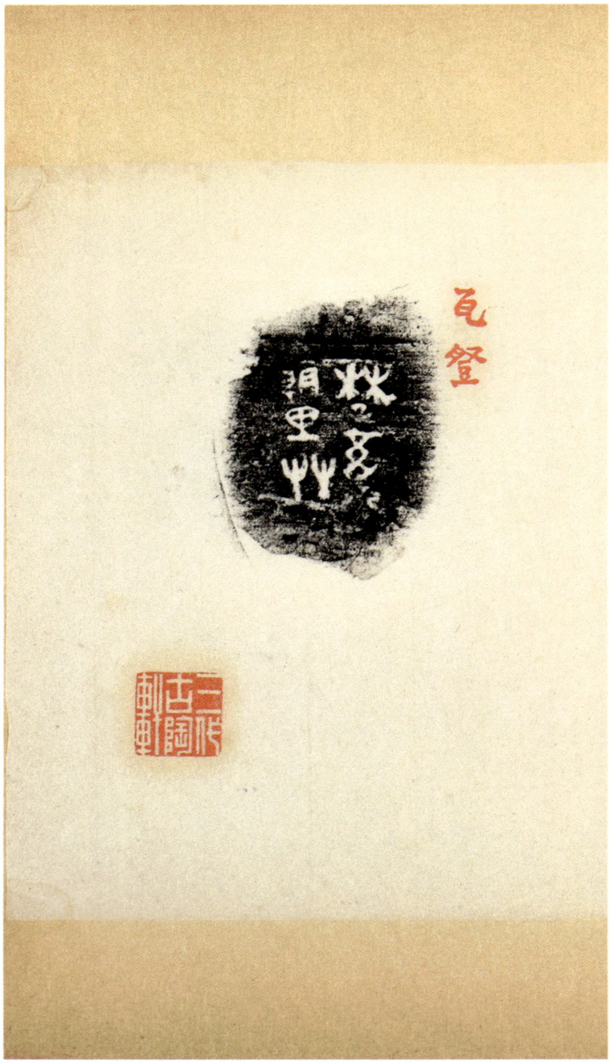
瓦登

瓦登

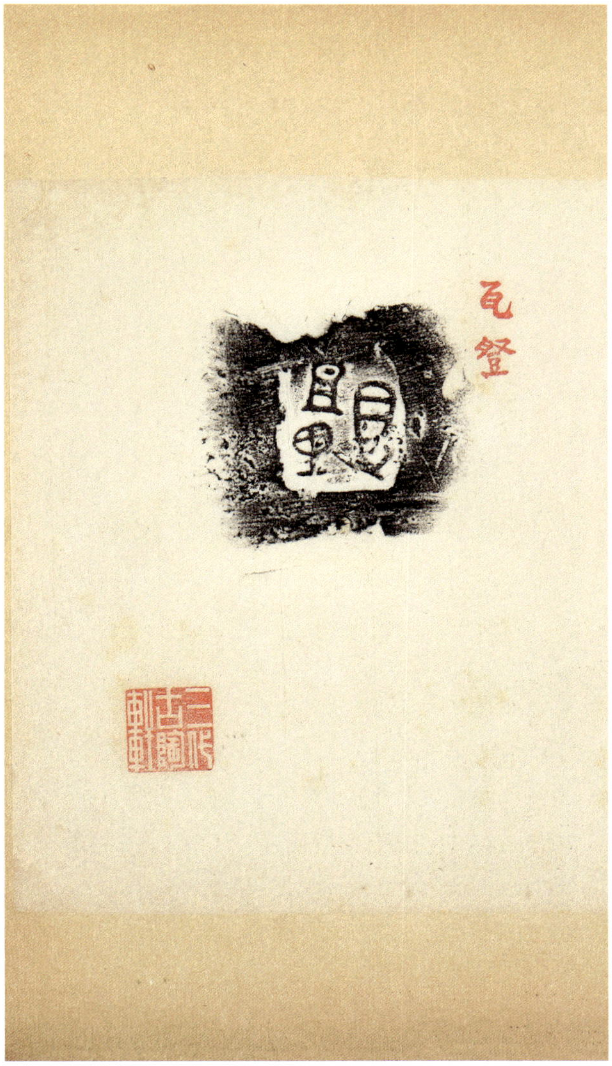
瓦登

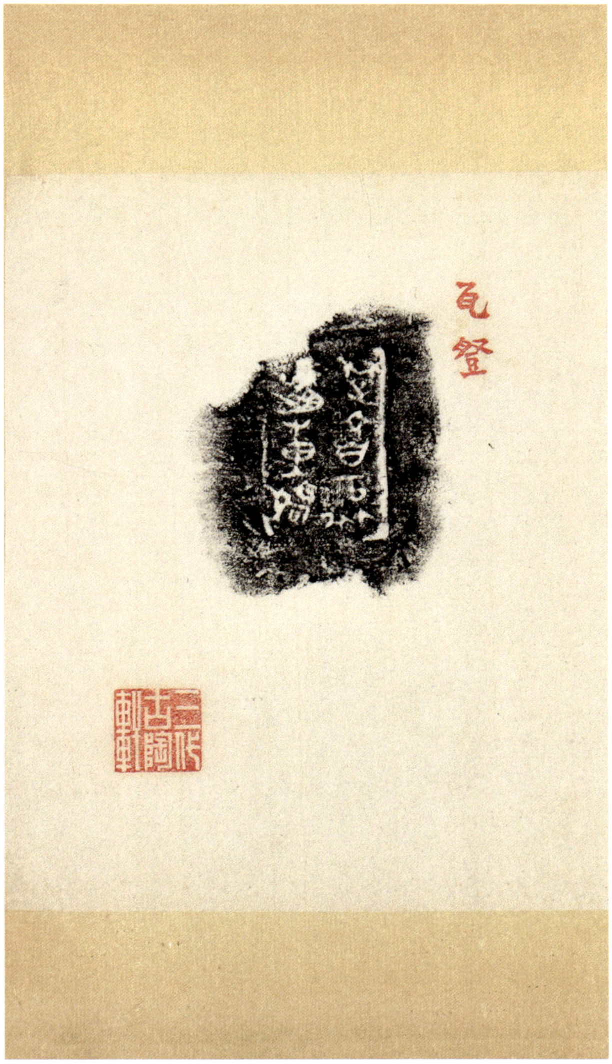
瓦登

瓦登

瓦登

端方、張祖翼、金城等題跋　端方藏新莽量全形拓

1 張　紙本

60.5cm × 105.3cm

鈐印：

陶齋十寶之一、樂此軒、金石壽世、千萬曾羊、潛齋、俊臣手拓

題識：

1. 新莽量。戊申（1908）鶴舫仁兄大令鑒。淢陽端方。鈐印：端方之印

2. 秦漢文字不相沿襲。秦文瘦硬，體取方□，漢文圓渾而健，不拘格界。午橋制軍藏新莽量，質堅得蒼翠色。文八十一列廿行。字勢秀勁灑落，初作洸□，字文俱類秦，較詔版且過之矣。昔見合肥龔氏藏秦量□，相髣爲金文，不可多覯者。若玆莽制，精到殆勝信□。鶴舫獲此拓寶藏之也且。己酉（1909）初夏，□□嘉蔭。鈐印：夫椒山人、嘉蔭私印

3. 新莽承西漢之後，故文字極精，觀此銘文八十一字，可見西漢軌則。第五字、第七十八字諸家頗有聚訟者。愚按“帀”似是帀字。言德之周帀也。“亭”即“享”字，嘗見有釋作“克”者，不敢附和也。此器余在金陵曾見之，乃一破量，僅半邊有字者，形如大瓦然。然淢陽公珍之，與秦權并重也。庚戌（1910）臘八日張祖翼。鈐印：磊盦

4. 余曾蒐輯秦量、詔版、銅權等器，集爲兩巨册。凡海内諸家所藏，如嘉興張氏、濰縣陳氏、利津李氏、海豐吴氏，最近年之黄縣丁氏、長白匋氏所藏，廣爲徵集，已竭數十年之力，擬將以西法影印，公之同好。今陶齋尚書又獲此莽量文字，雖不及斯相之精美，然規矩謹嚴，亦自可觀。異日海内宴安，亦當附入秦量册後，以詒同志也。辛亥（1911）九月避兵海上記之。波崙山人。鈐印：王瓘

5. 此量文字精整。莽去秦不遠，猶有斯相矩矱。第六字、第七十八字張釋極是。《説文》帀，𠣘也。《廣雅》徧也。言黄帝之德𠣘徧於虞，虞帝之德𠣘徧於新。猶言天命攸歸之意也。“亭”字伯同□□□□□。古器款識刀筆省羡，往往然也。第五十四字當是稽字，《説文》作“𥡴”，儒行古人與稽注合也。稽當前人猶言古人與稽之義云爾。壬子（1912）仲春，歸安金城識。鈐印：拱北

銅量銘文釋文：

黄帝初祖，德帀於虞。虞帝始祖，德帀於新。歲在大梁，龍集戊辰。戊辰直定，天命有民。據土德受，正號即真。改正建丑，長壽隆崇。同律度量衡，稽當前人。龍在己巳，歲次實沈。初班天下，萬國永遵。子子孫孫，享傳億年。

提要：

新莽量是西漢末年王莽建立新朝，托古改制舉措的産物之一。其中改革度量衡是比較成功的一項，國師劉歆是這次改革的領導者。劉歆等人不但提出了一系列度量衡理論，定立了度量衡制度，還製造了一批度量衡標準器，其中最傑出的就是新莽銅量。銅量以斛量爲主體，圈足爲斗量，左耳爲升，右耳上爲合，下爲龠量。五量具備故名嘉量。銅量外壁正面刻有八十一字銘文，多爲工整垂脚的方正小篆，與秦權量文字一脉相傳。新莽嘉量的設計精妙，製作準確，在我國度量衡史上占有重要的地位。存世的新莽嘉量有兩件，一件爲清宫舊藏，現藏台北故宫博物院；另一件爲端方舊藏新莽嘉量銘文殘片，現藏中國國家博物館。

端方此件銅量拓本是利用自己收藏的新莽銅量銘文殘片摹拓恢復的全形拓本，其中銘文部分爲殘片銘文原拓。

托忒克·端方（1861—1911），字午橋，號陶齋，滿洲正白旗人。曾任湖北巡撫、湖南巡撫、代理湖廣總督、代理兩江總督等職，從政之餘，收置彝器舊迹頗豐。著有《陶齋吉金録》《陶齋藏石記》《陶齋藏器目》等。

張祖翼（1849—1917），字逖先，號磊盦，又號磊龕、濠廬，安徽桐城人。篆刻師鄧石如，宗石鼓鐘鼎，隸法漢碑魏碣，碑學書風。著有《磊盦金石跋尾》《漢碑範》等。

王瓘（1847—1914），字孝玉，一字孝禹，辛亥後以字行，號波崙山人，四川銅梁人，寓居天津。曾參端方幕，故所見頗廣。工篆、隸書，精鑒别，富收藏。光緒時以金石、書法名於時。

金城（1878—1926），字鞏北，一字拱北，原名紹城，號北樓、又號藕湖，浙江吴興人，生於北京。擅長山水花鳥，師法宋元，筆墨謹嚴。著有《藕廬詩草》《北樓論畫》等。

鈕嘉蔭（1857—1915），字叔文，號聞叔、夫椒山民，室名結古歡室，吴縣（今江蘇蘇州）人。精鑒别及金石考證，工書及篆刻，真草篆隸，均能入古。

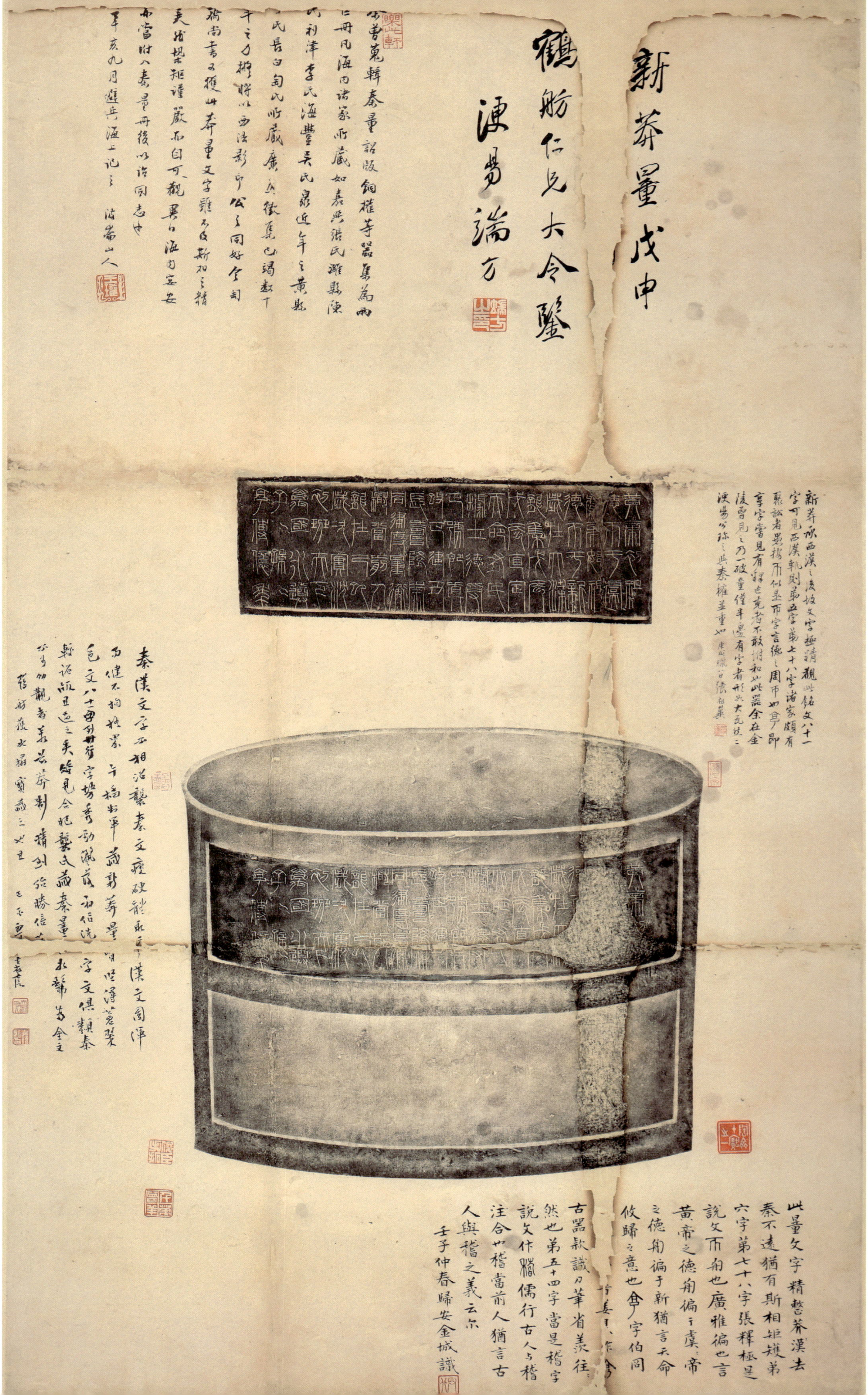
新莽量戊申
鶴舫仁兄大令鑒
陶齋端方
此量文字精整莽漢去
秦不遠猶有斯相矩矱第
六字第七十八字張釋極是
說文帀匝也廣雅徧也言
黃帝之德匝徧于虞帝
之德匝徧于新猶言天命
攸歸之意也
古器款識多筆省羨往往
然也第五十四字當是稽字
說文作𥡴儒行古人與稽
注合也稽當前人猶言古
人與稽之義云尔
壬子仲春歸安金城識

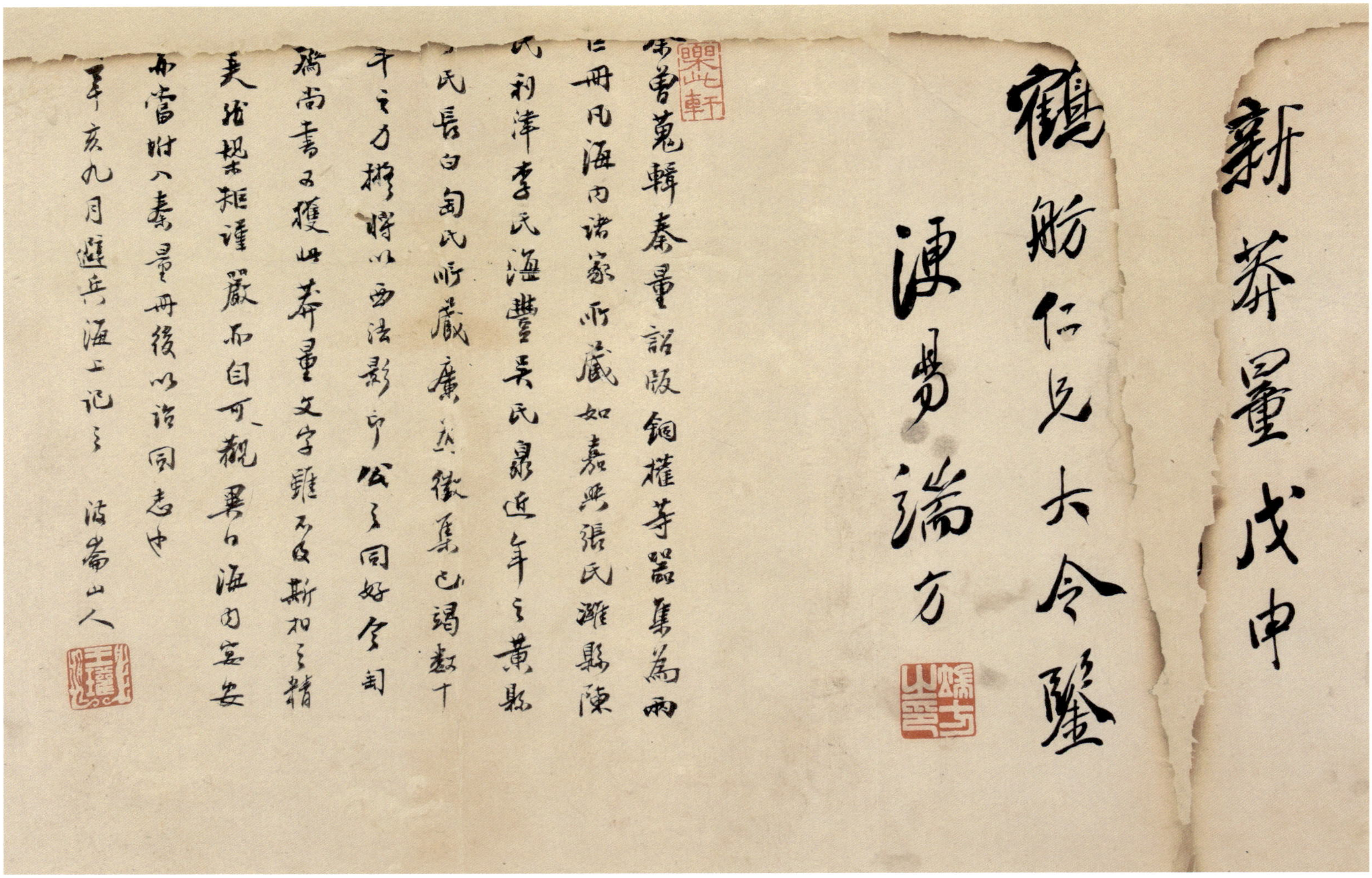
新莽量戊申
鶴舫仁兄大令鑒
陶齋端方
余曾蒐輯秦量詔版銅權等器集爲兩
巨冊凡海内諸家所藏如嘉興張氏濰縣陳
氏利津李氏海豐吳氏最近年之黃縣
丁氏長白匋氏所藏廣爲徵集已得數十
千之多擬將以西法影印公之同好今聞
尚書又獲此莽量文字雖不及斯相之精
美然規矩謹嚴而自可觀異日海内寶安
亦當附入秦量冊後以詒同志也
辛亥九月避兵海上記之 滄嵐山人

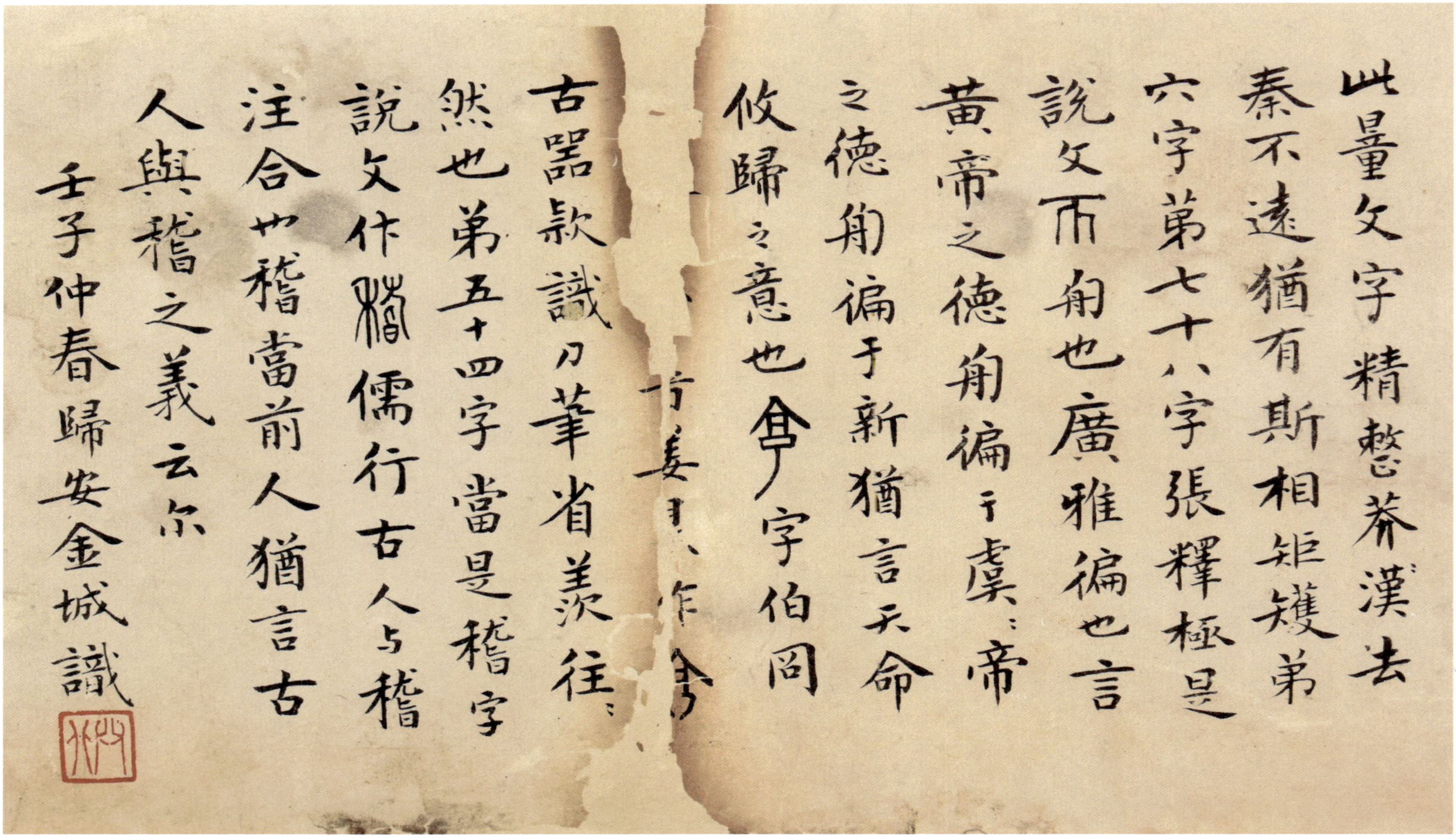
此量文字精整莽漢去
秦不遠猶有斯相矩矱第
六字第七十八字張釋極是
說文爪甬也廣雅偏也言
黃帝之德甬偏于虞虞帝
之德甬偏于新猶言天命
攸歸之意也㒸字伯冏
方妄其、作
古器款識乃筆省羨往往
然也第五十四字當是稽字
說文作稽儒行古人与稽
注合也稽當前人猶言古
人與稽之義云尒
壬子仲春歸安金城識

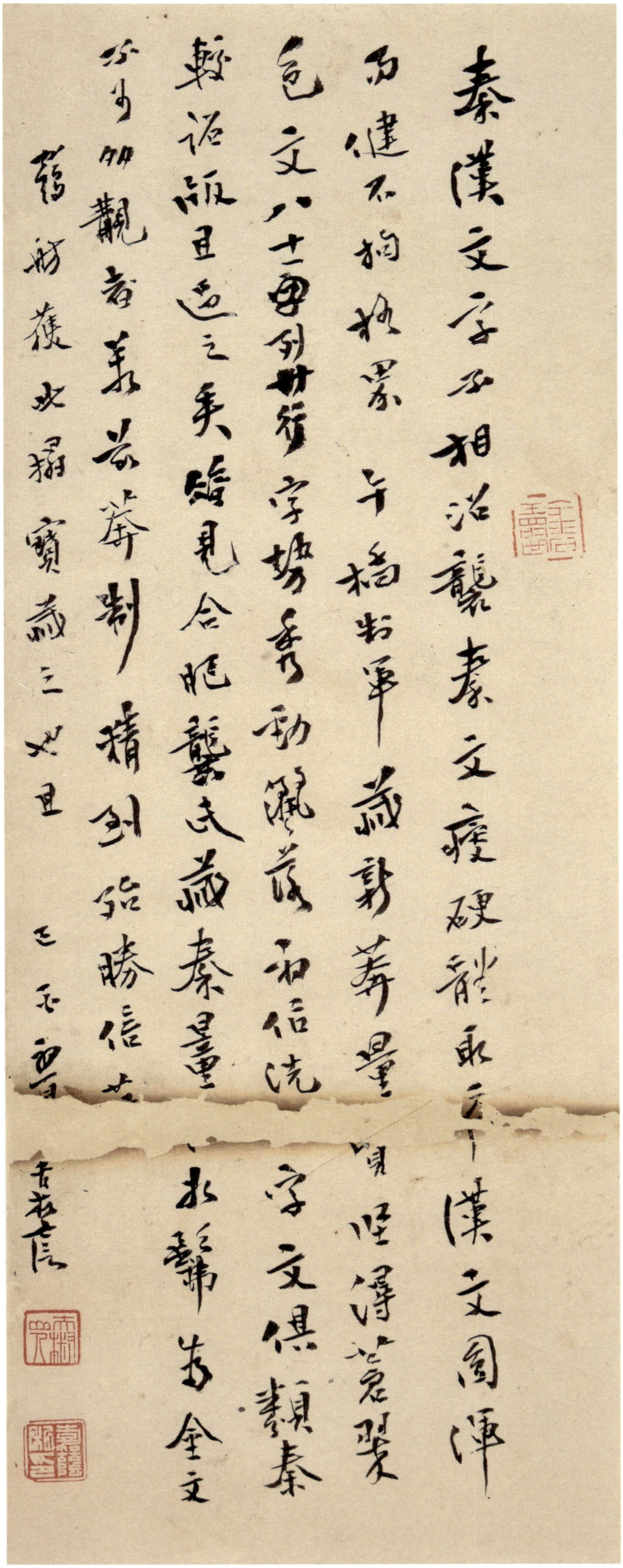
秦漢文字不相沿襲秦文瘦硬能取方漢文圓渾

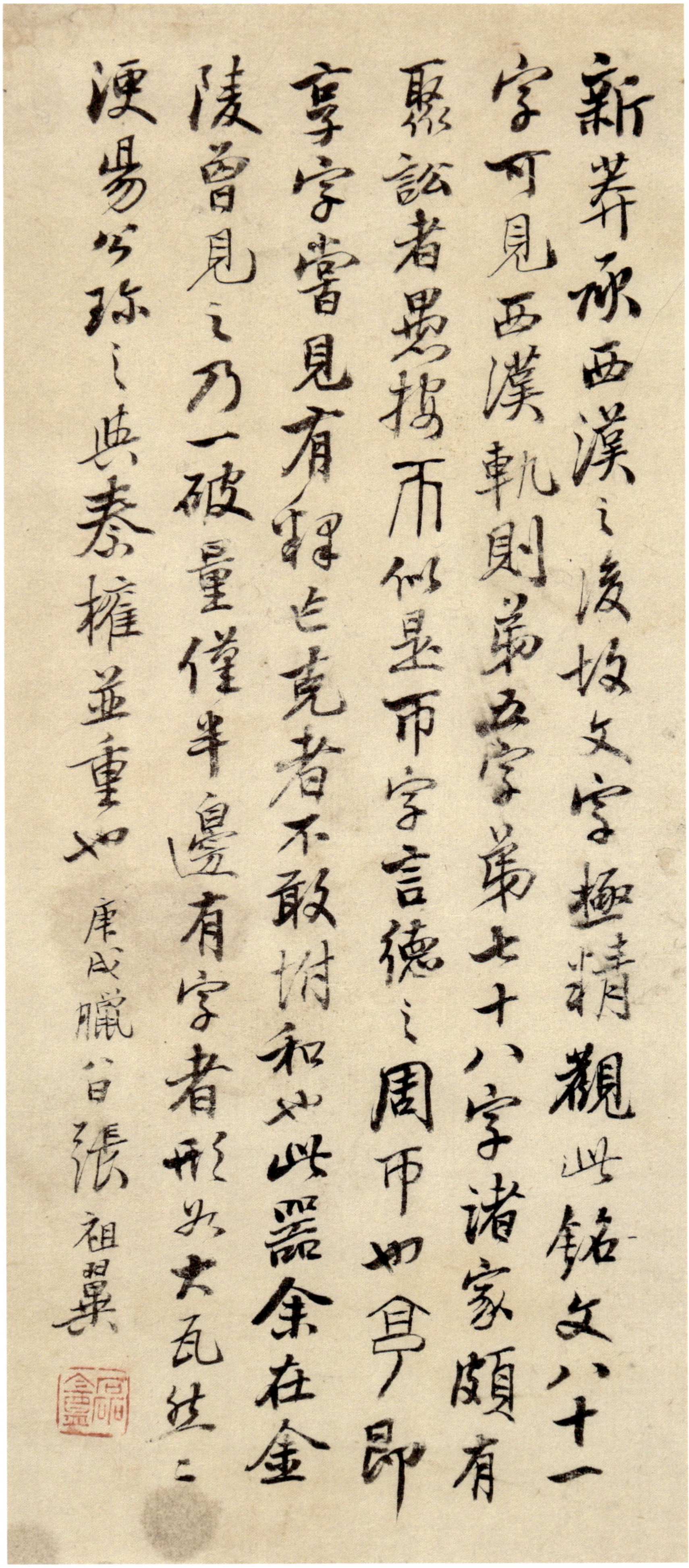
新莽承西漢之後故文字極精觀此銘文八十一
字可見西漢軌則第五字第七十八字諸家頗有
聚訟者愚按币似是币字言德之周币也亭即
享字嘗見有釋亡克者不敢附和也此器余在金
陵曾見之乃一破量僅半邊有字者形如大瓦然之
便易以珎之與秦權並重也
庚戌臘八日張祖翼

周夢坡手拓題跋　東漢李德買地券等拓本兩種

2 張　紙本

12.8cm × 59cm，12.3cm × 59cm

題識：

1. 東漢延光四年，東郡太守李德買地券。鉛質，陰文，字文樸茂，至可寶貴。夢坡手拓因識。時丁巳（1917）中秋。

鈐印：慶雲之印

2. 右東漢靈帝中平二年沈光旭買葬地券。陽文極精緻。丁巳中秋予堂姪佩箴携來，云將載往米國，急止之，擬以相當之值購之，俾得寶存國粹。夢坡識。鈐印：周押

提要：

早在先秦，人們對地域進行標識和用文字記録經界，以確定轉讓、買賣和占有。著名的散氏盤銘文就是將田地劃給貴族散氏，以周圍的山川、道路、樹木等自然標識來標定界限，列舉證人，宣誓信守契約的記録，爲後人研究西周後期土地制度留下了重要材料。

這種四至記界的方法常使用於田地的契券，以至延伸用於買地券中。人們生前要買土地，死後也要買一塊地作爲永久居住地。這樣仿效地宅爲死者買地的地券應運而生。買地券在東漢製作廣泛，延光四年（125）《李德買地券》便是一件著名的實例。漢代買地券所記界限四交都是實地，買地價錢也按當時實際數目。首記年月，中記業主姓氏、地界，後記地價。這些都與真實的契券類似。這種地券一般均刻於鉛、玉、陶、石之上，埋於墓中，以顯示這些是幽冥之物。

歷史文獻中對買地券的著録、研究甚少。直到有清一代乾嘉金石考據之學興起，買地券開始受到學者的關注。諸如葉昌熾《語石》卷五、葉奕苞《金石録補》卷二七、錢大昕《十駕齋養新録》及羅振玉《貞松堂集古遺文》卷一五皆有所涉及、收録和分析。

周夢坡（1864—1933），名慶雲，字景星（一字逢吉），號湘舲，別號夢坡，浙江南潯人。經營鹽業，能詩書，深諳古琴，收藏甚富。著有《琴史補》《琴史續》。

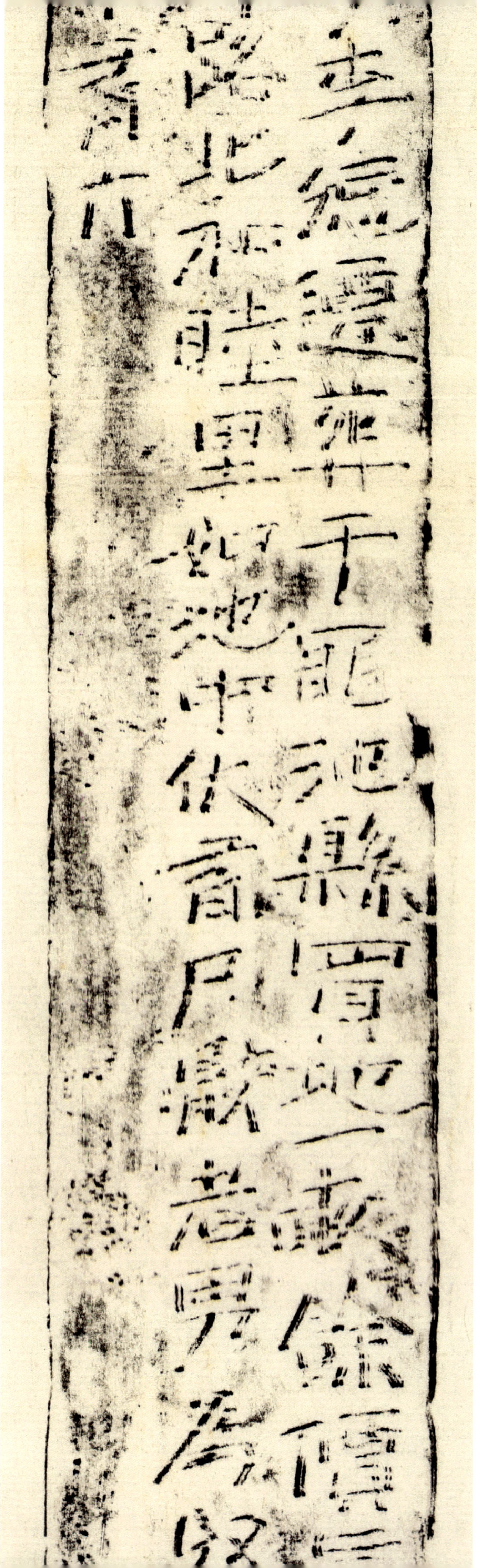

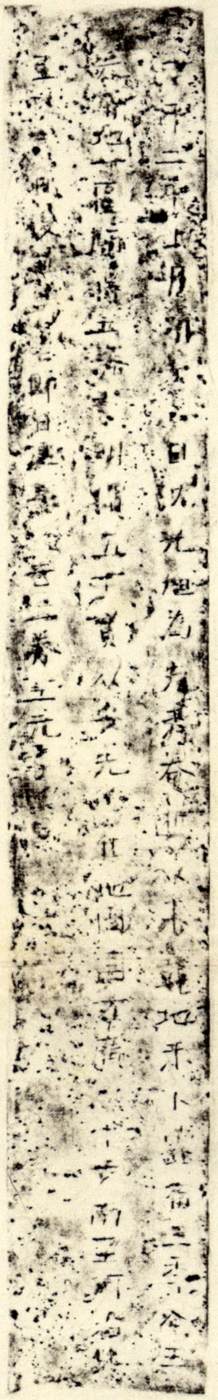

右東漢靈帝中平二年沈光旭買冢地券陽文極精緻　丁巳中秋予堂姪佩箴携來云將載往東國急止之撿以相當之值購之俾得寶存國粹　夢坡識

東漢延光四年東郡太守李德買地券鉛質陰文字文樸茂至可寶貴　夢坡手拓因識

時丁巳中秋

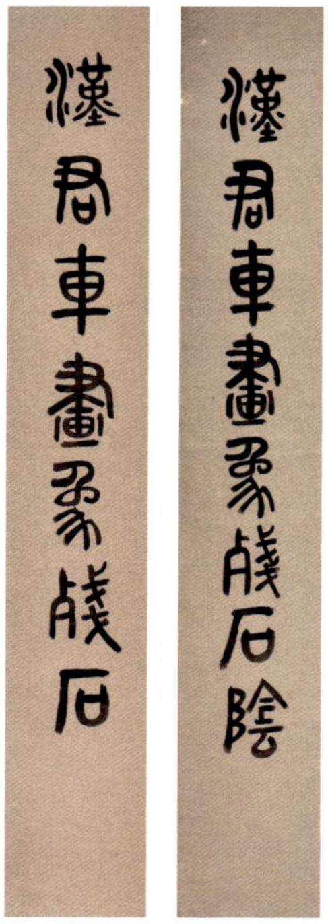

陳介祺舊藏　東漢君車畫像石硃拓本

2張　紙本

133.3cm × 101cm，134cm × 96cm（碑陰）

鈐印：

簠齋藏石、君車漢石亭長

題簽：

1. 漢君車畫象殘石。
2. 漢君車畫象殘石陰。

提要：

東漢君車畫像石於清光緒八年（1882）出土於山東濰縣，出土後旋爲陳介祺所得。畫像隸書題字存五處十四字。畫像爲兩層車馬人像，較一般畫像石大出約兩倍。畫像石背面雕刻的爲龍虎圖案。陳介祺得此石刻後如獲至寶，築亭呵護，自號“君車漢石亭長”，并專刻收藏印以紀之。宣統元年（1909）此畫像石經上海售出，流入法國，今藏法國巴黎博物館。

嘉樹堂此本爲陳介祺硃拓本，拓工精良，難得在於還附有石陰的拓本。張彦生《善本碑帖録》記載，陳介祺用真銀硃砂重拓，墨拓本反而較少。帶石陰的拓本硃拓、墨拓均少。

鈴下
門下小史
主簿

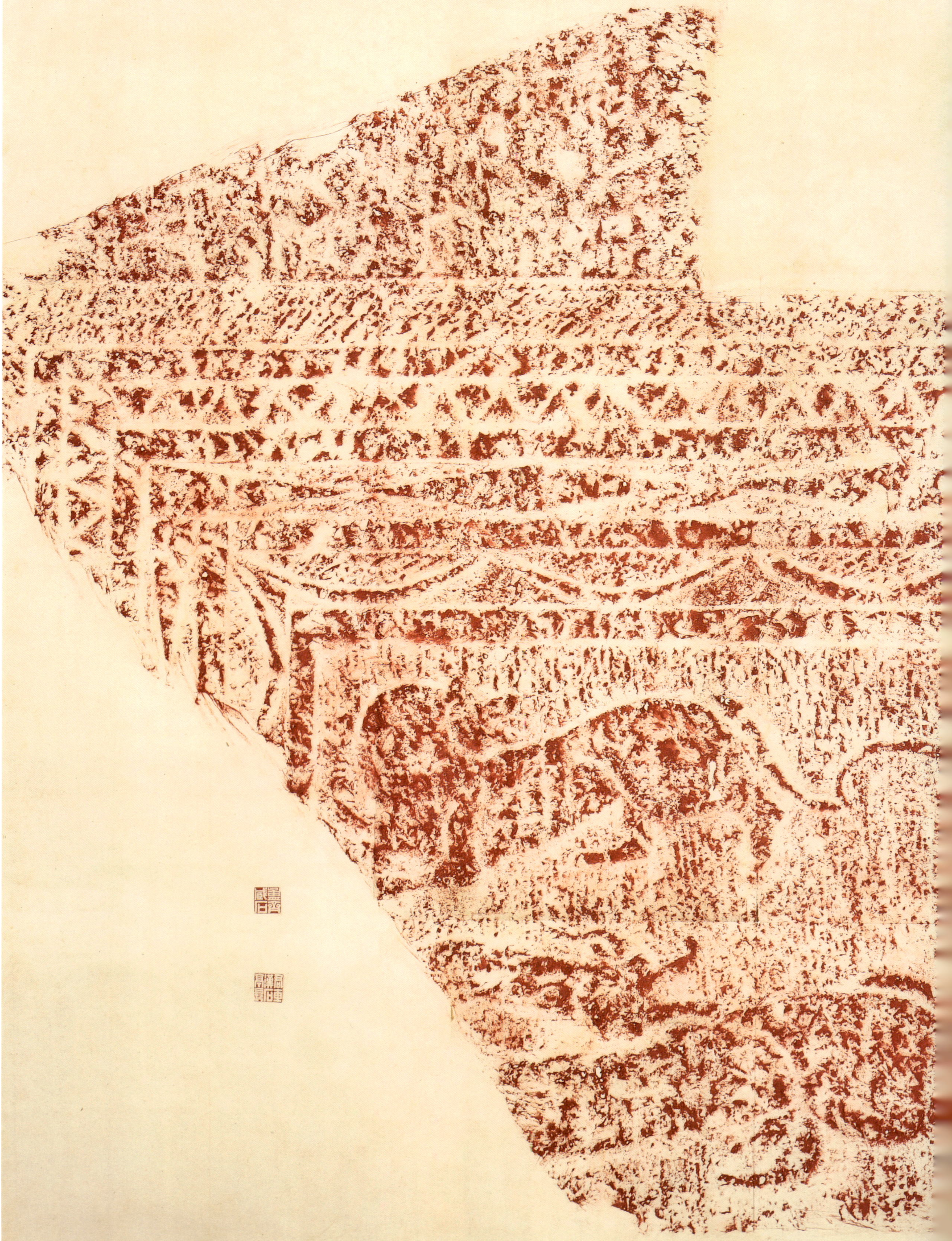

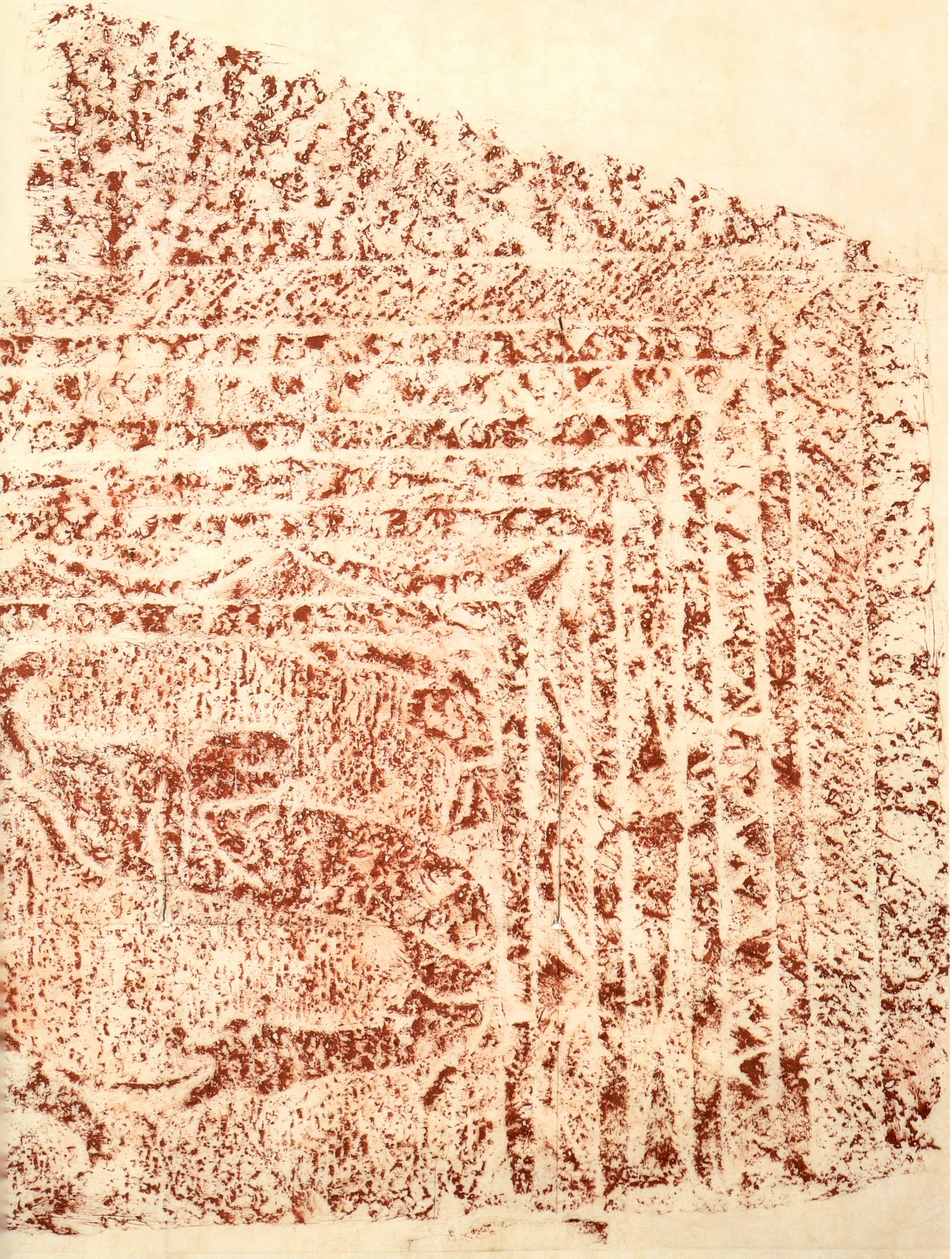

江鳳彝題識　黄易舊藏漢畫像殘石拓片

2 張　紙本

22.5cm × 16.5cm

鈐印：

秬香所得金石、鳳彝小印

題識：

1. 漢畫象殘石，小松琢爲研。鏡虹吟室主人記。

2. 此漢畫象殘石，小松琢爲研。道光辛巳（1821）記於吉安官廨。荃溪。

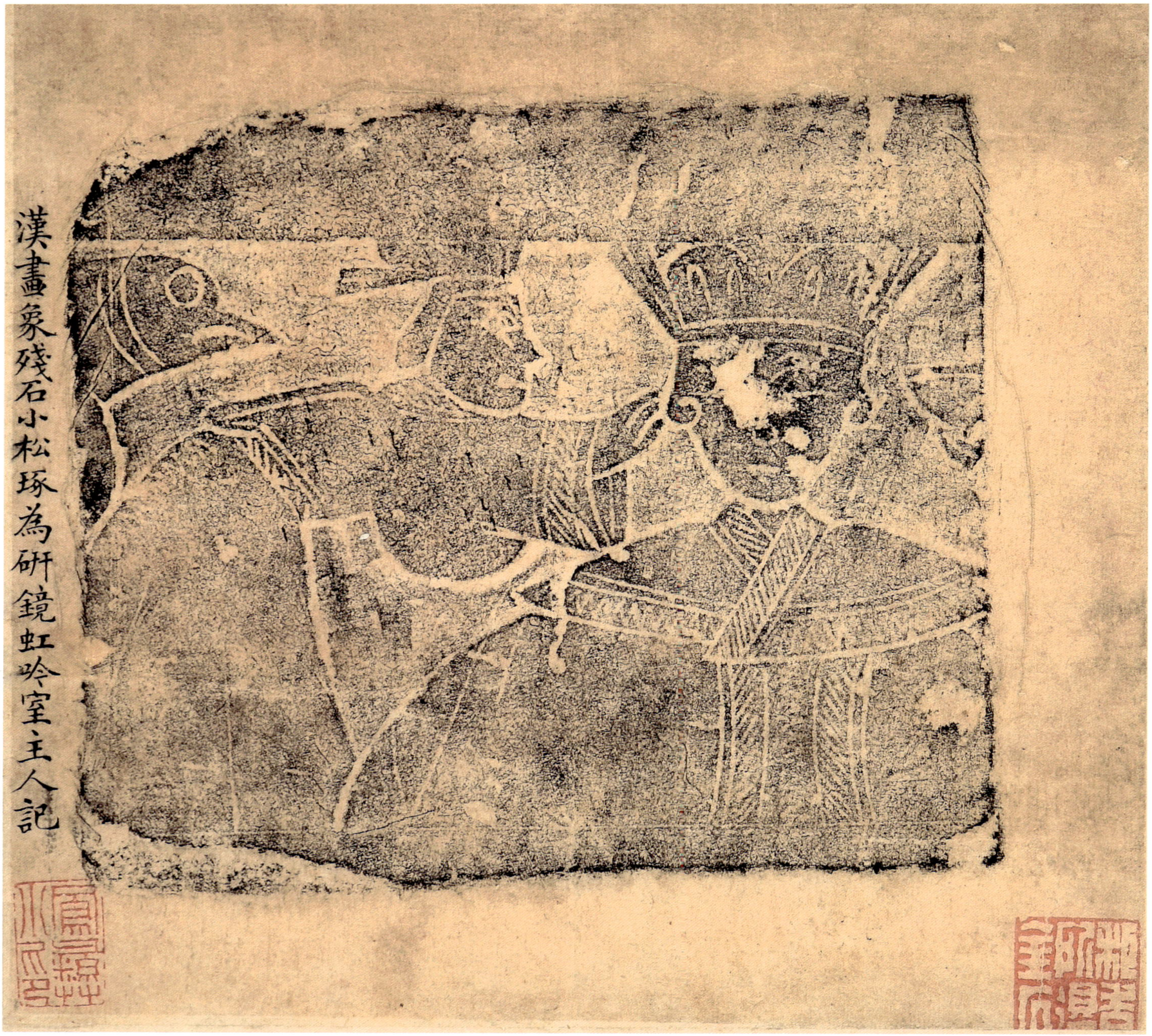

提要：

兩份漢畫像殘石拓片爲江鳳彝舊藏。從其題識可知，漢畫像原石爲黄易舊藏，黄易將其改製爲硯臺。

黄易（1744—1802），字大易，號小松、秋盦，又號秋影庵主、散花灘人，浙江錢塘人。兼擅篆刻，與丁敬都并稱“丁黄”，爲“西泠八家”之一。官濟寧同知。工書，嫺熟隸法，精於博古。隸書摹《校官碑額》，小隸有似《武梁祠題字》。喜集金石文字，廣搜碑刻，繪有《訪碑圖》，著有《小蓬萊閣金石文字》等。

江鳳彝，字秬江，一作秬香，錢塘人。嘉慶三年（1798）舉人，工隸書，與黄易皆能以漢法自命者。

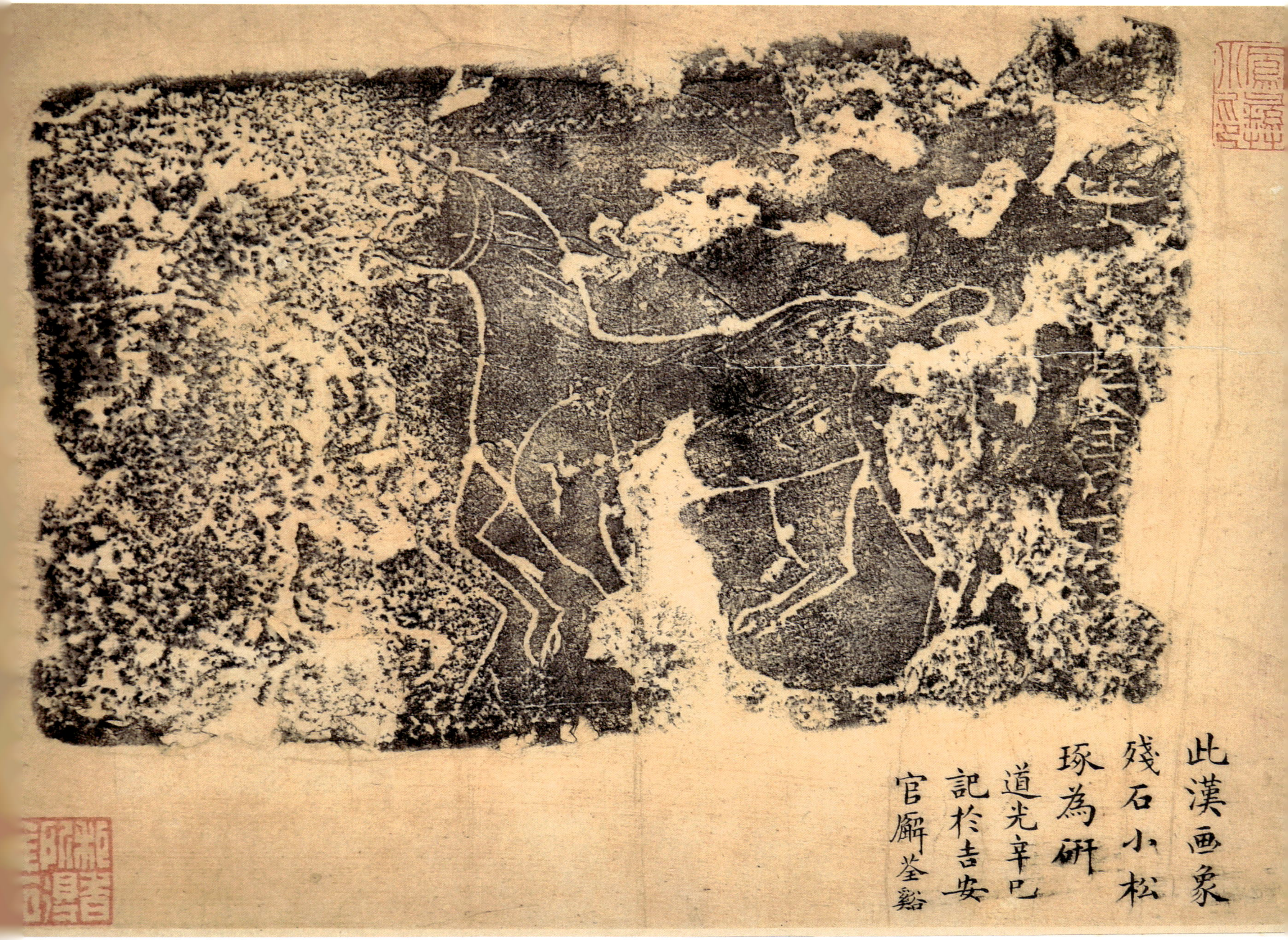

端方、李葆恂等題跋　褚德彝舊藏漢中嶽廟前石人冠頂題字

1軸　紙本

40.5cm × 101cm

鈐印：

績溪胡澍川沙沈樹鏞仁和魏錫曾會稽趙之謙同時審定印、天統金佛龕、仲坰心賞、師李齋藏

題簽：

漢中嶽廟前石人冠頂題字。舊拓精本。有端陶齋、李文石、程道存、褚禮堂等題識。鈐印：仲坰所得

題識：

1. 漢中嶽廟前石人頂上題字。壬寅年（1902）八月十六日晨起坐食古堂用新得隨園竹節硯書。鈐印：褚彝私印

2. “馬”字右似尚有字，惜不可辨識。濟寧州大路旁有一石人，上刻一“金”字，亦是漢跋。禮堂何不亟拓此字，與是本并裝懸之齋壁，預發明年金馬玉堂之兆。光緒壬寅（1902）四月，端方題記。鈐印：端方私印

3. “金”字在浣筆泉上。余壬辰訪碑於任城，曾親見之。此“馬”字左似“遂”字，疑是石人名。如雲峰山石人名髣髴之類。余久客中州，未游嵩洛，一撫此石以釋所疑爲可惜耳。葆恂。鈐印：李葆恂印

4. 石字剥裂，僅一字可辨。諸家以爲“馬”字，余審諦“馬”旁二畫，顯然實“馮”字也。馮爲人姓或他義，不可臆揣，而筆畫遒古似非漢以下所能託致，足寶矣。禮堂仁兄同年正。弟道存。鈐印：豫章程氏

5. 道存謂是“馮”字。細審甚似少室闕題名。有馮寶或當日馮君所立者。存之以竢博雅（疋）者是正焉。壬寅（1902）夏，德儀又記。鈐印：漢威理董

6. 漢中嶽廟石人頂上刻字。八分書。無年月。鈐印：小顔所得金石

7. 楊鍾義觀。

提要：

石人位於河南登封嵩山南麓中嶽廟前兩座四角亭内。冠頂僅刻一隸書“馬”字。石人又名翁仲。此一對石人爲東漢安帝元初年間（114—120）雕刻，是我國現存最早的石翁仲。是本爲清代精拓本，褚德彝、吴仲坰遞藏。有端方、李葆恂、褚德彝、程道存題跋考證，楊鐘羲題觀款，褚德彝題端。

托忒克·端方（1861—1911），字午橋，號陶齋，滿洲正白旗人。曾任湖北巡撫、湖南巡撫、代理湖廣總督、代理兩江總督等職，從政之餘，收置彝器舊迹頗豐。著有《陶齋吉金録》《陶齋藏石記》《陶齋藏器目》《端忠敏公奏稿》等。

李葆恂（1859—1915），原名恂，字寶卿，號文石，又號猛盦，别號紅螺山人，遼寧義縣人。官江蘇候補道。精鑒别，爲端方所重。工詩善畫，著有《海王村所見書畫録》。

褚德彝（1871—1942），原名德儀，字守隅、松窗，號禮堂，别號漢威，室名角茶軒，浙江餘杭人。成憲侄。精金石考據，嗜古博物。尤精篆刻，初師浙派，後潛研秦漢璽印。

程道存（1856—1934），初名式穀，後以字行，號純堪，江西新建縣人。光緒二十四年（1898）進士，授户部主事，以知府分發湖北，歷任漢陽、勳陽、襄陽知府。著有《可乎可不可乎不可軒詩草》。

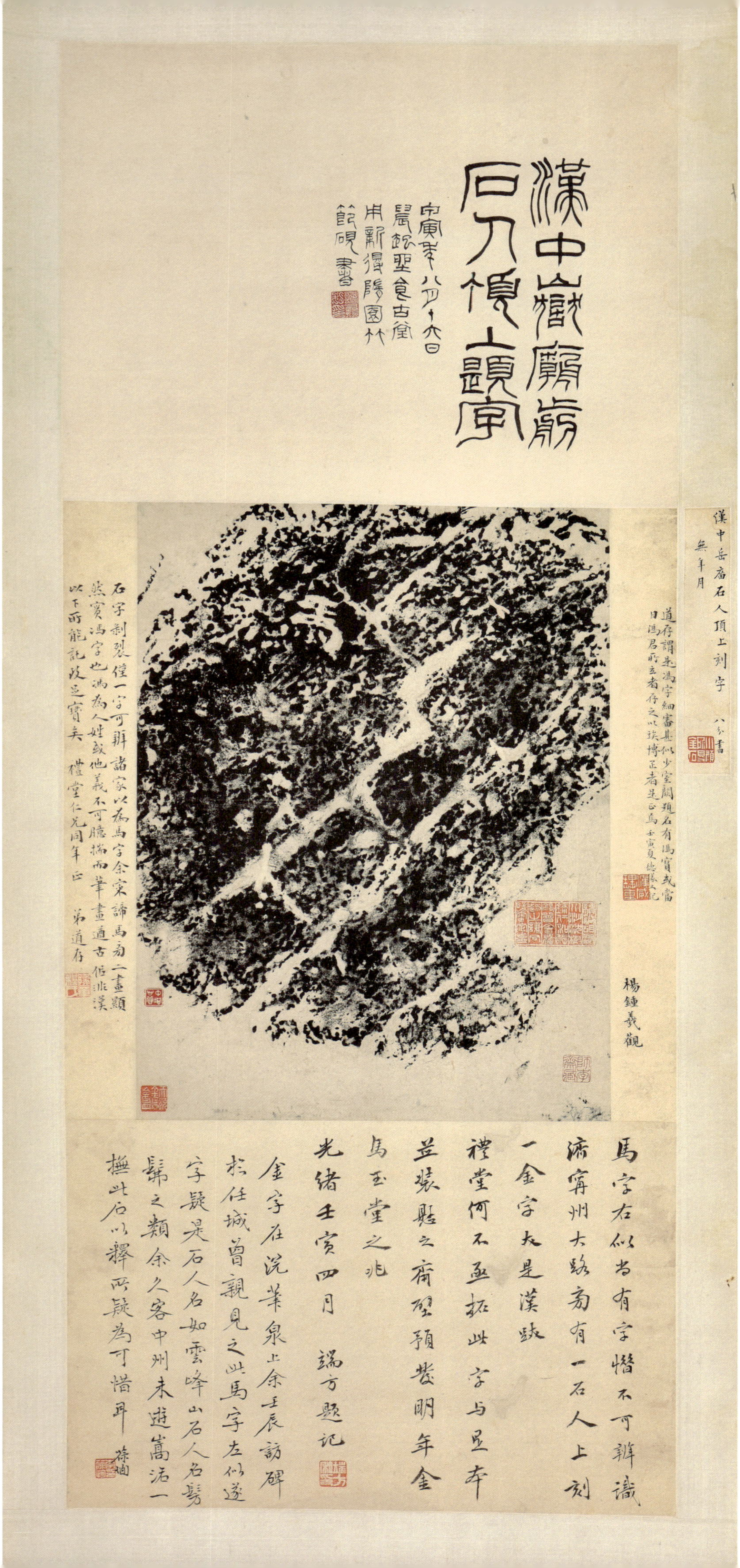
漢中嶽廟前石人頂上題字
漢中岳廟石人頂上刻字
無年月
石字剝裂僅一字可辨諸家以為馬字余家藏馬勇一畫題然實馮字也馮為人姓或他義不可臆揣而筆畫遒古似非漢以下所能託改是寶矣 禮堂仁兄同年正 弟道存
楊鍾羲觀
馬字右似當有字惜不可辨識
濟寧州大路旁有一石人上刻
一金字大是漢跡
禮堂何不並拓此字與是本
並裝點之齋壁預揣明年金
馬玉堂之兆
光緒壬寅四月 端方題記
金字在泥峯泉上余壬辰訪碑
於任城曾親見之此馬字左似遂
字疑是石人名如雲峰山石人名騶
騶之類余久客中州未游嵩洛一
撫此石以釋所疑為可惜耳

漢中嶽廟崩石人側上題字

壬寅年八月十六日晨起聖食古室用新得陽園竹館硯書

石字剝裂僅一字可辨諸家以為馬字余案諦馬旁二畫顯然實馮字也馮為人姓或他義不可臆揣而筆畫遒古但非漢以下所能託政是寶矣　禮堂仁兄同年正　弟道存

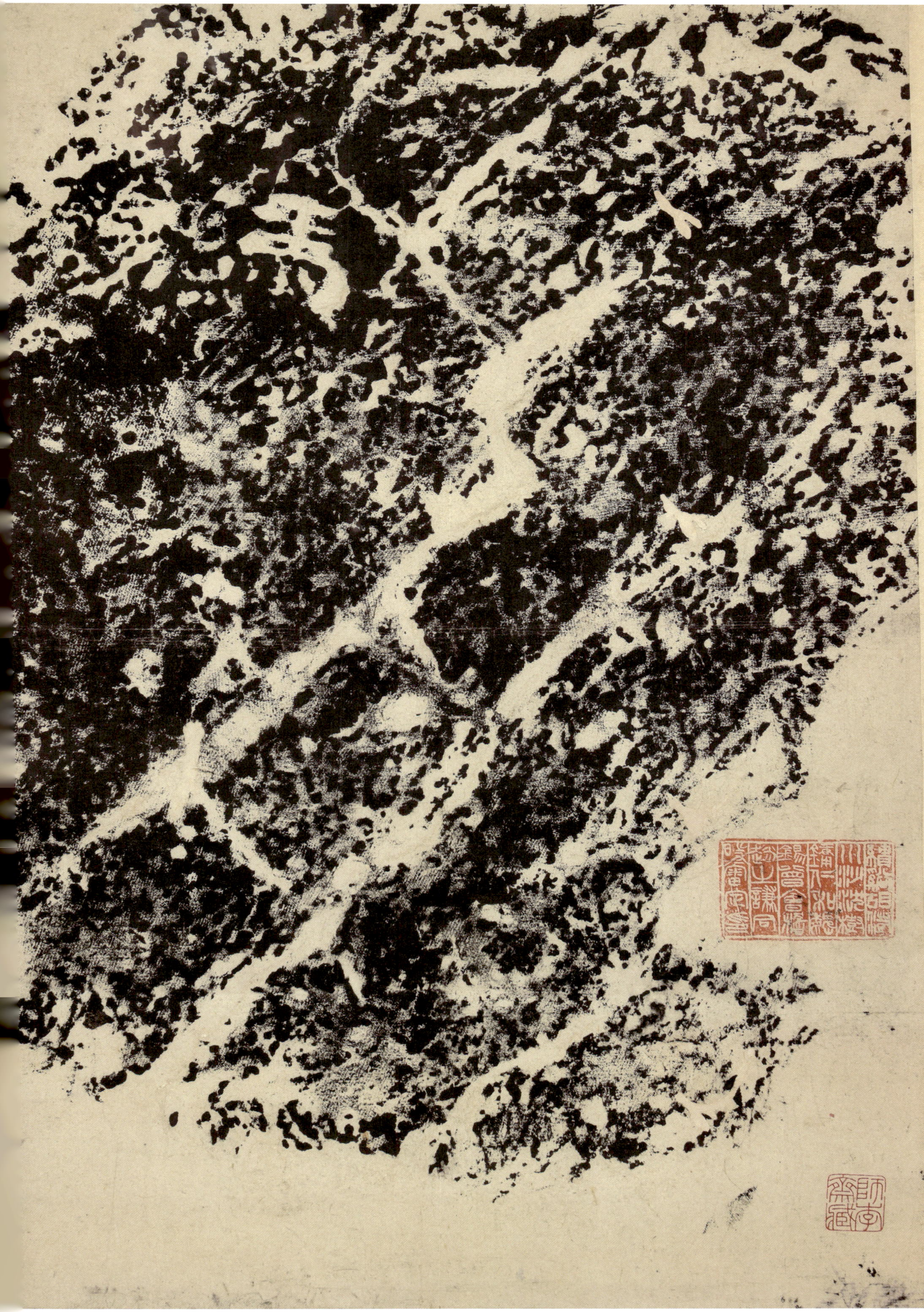

漢中岳廟石人頂上刻字

無年月

八分書

道存謂是馮字細審甚似少室闕題名有馮寶或當日馮君所立者存之以俟博正者是正焉 壬寅夏德彝又記

楊鍾羲觀

光緒壬寅四月　端方題記

金字在浣筆泉上余壬辰訪碑於任城曾親見之此馬字左似遂字疑是石人名如雲峰山石人名旁歸之類余久客中州未遊嵩洛一撫此石以釋所疑爲可惜耳　葆恂

馬字右似尚有字楷不可辨識

濟寧州大路旁有一石人上刻

一金字友是漢跋

禮堂何不盡拓此字與是本

並裝懸之齋壁須發明年金

馬玉堂之

陳邦福、華學涑考訂題跋　王樹枏舊藏漢黨錮殘石拓

1 冊 5 頁　紙本

133.3cm × 101cm，134cm × 96cm（碑陰）

鈐印：

福山王氏、晋卿、王樹枏印

題簽：

漢黨錮刻石殘字。福山王氏藏石，丹徒陳邦福考訂。鈐印：任曼棠

題識：

1. 福桉殘石僅存七行，首行詔字，次行百字，三行官吏五百諸生三七字。考《後漢書·竇武傳》云，近者奸臣牢修（按即《黨錮傳序》中張牢修）造設黨議，遂收前司隸校尉李膺、太保杜密、御史中丞陳翔、太尉掾范滂等，逮考連及數百人，此即碑文官吏五百之證也。又《黨錮傳叙》云，諸生三萬餘人，郭林宗、賈偉節爲其冠，并與李膺、陳蕃、王暢更相褒重，此即碑文諸生三之證也。惜碑文三下殘缺，以《黨錮傳叙》訂之，三下當爲“萬”字無疑。四行還復彈子弟後世云云，據《張讓傳》云，郎中中山張鈞上書曰：“竊惟張角所以能興兵作亂，萬人所以樂附之，其源皆由十常侍多放父兄、子弟、婚親、賓客典據州郡。”未幾，鈞復上猶如前章徹寢不報云云。此即碑文還復彈子弟之證也。五行“罰斥遣”三字，據靈帝建寧二年《本紀》云：“中常侍侯覽諷有司奏鈎黨，下獄死者百餘人，妻子徙邊。”此即碑文“罰斥遣”之證也。六行“諸生在彈”四字，據靈帝建寧二年《本紀》云：“中常侍侯覽諷曰，諸附從者錮及五屬。”然則史明言諸附從者有罪，蓋諸生亦附從之一。此即碑文“諸生在彈”之證也。碑陰僅存二行。首行“念”字，次行僅存“濟鄉邑”等字。據《巴肅傳》亦載有因黨錮刊石立銘之事。統觀全文，子弟即官者之子弟見桓帝永康元年《本紀注》及《張讓傳》，惜當時黨人既衆，碑文又復不完，因未敢遽定爲何人所建之石耳。民國戊午（1918），丹徒陳邦福。

2. 吾國政史素名君權專制，實則上自嬴秦下訖有清，君主之背景鮮不爲奄侍操縱。而傀儡之以竊其大權，其手段又鮮不假黨獄以肆其毒。秦皇李斯手創專制政體之君相也，乃及身不免沙丘之變、上蔡之嗟，其漢唐宋明諸庸主之奄禍更無論矣。清初雖有賢主鎸之鐵牌禁奄侍干政，惜未能立斬其制，後卒至骨肉乖離，國削位遜，何莫非由奄侍撥弄黨獄之流毒哉。嗚呼，吾國歷史始終爲奄侍與士人黨争之歷史而已。開此争端之局雖在秦之李趙，而最顯最衆且最殘苛者當以東漢十常侍與陳竇之活劇爲至烈，其報復之也，一身不足以及其家，一家不足以及其親故，親故仍不足以及諸生子弟，株連若此尚恐後世或有忽弛也，刊石以紀之，可謂酷矣。民國建設雖止十有一年，而歷代禍國之奄侍制，執政者毅然與君主制并廢，不可謂非民國之第一成績。而痛定思痛，回顧兩千餘年來之酷史，自以漢黨錮刊石爲絶好殷鑑，絶好紀念。但此石久已亡佚，良爲憾事。今幸福山王氏於洛陽尋獲片石，字雖無幾，經陳氏考訂，足徵黨錮大獄之一斑。因急請諸王氏得以拓本景印而流行之，使後之治國者得一黨禍之龜鑑，當亦史家所許。至其書法嚴正超逸，承斯邈之遺範，開鍾王之先河，尤爲漢隸精品。今之漢隸刻石存二三字者咸爲瑰寶，况此陰陽完字仍存二十有八，又爲歷史之鉅證，敢不兢兢以廣其傳乎。是爲跋。民國十一年（1922）四月，天津華學涑石斧跋於天津博物院。鈐印：學涑

提要：

殘石於民國初年出土於河南洛陽，陳邦福考訂碑文内容與東漢末年黨錮之禍史實有關，故名。黨錮是指古代禁止某些政治上的朋黨參政的現象，所謂“錮”就是終身不得做官。東漢桓、靈二帝時期官僚士大夫因反對宦官而遭禁錮，黨錮政争自延熹九年（166），一直延續到中平元年（184）。

殘石兩面銘刻隸書，陽面六行二四字，陰面兩行七字。陽面隸書精麗，筆致勁健；陰面書刻率意，筆畫粗細不拘。此件拓本原爲王樹枏舊藏，後附陳邦福、華學涑兩段長跋。原石今藏天津歷史博物館。

陳邦福（1892—1982），字墨迻，江蘇鎮江人。民國時期著名篆刻家、考古學家，精鑒甲骨。與黄賓虹爲治印同好，常有詩文往來。著有《殷墟薶契考》《殷墟辨疑》《殷墟説存》等。

華學涑（1872—1927），號實甫、石斧。金石文字家、教育學家，擅畫花鳥。1918年與嚴智怡、陸文鬱等人籌辦天津博物院，任副院長。著有《國文探索一斑》《羲教鈎沉》《秦書八體原委》《秦書集存·補遺》等。

王樹枏（1857—1936），字晋卿，號陶廬，河北新城（今高碑店）人。清光緒進士，散館授户部主事。歷任銅梁（今屬重慶）、中衛（今屬寧縣）縣令和甘肅平慶、蘭州諸道，又曾入張之洞、陶模幕。後爲新疆候補道。光緒三十二年（1906）署新疆布政使。在伊犁設武備學堂，主持督練新軍，并總纂《新疆圖志》。辛亥革命後，任省議會議員、衆議員、約法會議委員、參政院參政等職。1915年後爲國史館協修、編纂處總纂，參與編修《清史稿》。著述甚多。

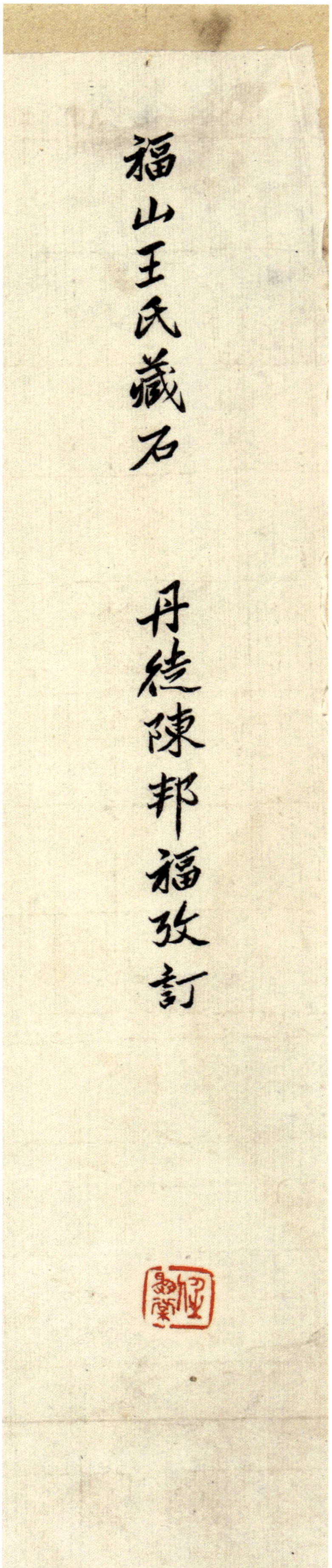
福山王氏藏石
丹徒陳邦福攷訂

福桉殘石僅存七行首行訂字次行百字三行官吏五百諸生三七字攷後漢書竇武傳云近者姦臣牢脩（按即黨錮傳序中張牢脩）造設黨議遂收前司隸校尉李膺太僕杜密御史中丞陳翔太尉掾范滂等逮考連及數百人此即碑文官吏五百之證也又黨錮傳叙云諸生三萬餘人郭林宗賈偉節為其冠並與李膺陳蕃王暢更相褒重此即碑文諸生三之證也惜碑文三下殘缺以黨錮傳叙訂之三下當為萬字無疑四行還復彈子弟後世云云據張讓傳云郎中中山張鈞上書曰竊惟張角所以能興兵作亂萬人所以樂附之其源皆由十常侍多放父兄子弟婚親賓客典據州郡未幾鈞復上猶如前章徹寢不報云云此即碑文還復彈子弟之證也五行罰斥遣三字據靈帝建寧二年本紀云中常侍侯覽諷有司奏鈞黨下獄死者百餘人妻子徙邊此即碑文罰斥遣之證也六行諸生在彈四字據靈帝建寧二年本紀云中常侍侯覽諷曰諸附從者錮及五屬然則史明言諸附從者有罪蓋諸生亦附從之一此即碑文諸生在彈之證也碑陰僅存二行首行念字次行僅存濟鄉邑等字據巴肅傳亦載有因黨錮刊石立銘之事統觀全文子弟即官者之子弟（見桓帝永康元年本紀注及張讓傳）惜當時黨人既衆碑文又復不完因未敢遽定為何人所建之石耳

民國戊午丹徒陳邦福

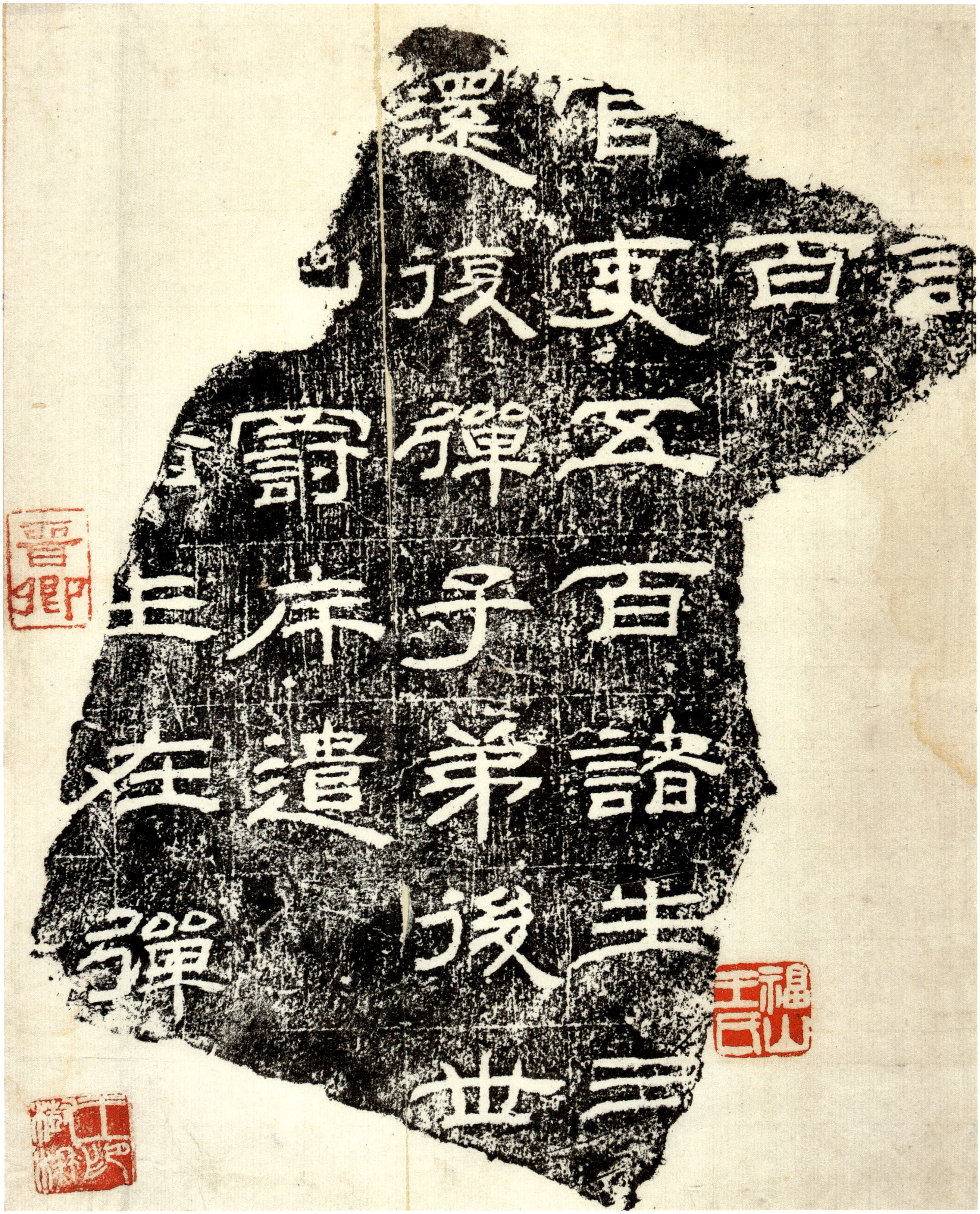
百
官吏五百諸生三
還復彈子弟後世
爵庠遺
上在彈
晉卿
福山王氏

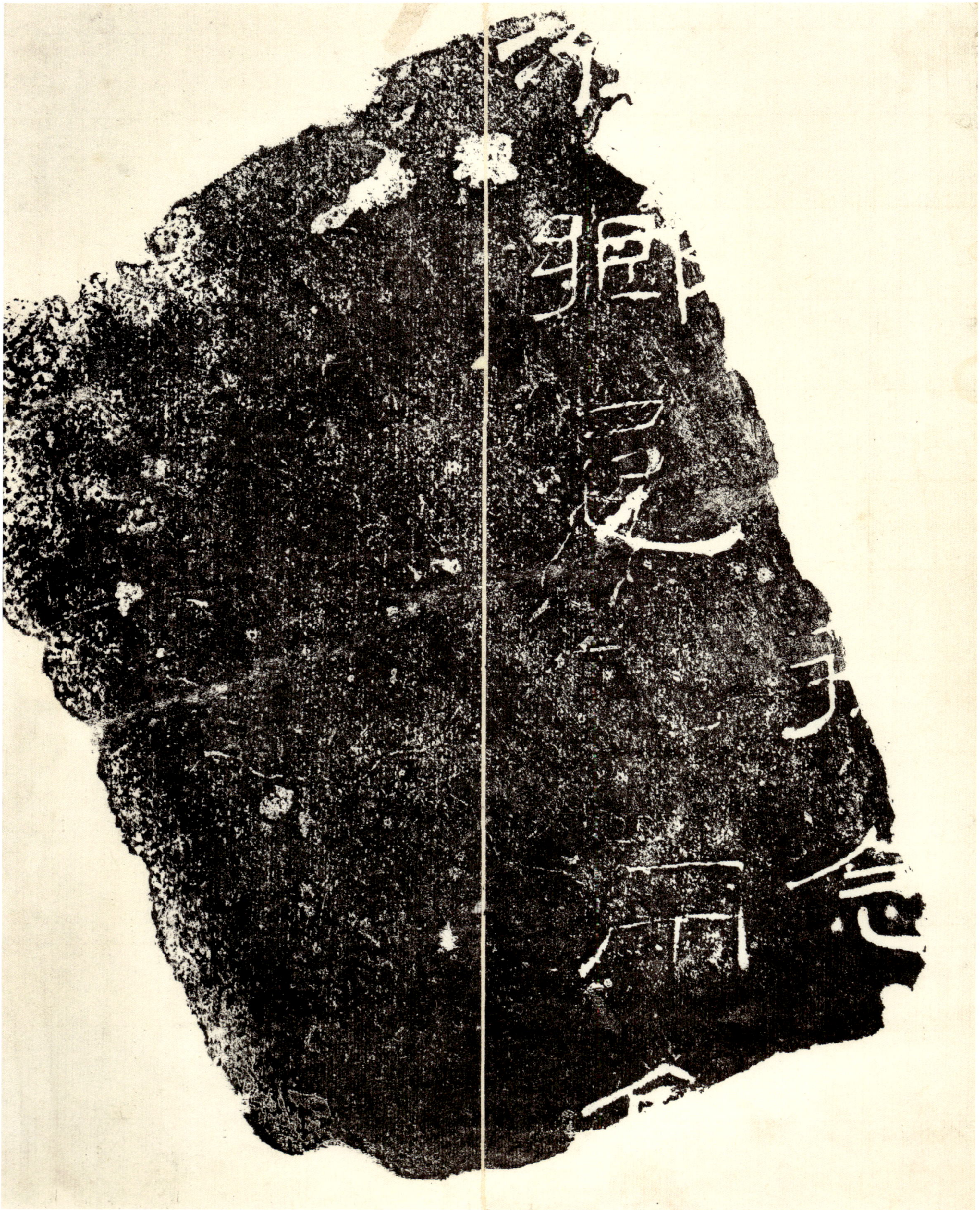

吾國政史素名君權專制實則上自嬴秦下訖有清君主之背景鮮不為奄侍操縱而傀儡之以竊其大權其手段又鮮不假黨獄以肆其毒秦皇李斯手創專制政體之君相也乃及身不免沙丘之變上蔡之嗟其漢唐宋明諸庸主之奄禍更無論矣清初雖有賢主鑄之鐵碑禁奄侍干政惜未能立斬其制後卒至骨肉乖離國削位遜何莫非由奄侍撥弄黨獄之流毒哉嗚呼吾國歷史始終為奄侍與士人黨爭之歷史而已開此爭端之局雖在秦之李趙而最顯最眾且最殘苛者當以東漢十常侍興陳竇之活劇為至烈其報復之也一身不足以及其家一家不足以及其親故親故仍不足以及諸生子弟株連若此尚恐後世或有忽弛也刊石以紀之可謂酷矣民國建設雖止十有一年而歷代禍國之奄侍制執政者翕然與君主制並廢不可謂非民國之第一成績而痛定思痛回顧二千餘年來之酷史自以漢黨錮刊石為絕好殷鑑絕好紀念但此石久已亡佚良為憾事今幸福山王氏于洛陽尋獲殘石字雖無幾經陳氏攷訂足徵黨錮大獄之一班因急請諸王氏得以拓本景印而流行之使後之治國者得一黨禍之龜鑑當亦史家所許至其書法嚴正超逸承斯邈之遺範開鍾王之先河尤為漢隸精品今之漢隸刻石存二三字者咸為瓌寶況此陰陽完字仍存二十有八又為歷史之鉅證敢不兢兢以廣其傳乎是為跋

民國十一年四月　天津華學涑石斧跋于天津博物院

吴昌碩題跋　建興三年孫氏造磚拓

1 張　紙本

40cm × 75cm

鈐印：

五湖印匄、禺山古樹安藏、曾歸怡古齋

題識：

1. 予藏有建興磚，磚之上下端文字與此皆同，唯字畫較肥，似出一範。陳氏《金石圖》、馮氏《石索》皆以爲吴磚。按，吴建興三年即五鳳元年，歲在甲戌，非晋愍帝歲乙亥也。吴昌碩書於癖斯堂中。鈐印：吴俊之印

2. 磚之有吉羊語者，疑彼時築爲壽藏，子孫進頌祝詞，以期綿延不絶，若大富安長、壽貴不敗、大吉等字。此拓之公壽萬年，亦具斯意，上三字似少“甲丅一”，疑義待考，未敢臆斷。老缶。鈐印：倉碩

提要：

是幅内收“建興三年磚”等古磚拓。吴昌碩墨筆題記二則，考校鑄造年代。建興磚文字爲“建興三年太歲在乙亥孫氏造”。歷史上建興年號有兩個，一個是三國時期蜀漢後主劉禪的第一個年號，公元223年至237年，共計十五年；另一個是西晋愍帝司馬鄴的年號，公元313年至317年，共五年。劉禪的建興三年爲乙巳年，此件磚拓確爲吴昌碩考訂爲西晋湣帝司馬鄴建興三年（乙亥）年所造。

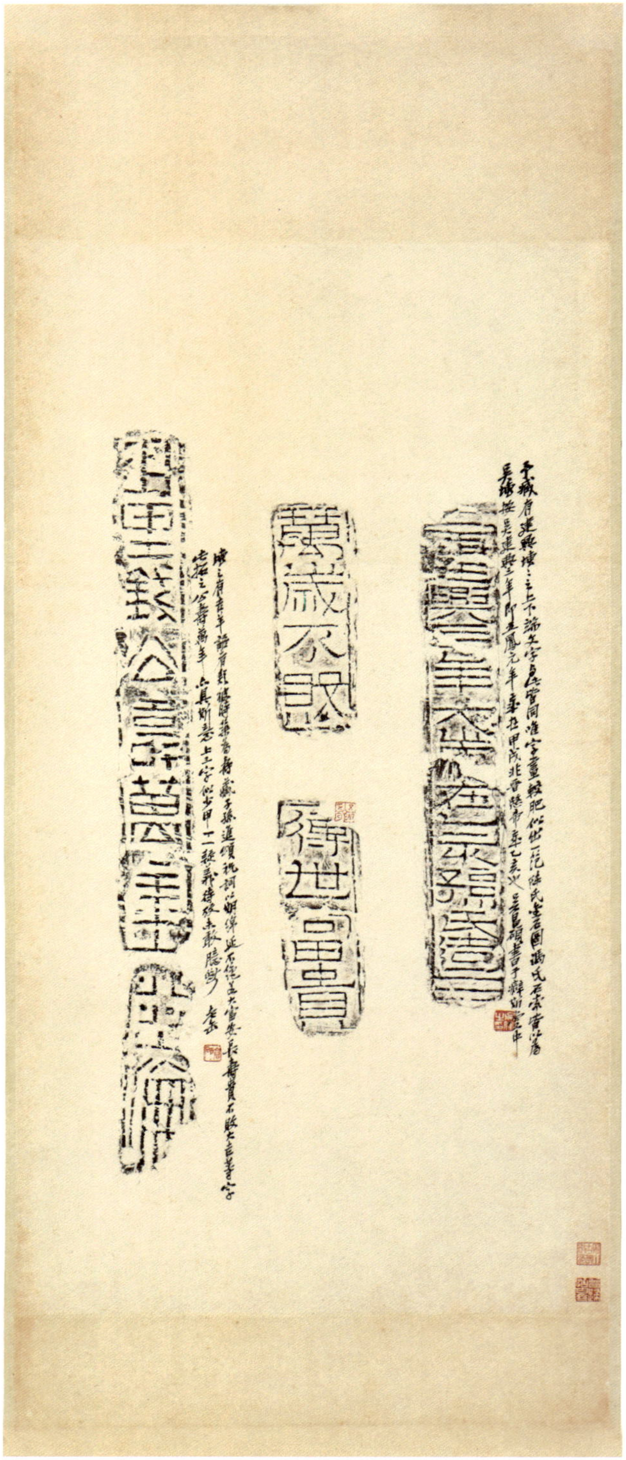

予藏有建興塼，塼之上下端文字與此皆同，惟字畫較肥，似出一范。陸氏金石圖、馮氏石索皆以為吳塼。按吳建興二年即五鳳元年，歲在甲戌，非晉愍帝歲乙亥也。

吳昌碩書于癖斯堂中

塼之有吉羊語者，疑祝時築為壽藏，子孫進頌祝詞，以明綿延不絕，並大富安長壽貴不敗大吉等字。古拓之公壽萬年，亦其類也。上二字似少甲一一，疑義待考，未敢臆斷。

老缶

僧六舟、方朔題跋古磚拓集

10開　紙本

19.6cm × 31.7cm

鈐印：

小東審定、方朔收藏、方朔之印、六舟所拓金石、阮氏積古齋藏、雙魚磚室、朗山手拓

題識：

1. 吴北倉磚文。“北中”者北倉之中厥也。小東題記。

2. 吴倉磚文。“陶”是倉令之姓，隸法勁秀，如漢銅器上字。小東記。鈐印：方朔收藏

3. 吴倉陶磚或是陶宏景三層閣磚文，如“倉陶”則古隸磚可證，字已入真。有葛府君碑額可證。小東。此祇有一“陶”字，則宏景閣磚可信，緣陶字又如集石闕上文。宏景磚更可信矣。小東又記。

4. 六朝許鼎磚文，可見後來草書“鼎”字之所由矣。孰云瓦礫可輕哉。小東藏。鈐印：方朔收藏

5. 吴“周郭”磚文，反書。郭無木石偏旁，隸之省文耳。同治九年（1870）立夏，小東題記。

6. 是磚得於湖郡長超山麓，文曰“節孝萬歲”。六舟記。鈐印：六舟手拓

7. 吴倉磚文。“凌”爲倉令之姓。“天一”者，天字第一間也。漢章草已有千字文矣。非凌君名。小東。

8. 倉上从“食”之省。食从“亼”皆許氏説文所載。孫吴蜀劉皆宗漢制，誠然吴倉磚文。小東得於金陵。鈐印：小東方生

提要：

此册爲方朔藏跋磚拓，内收古磚拓15件，其中有僧六舟拓跋的磚拓一件。

方朔（約1817—1872），字小東，號果齋，又號頑仙，安徽懷寧人。清代書法家。從杭州沈眉生游，受知於沈小湖（沈維鐈），入郡庠，後保薦爲江蘇省候補同知。築室於金陵，自名其堂爲枕經堂。學宗程灝、朱熹，文宗方苞、姚鼐，又與梅曾亮、朱琦、戴均衡相切磋。好金石篆刻之學，鄧石如再傳弟子，隸法直追兩漢。著作有《枕經堂文鈔》二卷、《枕經堂詩鈔》《枕經堂金石題跋》三卷。

僧六舟（1791—1858），俗姓姚，名達受，字六舟，又字秋揖，號南屏退叟、小緑天庵僧等，嘉興海昌（今屬海寧）人，生平嗜金石。六舟一生歷經乾隆、嘉慶、道光三朝，正處於乾嘉樸學的高峰，也是金石學空前興盛的時期。他兼擅詩文、繪畫、書法、治印、刻竹、裝裱、鑒別古物、修整古器并識讀銘文、尤擅傳拓古銅器全形，堪稱一絶。達受經禪之暇，沉浸於金石翰墨，徜徉於藝林，搜羅文物、傳拓金石文字甚勤，被金石家阮元稱之爲“金石僧”。

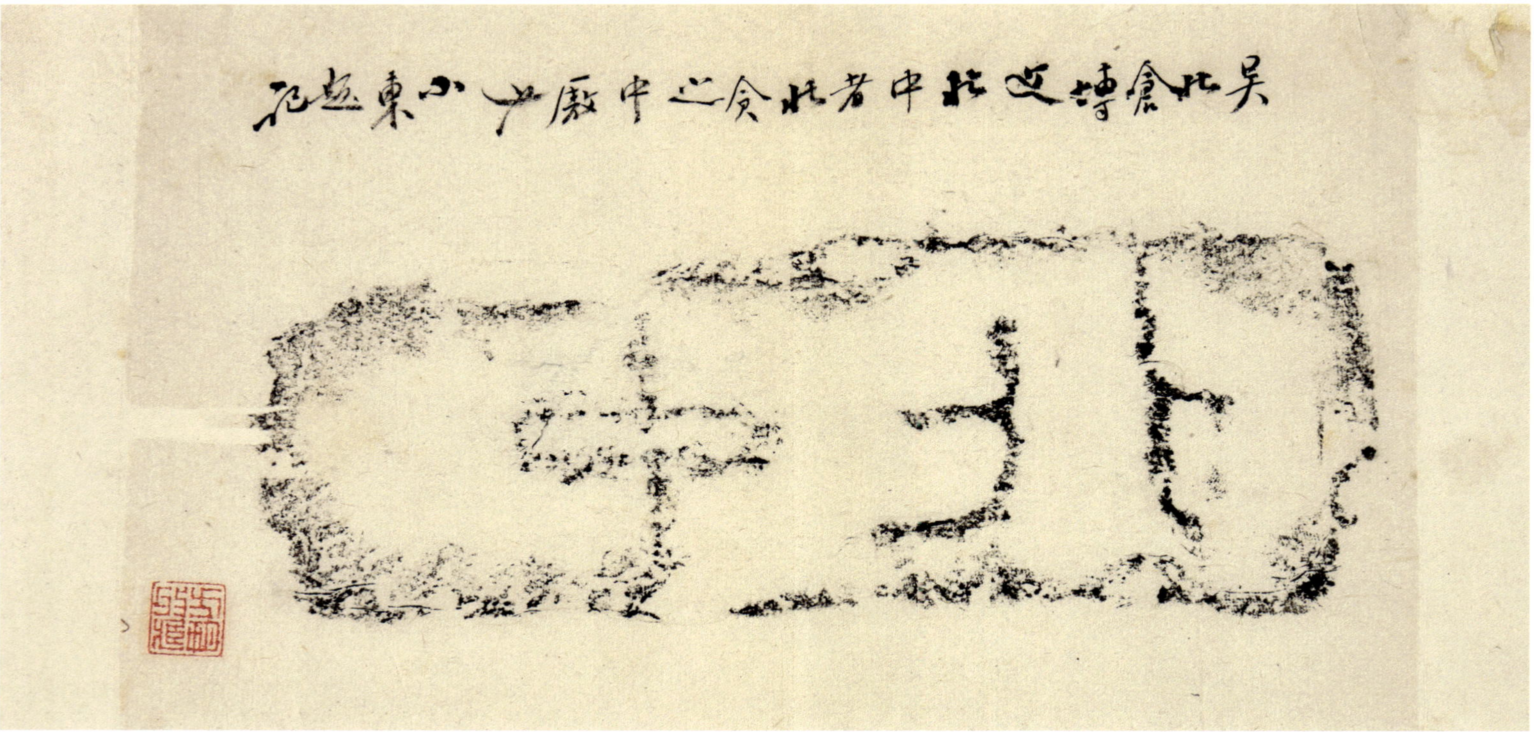

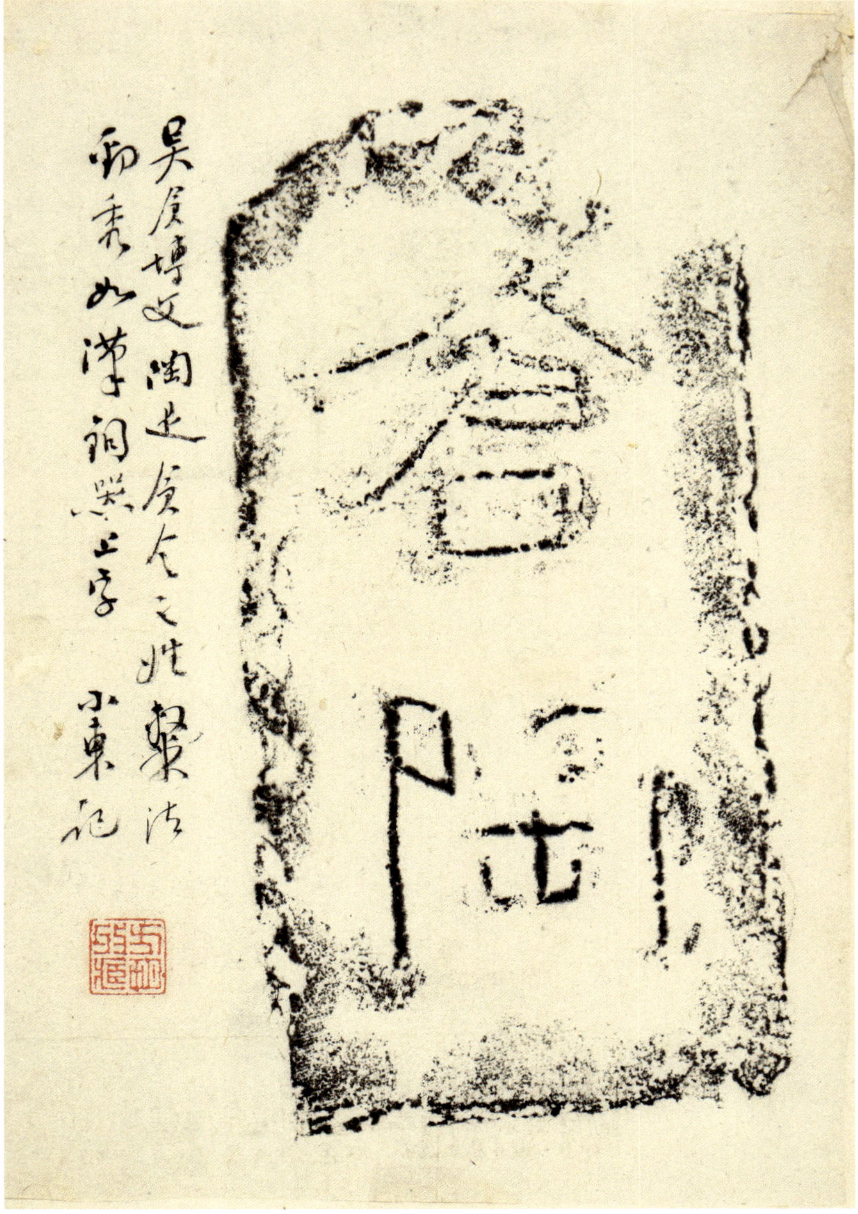

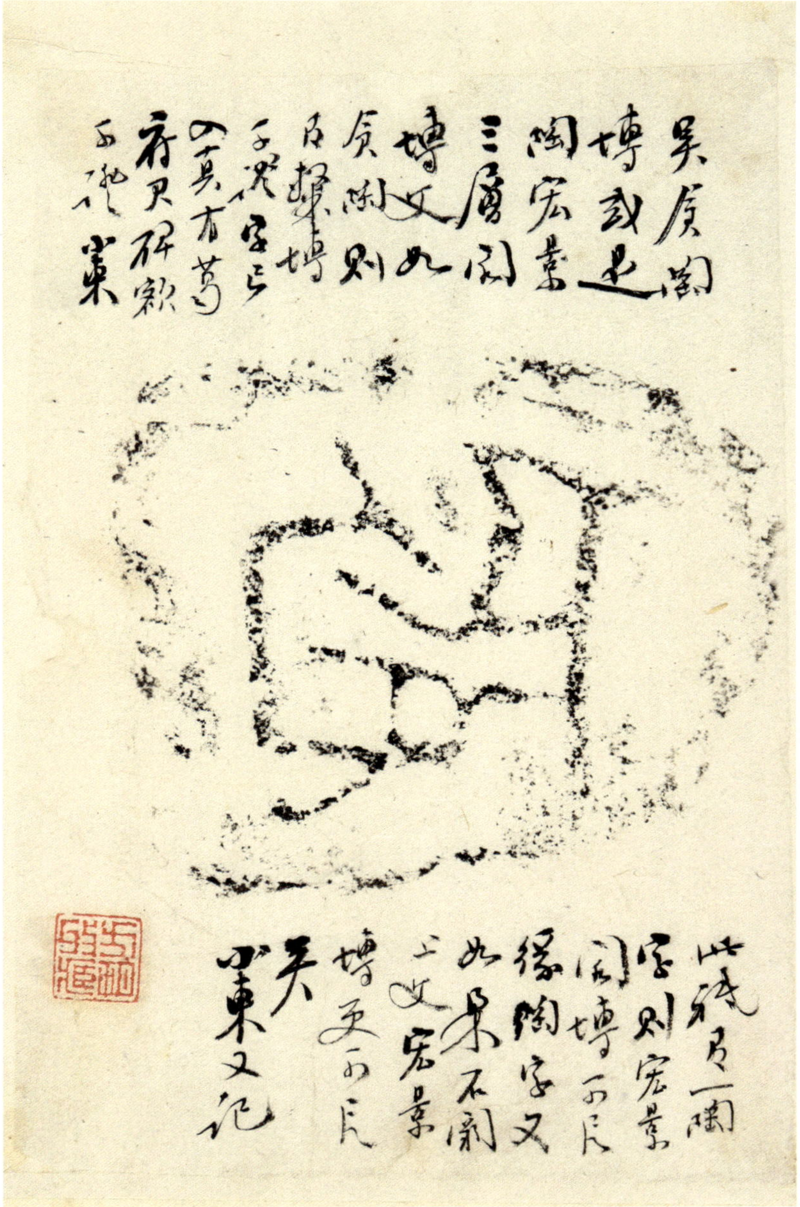

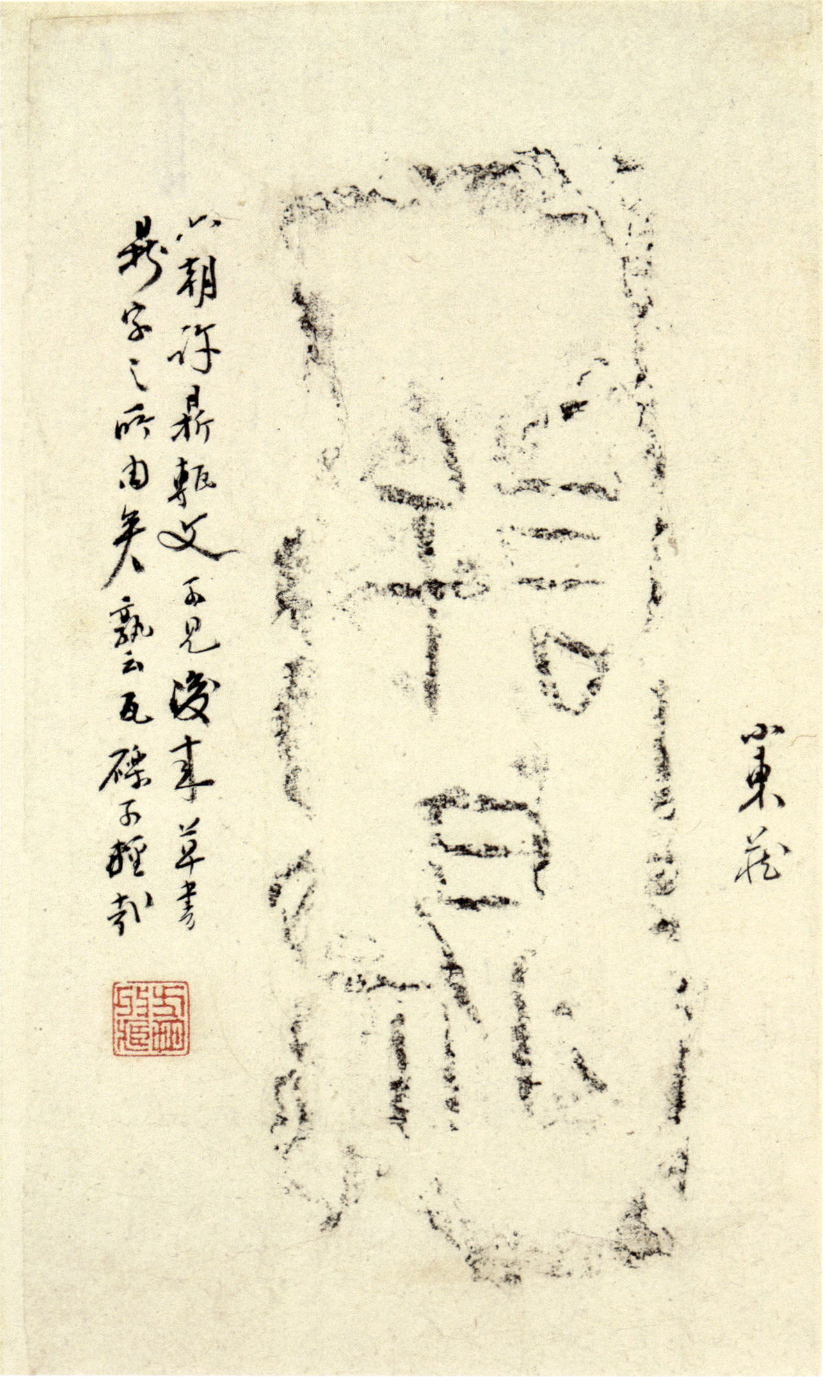

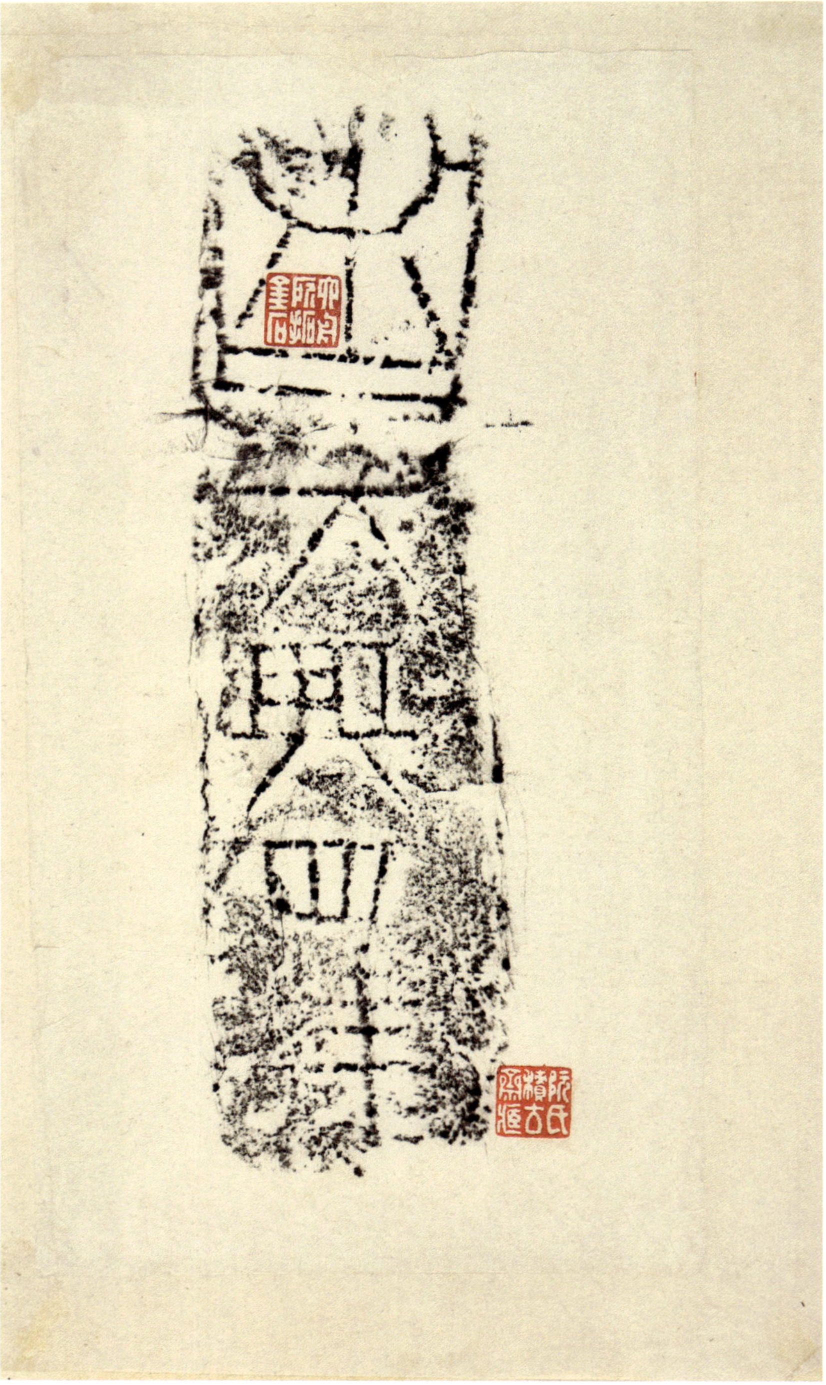

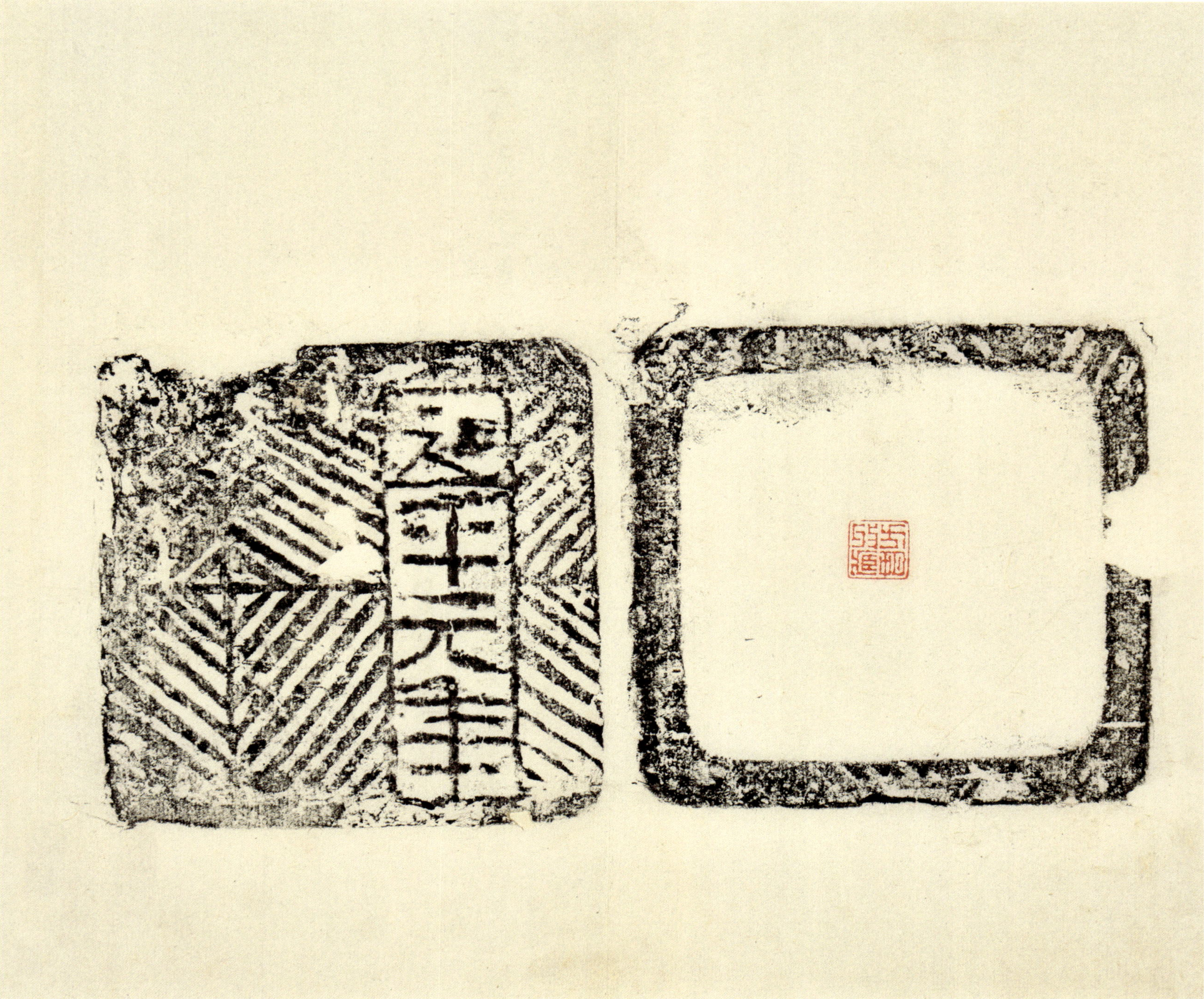

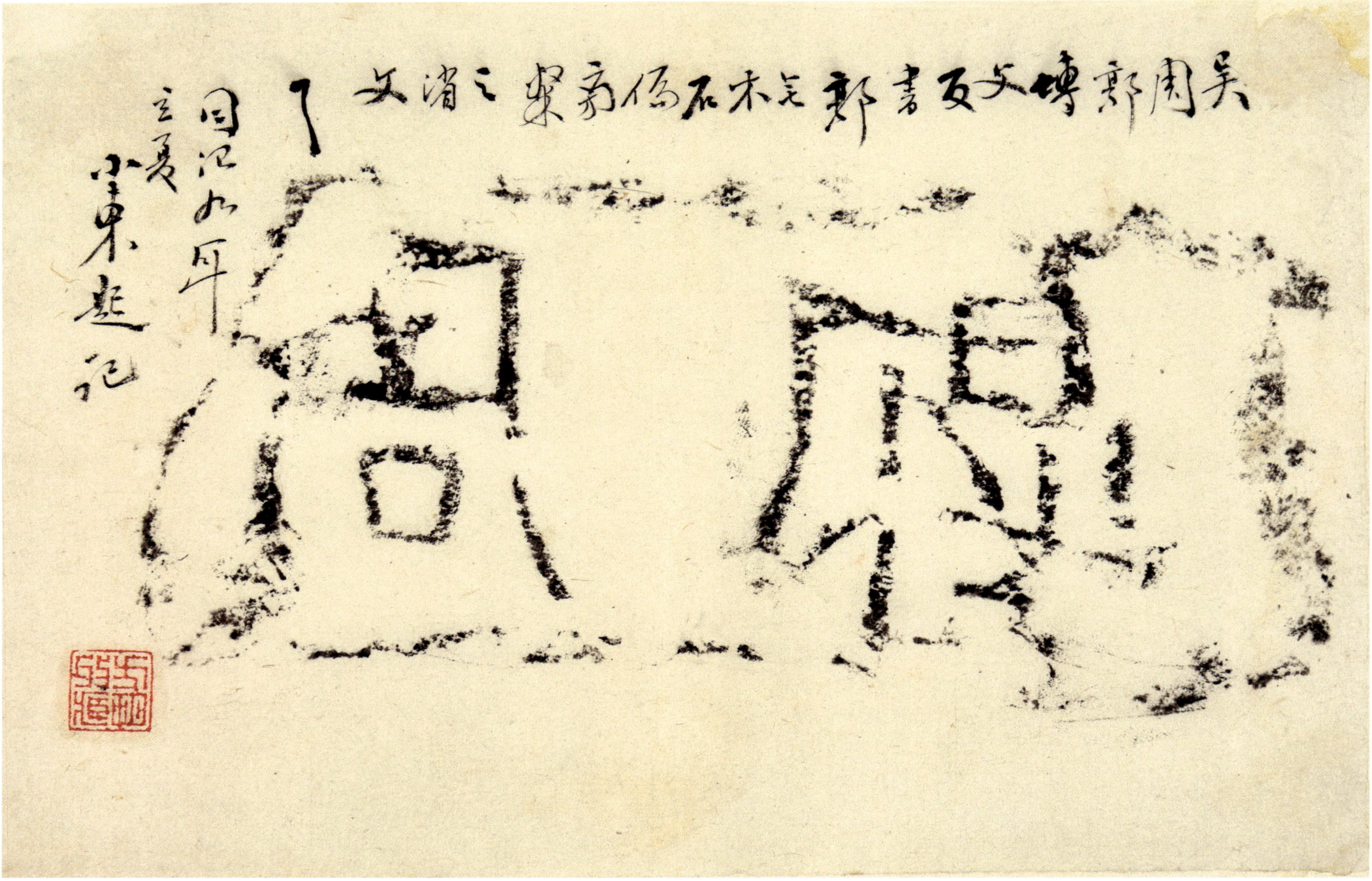

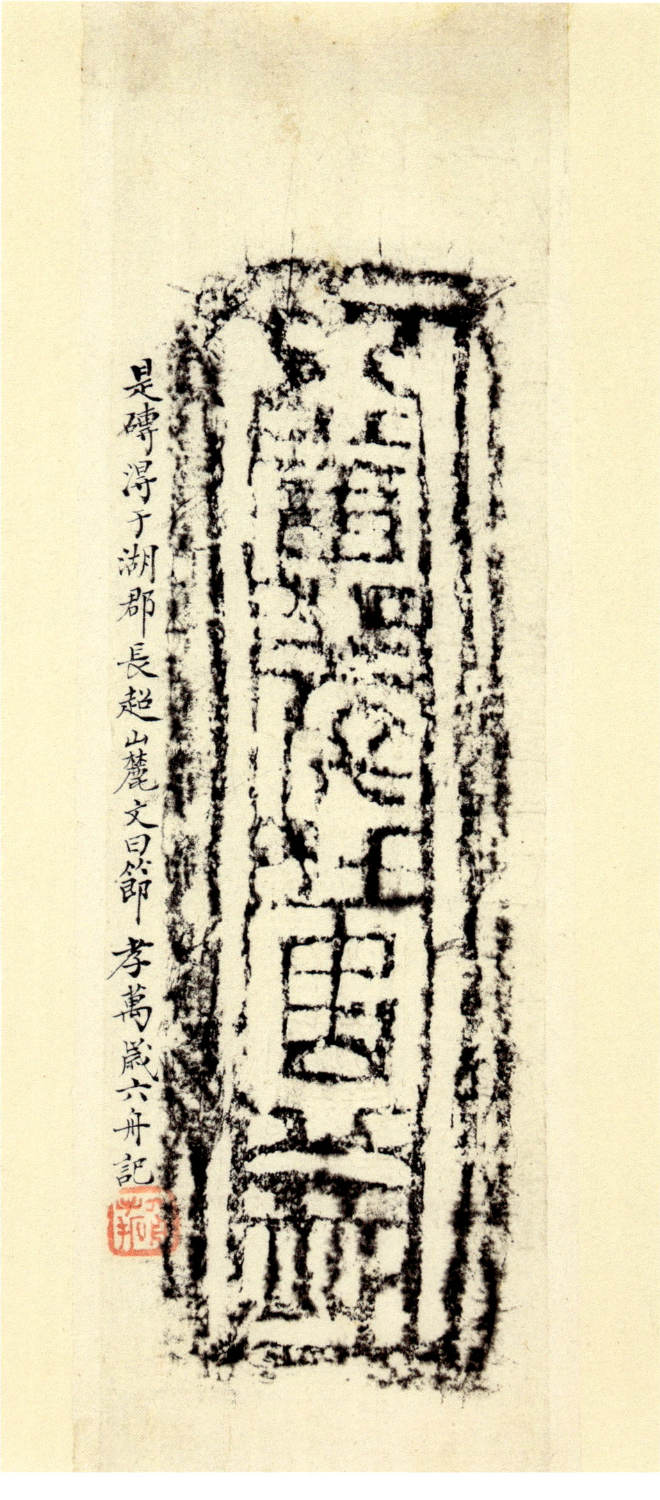
是磚得于湖郡長超山麓文曰節孝萬歲六舟記

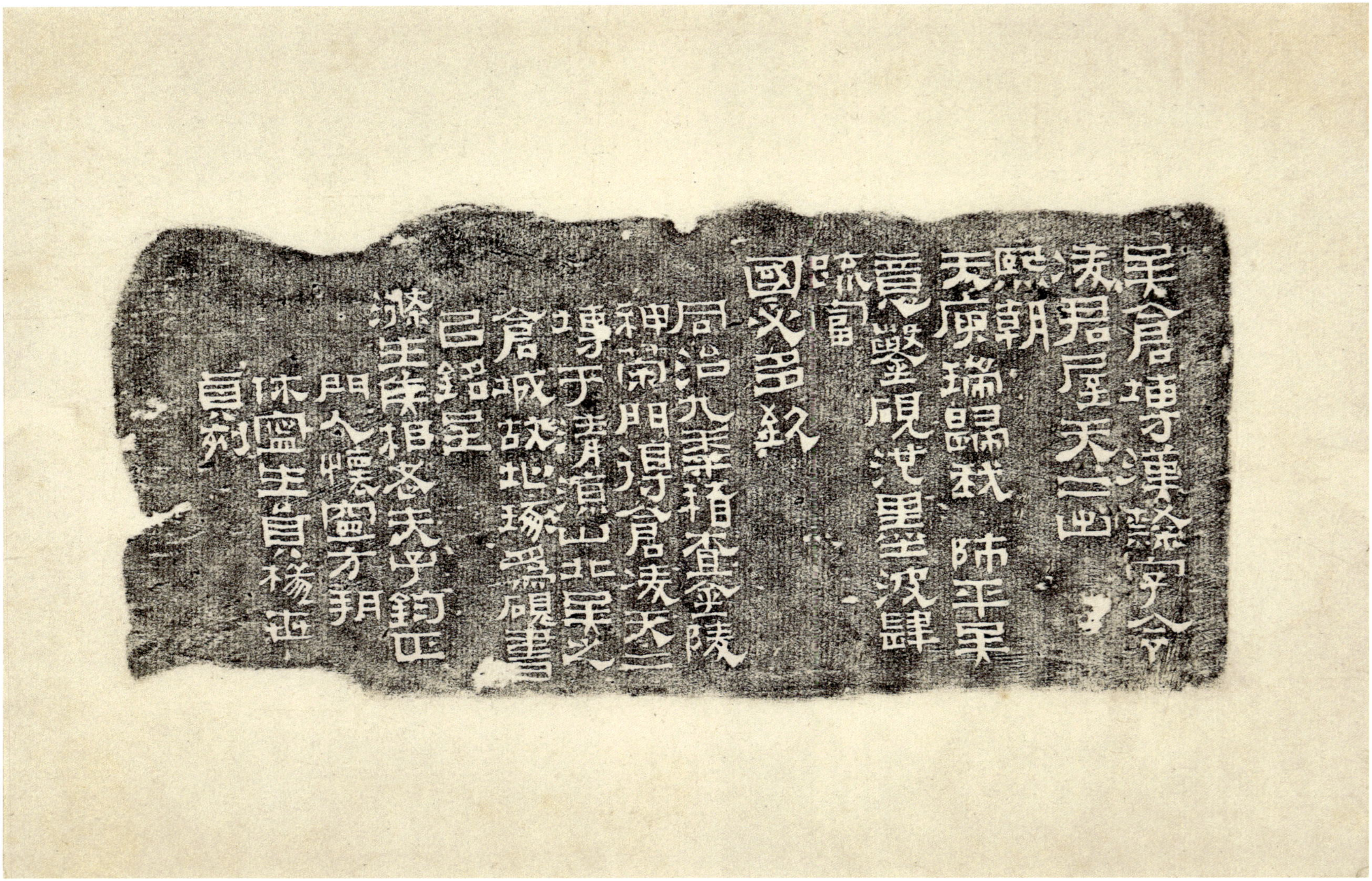

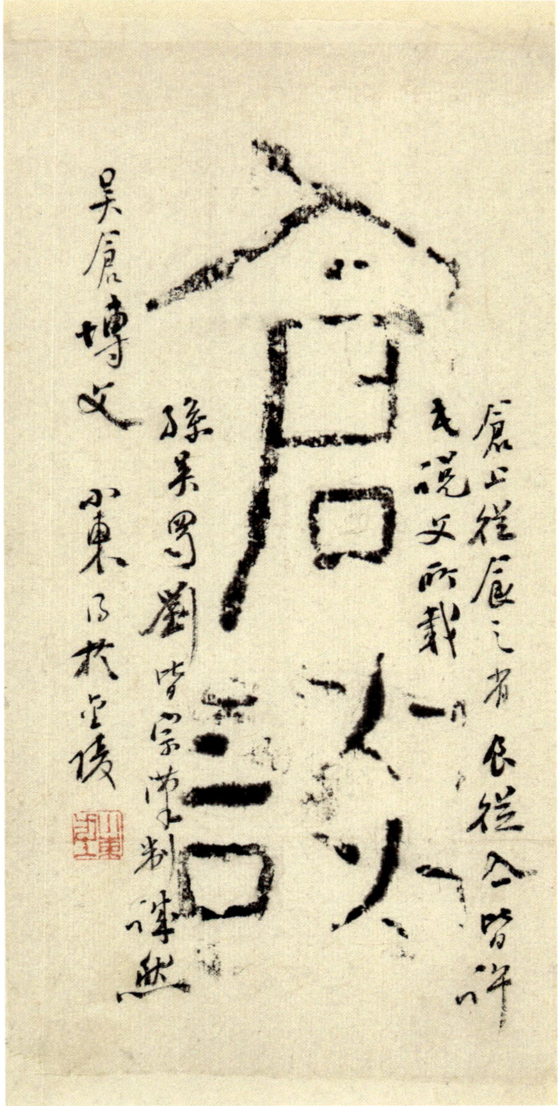

阮福題識　阮恩高拓阮氏家藏金石器

1 册 9 開　紙本

29cm × 23.3cm

鈐印：

阮氏家藏、阮福、恩高手拓、福、賜卿

題識：

1. 曇樂造像，左側。
2. 曇樂造像，正面。
3. 曇樂造像，右側。
4. 漢平陽侯洗。
5. 先文達公題云，此觀音象縷銀絲，字二行，在象背，平不可拓。
6. 唐太和造象以鐵匣藏貯，匣之四面兩端皆極細縷金花紋。蓋上隸書十六字，底篆書四字，亦縷金，全不能拓，先公曾以此爲憾。近長孫覲傳學嗜金石，選磚質之堅細者畫而刻之，甚爲雅肖，固前人所未有，惜先公未之及見，此則摹玩之餘更深愴痛者也。
7. 漢五銖泉範。
8. 漢萬歲磚。
9. 漢大興花磚。
10. 漢長安銅尺。

提要：

此拍品1册9開，内收大齊天保造道胐造像、北周曇樂造像、漢平陽侯洗、唐太和造像并鐵匣、漢五銖泉範、漢長安銅尺、漢大興花磚、漢萬歲磚拓片八種，皆爲阮元家藏金石古玩之器。由阮元之孫阮恩高捶拓，阮元三子阮福題記，展現了阮氏一族良好的家風家教和文化傳承。

阮福（1801—1875），字賜卿，一字小芸，號喜齋，儀徵人，居揚州。阮元三子。官至甘肅平凉知府，候選郎中。通經學，尤好金石考據。著有《兩浙金石志補遺》等。

阮恩高，字景岑，又字沂農，阮元九孫。工書畫，尤精篆刻，摹拓彝器最細，治印必宗説文、小篆，揚州人稱爲“阮派”。

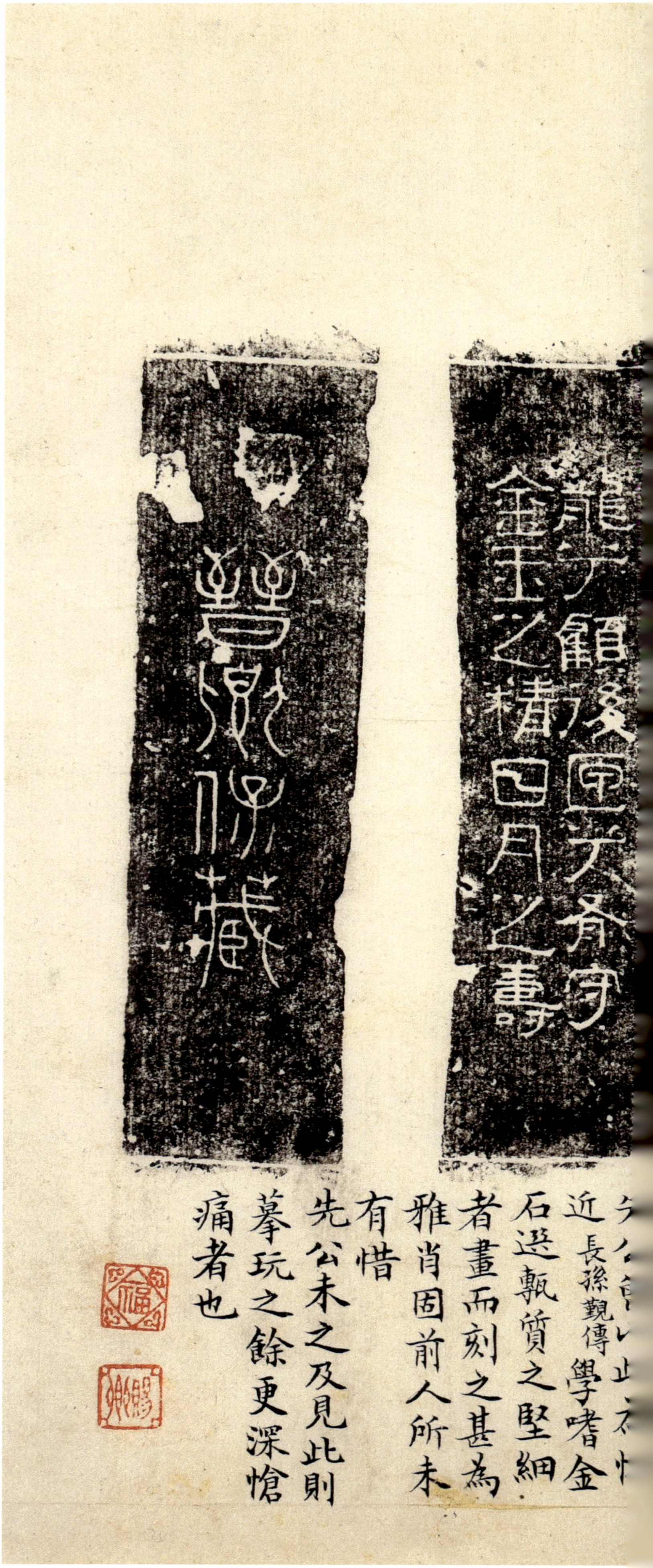

先文達公題
云此觀音象
背縷銀絲字
二行在象背
平不可拓

唐太和造象以
鉄匣藏貯匣之四
面兩端皆極細縷
金花紋盖上隷書十
六字底篆書四字亦
縷金[illegible]

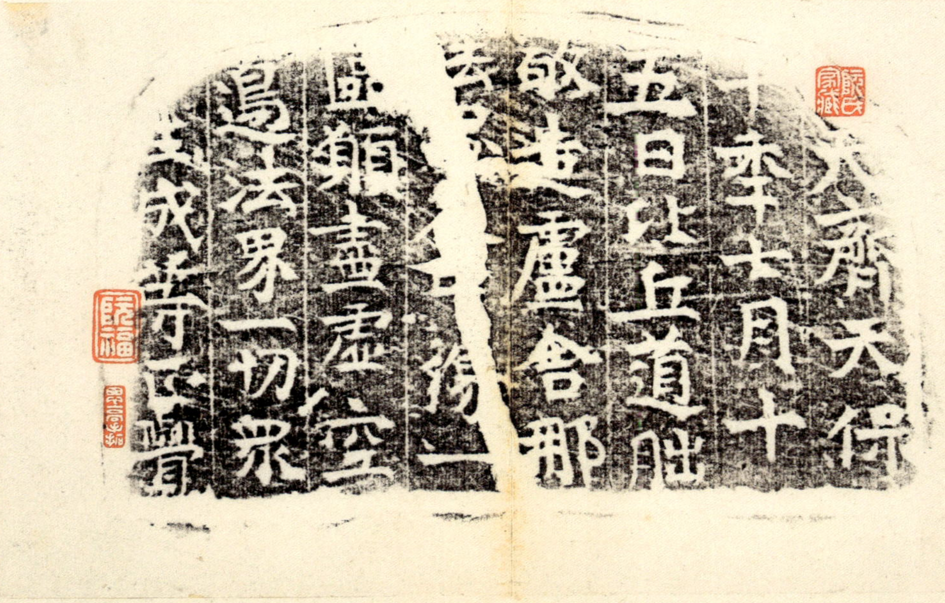
大齊天保
十年十月十
五日比丘道胜
敬造盧舍那
區願盡虛空
遍法界一切衆
生成等正覺

曇樂造像 左側

此字文周
武帝時造
象石也揚
州阮氏得自
陝西嵗置文
選樓壁間
嘉慶十年記
曇貴
曇念

曇樂造像 正面

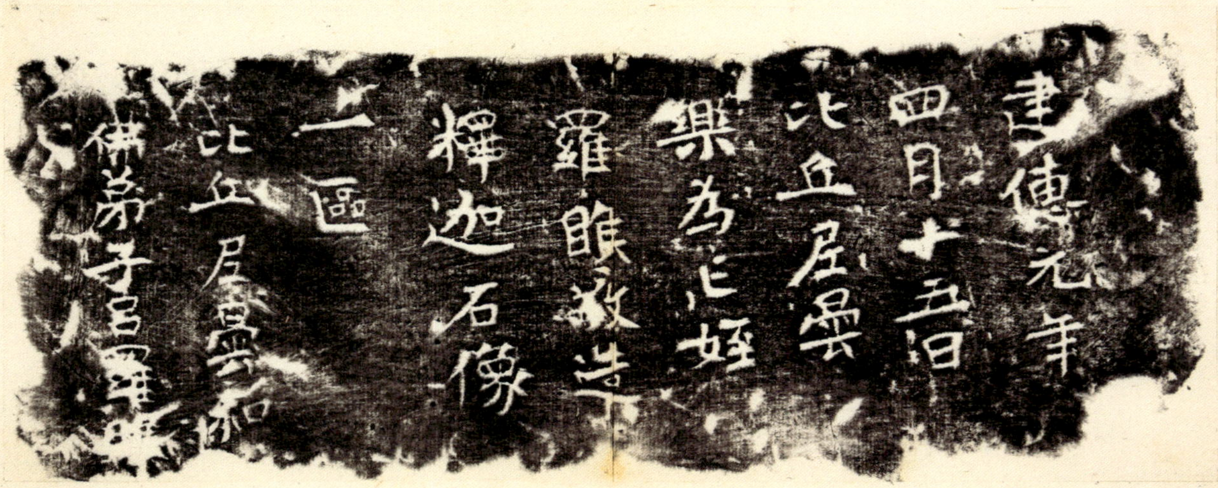

曇樂造像 右側

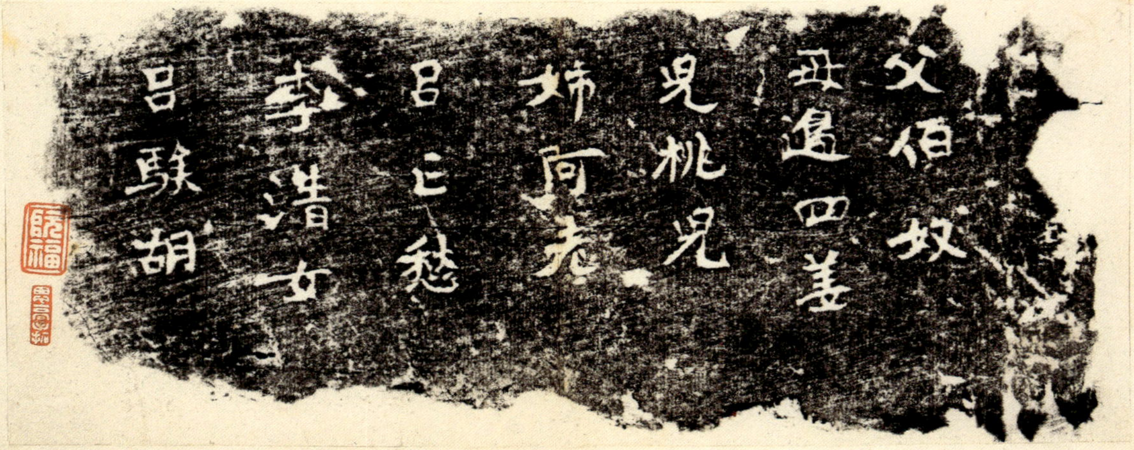

漢平陽侯洗

漢五銖泉範

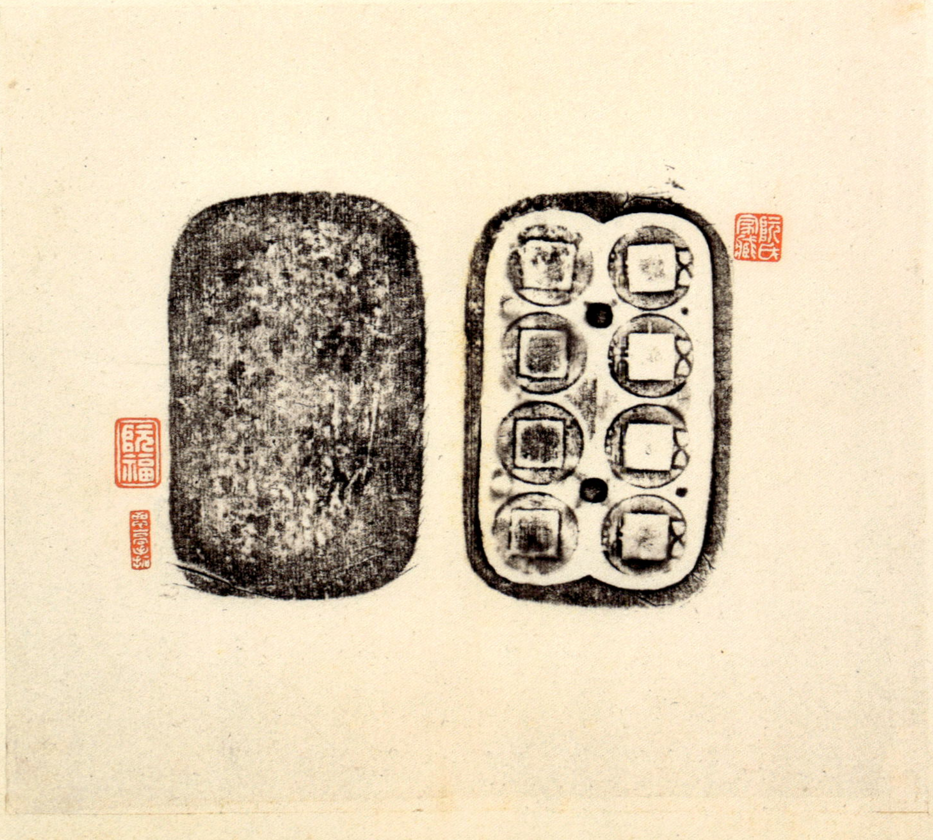

漢大興花甎

漢萬歲甎

漢長安銅尺

端方題跋　古璽印四條屏

4軸　紙本

28.7cm × 117cm

鈐印：

匋齋所藏古璽、銘三集古

題識：

1. 此梁燕王璽。乾嘉間出桑乾。文字精嚴，自來玉璽中無此奇特之品。璽上無龍虎之鈕，而鎸科斗之文，亦極新異。歸來盦題。鈐印：陶齋

2. 鄘將渠璽。將渠，燕名將，見《史記·燕世家》。又將渠子所著書，見《漢書·藝文志》，其人在六國有名於時，故足寶貴。寶華盦題。鈐印：端方私印

3. 成安門陳户司冶丞印。冶丞官始見於宋書，確爲六朝時物。篆法精整，出自南朝，尤爲希覯。宣統辛亥（1911）正月初吉，拓奉桐軒六弟鑒賞。兄端方題。鈐印：端方私印、陶齋

4. 此萃車馬璽疑亦六國時物。王文敏公視爲璽，而盛伯羲祭酒視爲鐘鈕所鎸。以愚意度之，印上方有著炭處，疑是當時用以灼馬者。故不同他璽頡頏耳。陶齋記。鈐印：端方之印

釋文：

1. 梁□都司馬□軍□功之璽

2. 鄘將渠惠璽。

3. 成安門陳户司冶丞。

4. 日庚都萃車馬。

提要：

此組古璽印全形拓并題跋四條屏爲端方金石生涯晚期作品，其中“日庚都萃車馬”烙馬印尤爲著名。此印係鐵質，寬度近七厘米，爲戰國古璽之最。係戰國時期燕系印璽名品，1886年（一説1891）出土於直隸（河北易縣），1896年王懿榮以六百兩白銀購得。民國間流入日本，現藏於京都有鄰館，爲其鎮館之寶。

此華車馬鉨款大六國時物王文敏之視
為鉨而盛伯羲祭酒視為鐘鼎所錄以為
主度之印上方有篆炭處款足當時用以灼
馬者故不同他鉨款額頎耳　陶齋記

成安門陳戶司治丞印　治丞官名見於
宋書確為六朝時物篆法精整出自南
朝尤為希覯
宣統辛亥正月初吉拓奉
桐軒六弟鑒賞　兄端方題

鄗將鉨　將渠燕名將見史記燕世家又將渠
子四篇見漢書藝文志其人在六國有名於
時故足珍貴　寶華盦題

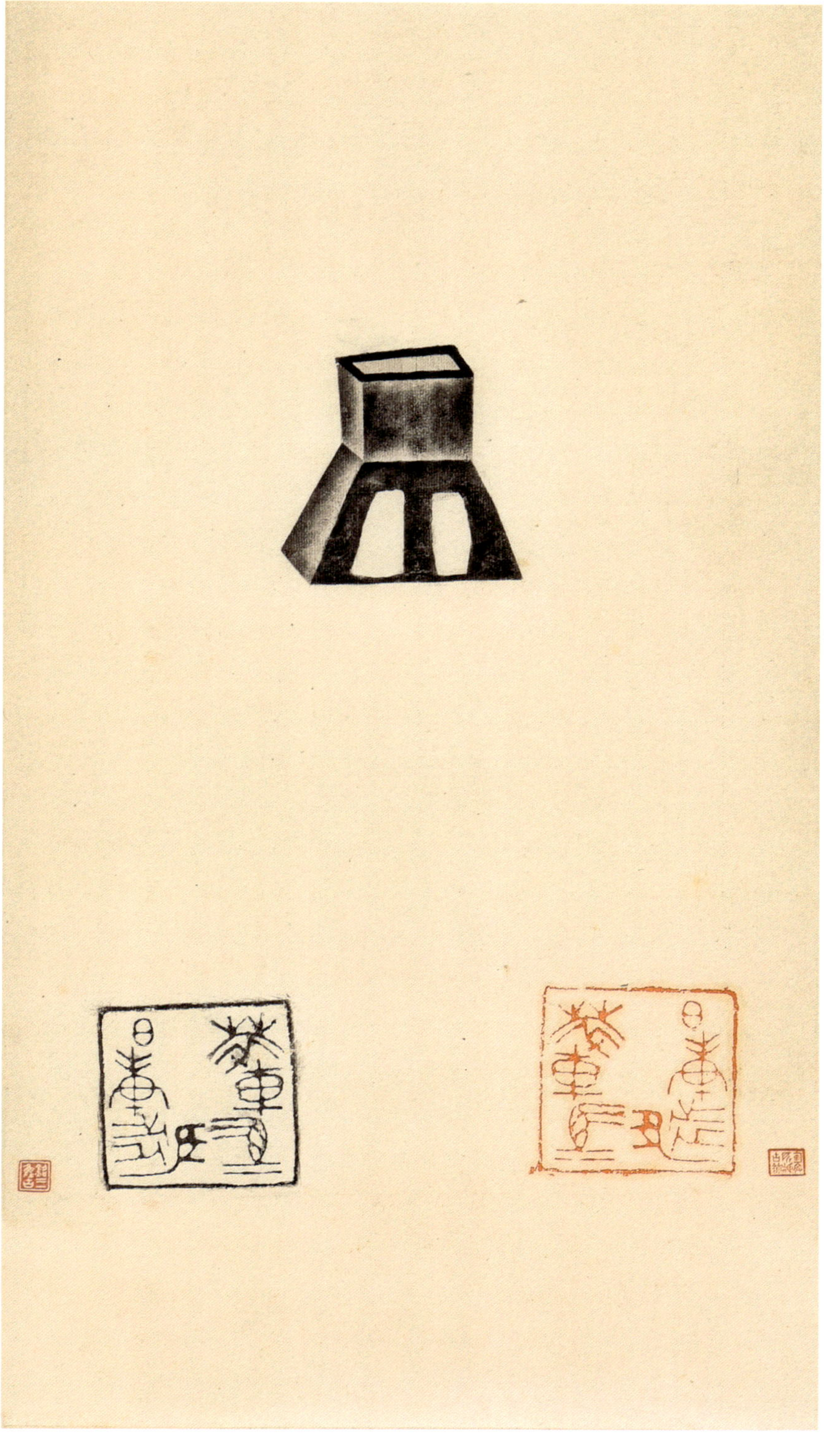

鄒適廬、褚德彝等題跋　晉左將軍玉符

1張　紙本

34.5cm×68cm

鈐印：

公重所藏、叔玉審定、雨敦蓋窨

題識：

1. 晉左將軍玉符。壬子（1912）元年十一月，褚德彝署首。鈐印：德彝

2. 古玉符二片。俱兩面刻文，不知何用。中有“左將軍軍大司馬”字及“建□□年，歲在戊□八月之初”尚有文義，餘則不能義解。上契圓孔，疑古符印之屬。然合縫處有“齊太公孝而安”數字更不能考其何施矣。此玉宣統初李氏後人售與匋齋。滄桑易世，不知尚在人間否。適廬同年得此拓屬爲題記，不禁有石交零落之感。德彝。鈐印：松窗

3. 况氏阮盦隨筆記此玉粥於匋齋，時索千金。據王少穆云，曾爲繪圖，入藏玉記，今未印行。中縫“孝”當是“耄”字。壬子（1912）冬日，杭州鄒適廬自記。鈐印：鄒安

4. 古玉符二片，兩面刻文，多不可句讀。首行有“晉建□□年歲在戊□八月，冠左將軍軍大司馬”等字。合縫處篆書左曰“齊太公令考而安”，右曰“永享用之□□□”。上下似字非字不可識。舊爲李笙敂司馬所藏。石門吴伯滔拓此寄余。今不知歸誰氏矣。癸巳冬日，蟄叟記。鈐印：蔡鼎之印

提要：

此拓本張廷濟《清儀閣所藏古器物文》有載，此拓古玉符，兩面刻。中有“左將軍軍大司馬”等字，合縫處有“齊太公孝而安”數字，文多不可句讀。有褚德彝、鄒壽祺、蔡鼎題跋，褚德彝署首。此玉符晚清由李嘉福（字笙魚）、端方（陶齋）遞藏，周頤《阮盦隨筆》載，此玉鬻於陶齋時，索千金。王少穆曾爲之繪圖入《藏玉記》，未印行。此玉符後不知所蹤，拓本尤顯珍貴。拓本原爲李嘉福親家吴滔拓贈蔡鼎，後歸鄒安。褚德彝、鄒安、蔡鼎題跋，褚德彝署首。

褚德彝（1871—1942），原名德儀，字松窗，號禮堂，浙江餘杭人。精金石考據，嗜古博物。尤精篆刻，初師浙派，後潛研秦漢璽印。

鄒安（1864—1940），字壽祺、一字景叔，號適廬、雙玉主人，浙江海寧人，居杭州。光緒進士，後任江蘇丹陽知縣。精金石文字之學，富收藏。

蔡鼎昌，一名鼎，字公重，一字春疇，錢塘人。工畫山水，得戴熙遺意。又喜收藏考訂金石，著有《翠雲草堂金石近存考略》。

晉左將軍玉符

壬子元年十一月 褚德彝署首

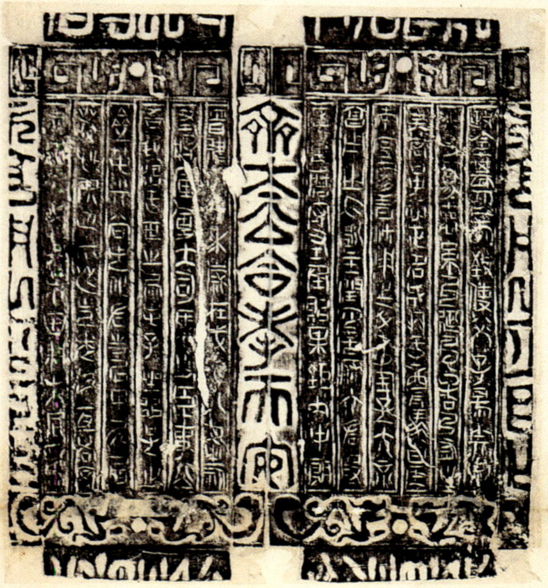

況氏阮盦隨筆記此玉歸於匋齋時索千金據王少穆云曾為繪圖入藏玉記今未印行中縫孝當是考字

壬子冬日 杭州鄒適廬自記

右玉符二片兩面刻文多不可句讀首行有晉建□□年歲在戊□八月冠左將軍〻大司馬等事字合縫處篆書左曰齊太公令考而安右曰永富用之□□□上下似字非字不可識舊為李望斂司馬所藏石門吴伯滔拓以寄余今不知誰氏矣

癸巳冬日 蟄安記

古玉符二片俱兩面刻文不知何用中有左將軍〻大司馬等字及建□□年歲在戊□八月月〻初尚有文義餘則不能義解上梨圓孔於古符已〻屬於合縫處有齊太公孝而安數字更不能考其何施矣此玉宣統初李氏後人售與匋齋滄桑易世不知尚在人間否適廬同年得此拓屬為題記不禁有石交零落之感 德彝

唐希陶舊藏　北魏劉根造像記硃拓本

1 軸　紙本

159cm × 51.7cm

鈐印：

唐希陶彭永傑夫婦同好共賞、懷翠樓藏、永傑

題簽：

硃拓劉根造像，原石。

提要：

《劉根造像記》全稱《劉根卌一人造像記》，刻於北魏正光五年（524），爲北魏碑刻精品。此碑清光緒末年出土於洛陽，歸鄭州鄭清湖秘藏，拓本甚少，原碑今存河南博物院。此本爲原石硃拓本，江陰唐氏懷翠樓舊藏。

唐希陶，江蘇江陰人。工書法，擅篆刻，爲上海著名金石碑帖收藏家。上海法政學院畢業，歷任上海清華中學訓育主任、上海市政府專員。

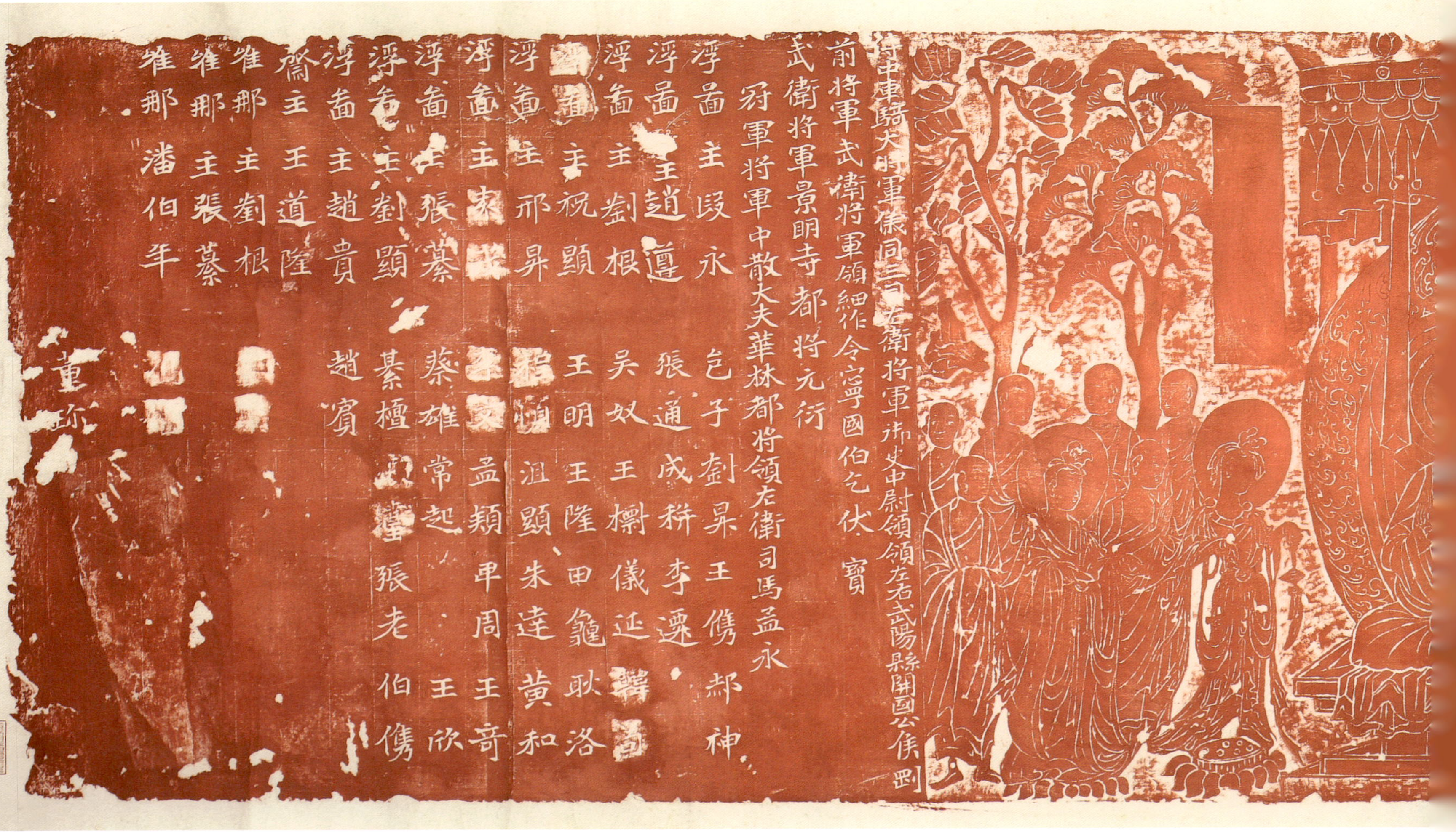

夫水盡則影亡谷盈則響滅娑羅現北首之
期負杖發山頹之歎物分以然理趣無爽故
憂填戀道鑄真金以寫靈容目連慕德刻旃
檀而圖聖像雖須臾忽尚或如斯況劉根等
託於冥冥之中生於千載之下進不值鷲嶺
初軒退未遇龍華寶駕而不豫殖徽因心存
衍向何以拔此昏壇遠邀三會樹因菩提者
必資緣於善友入海求珍者必憑導於水師
故世王之德藉耆婆而曉須達之倒假門神
而悟由此而言自金對以還未有不須友而
成者也於此迭相獎勸異心影附法義之衆
遂至卌人有餘各竭己家珍并勸一切仰為
皇帝陛下 皇太后中宮眷屬士官僚庶
法界有形敬造三級塼浮圖一區藉此徽因
周滿世桂慧雲彌布慧波洪澍令一切含零
悉入智海學窮首楞究竟常果大誓莊嚴理
無盡應十方淨覺現為我證
大魏正光五年歲次甲辰五月庚戌朔卅日
己卯建訖 佛弟子劉根卌一人等敬造刊記

陸恢題跋　北魏曹望憘造像底座畫像題記管復初拓本

1 框　紙本

69cm × 138cm

鈐印：

潞翁、葉豐之印、古味、將壽補蹉跎

題簽：

曹望憘造像精拓本。北魏正光六年。

題識：

1. 魏曹望憘造像記銘全形精拓。

2. 此北魏正光時曹望憘所造像。像有趺，四面皆刻正，左右爲畫所占，而記銘列於後。字文出當時名輩，與張猛龍碑有相似處，精品也。頃爲外邦人重價購去，吾輩痛古物遠離而不能倩人商拓，甚惋惜。適管君復初雅有同好，已拓得十餘紙分贈故交，而予亦得其一，因感而記之。甲寅（1914）閏五月，吴江陸恢題。鈐印：吴江陸恢

提要：

北魏正光六年（525）曹望憘造像底座畫像石是金石收藏中的名品。造像全稱《襄威將軍柏仁令齊州魏郡魏縣曹望憘造彌勒下生像》，彌勒造像已佚，僅存佛像底座。底座的正側面刻地神自蓮花中涌出，頂托熏爐，左右兩獅子并二金翅鳥，左右側面分别爲男女供養人禮佛圖，背側面爲北魏正光六年（525）造像題記。

曹望憘造像底座原出山東臨淄縣民宅。孫星衍《寰宇訪碑録》記載，最初此石被嵌在臨淄桐林莊一村民家的墻壁上，只有鐫刻文字的一面向外。同治十一年（1872），陳介祺自臨淄買得此石，從此以後才有四面完整的拓本問世。民國初期陳氏後人通過上海來遠公司將其賣到法國，現藏美國賓西法尼亞大學博物館，是中國流失海外的最著名的石刻之一。

嘉樹堂收藏此件拓本爲管復初捶拓而贈與陸恢者，陸恢1914年題識爲記。劉麟生《燕居脞語》中有這樣一段論述："五十年來，執申江古玩業之牛耳者，鼎足三人。一爲管復初，代表來遠公司。一爲李文卿君，乃文源齋主人。一爲游蓧溪君，博遠齋主人。至争雄於海外者，爲來遠公司及通運公司。一九一五年至一九二九年，爲最盛時期。"來遠公司是二十世紀前半葉海外最大的中國古董商盧芹齋所經營的文物買賣公司，管復初當時在來遠申號（上海分號）負責鑒定古物，不少文物要經他過目再决定收購與否。管復初爲蘇州人，精鑒賞，在上海古玩界有極廣的人脉。由陸恢題識可知，曹望憘造彌勒下生像底座被陳家賣出後，在來遠公司由管復初捶拓了十餘紙，這是畫像石去國之前的最後一批拓本。此件先後經陸恢、葉潞淵遞藏。

陸恢（1851—1920），原名友恢，一名友奎，字廉夫，號狷盦、破佛盦主，江蘇吴江人。畫山水、人物、花鳥、果品，無一不能。書工漢隸，旁參魏晋六朝，遒勁而具有金石氣。

葉豐（1907—1994），字露園，亦作潞淵，齋名静樂簃、且住軒，江蘇吴縣（今蘇州）人。書畫俱擅，尤精鐵筆，與陳巨來等同爲趙叔孺二弩精舍門下佼佼者。其篆刻初師浙派丁敬、黄易，尤鍾情於西泠八家之一的陳鴻壽，而後專攻秦漢印。與錢君匋合著《中國璽印源流》。

魏曹望憘造像記銘全形精拓

大魏正光六年歲次
乙巳三月乙巳朔廿日甲
子夫法道初興則十
方趣一釋迦啓建則舍
生歸依然神潛涅槃入
於空境叵坐玄宮使最
迷後執襄威將軍柏仁
令齊州魏郡魏縣曹
憘是以仰思三寶之跡
恨不逢如來之際減已
家珎玄心獨拔敬造孫
勒下生石像一軀願以
建立之功使津道之益
仰為家國已身眷屬永
斷苦因常與佛會七世
先亡神昇淨境親表內
外齊沐法澤一切等類
共沾惠澤
堂堂福林蕩蕩鑄名知
斯非已竭家精成佛法
已久今方現形匪宣普
闡六合揚名
大

此北魏正光時曹望憘所造像，有趺四面皆刻，正左右爲畫，所占面記銘列於後，字文出當時名筆，與張猛龍碑有相似處，精品也，頃爲外邦人重價購去……輩痛古物速離而不能倩人商拓，甚惋惜，適管君復初雅有同好，已拓得十餘紙，分贈故交，而予亦得其一，因感而記之。甲寅閏五月，吴江陸恢題

郡魏縣書石
思三寶之跡
來之際減已
獨扶敬造弥
像一軀願以
使津道之益
已身眷屬永

商拓甚惋惜湮
管君復初雅
同好已拓得十
餘紙分贈故
交而予亦得
其一因感而記之
甲寅閏五月
吴江陸恢題

元六年歲次
乙巳朔廿日甲
法道初興則十
禪迦衰建則舍
然神潛涅槃入
於坐玄宮使是
羲或將軍栢仁

像々有趺四面
皆刻正左右為
畫形古而記銘
列於後字之
出當時名輩
與張猛龍碑
有相似處精
品也頃為外邦
人重價購去吾
輩痛古物遠
難[illegible]

李尹桑藏跋　北魏女官王阿善造像拓本

1 軸　紙本

127.3cm × 50.5cm

題簽：

北魏王阿善造像。淮縣陳氏藏石。戊午（1918）元月壺父署。

題識：

女官王阿善造像。隆緒元年。淮縣陳氏藏石。按隆緒北魏蕭寶寅紀元也，石刻僅見此而已。戊午（1918）元日，壺父。鈐印：李尹桑

提要：

王阿善造像碑是中國歷史上最早的道教塑像之一。是北魏隆緒元年（527）關中地區的道民女官王阿善所造。隆緒是南朝齊明帝蕭鸞的第六子蕭寶寅的年號，僅存在兩年。所以帶有“隆緒”年號的文物遺存極爲罕見。此造像碑原爲陳介祺舊藏，現藏中國國家博物館。

李尹桑（1882—1945），字茗柯，一作榠柯，一字壺父，號鉥齋，别署秦齋，原籍江蘇吴縣（今蘇州吴江區），寄居廣州。精研篆刻碑拓數十年，與黄賓虹、易大厂、鄧爾疋等往來較密。以精刻小璽名於時。臨撫漢、魏諸碑，饒有金石氣。偶寫趙之謙真、行書，賞鑒家莫辨真僞。

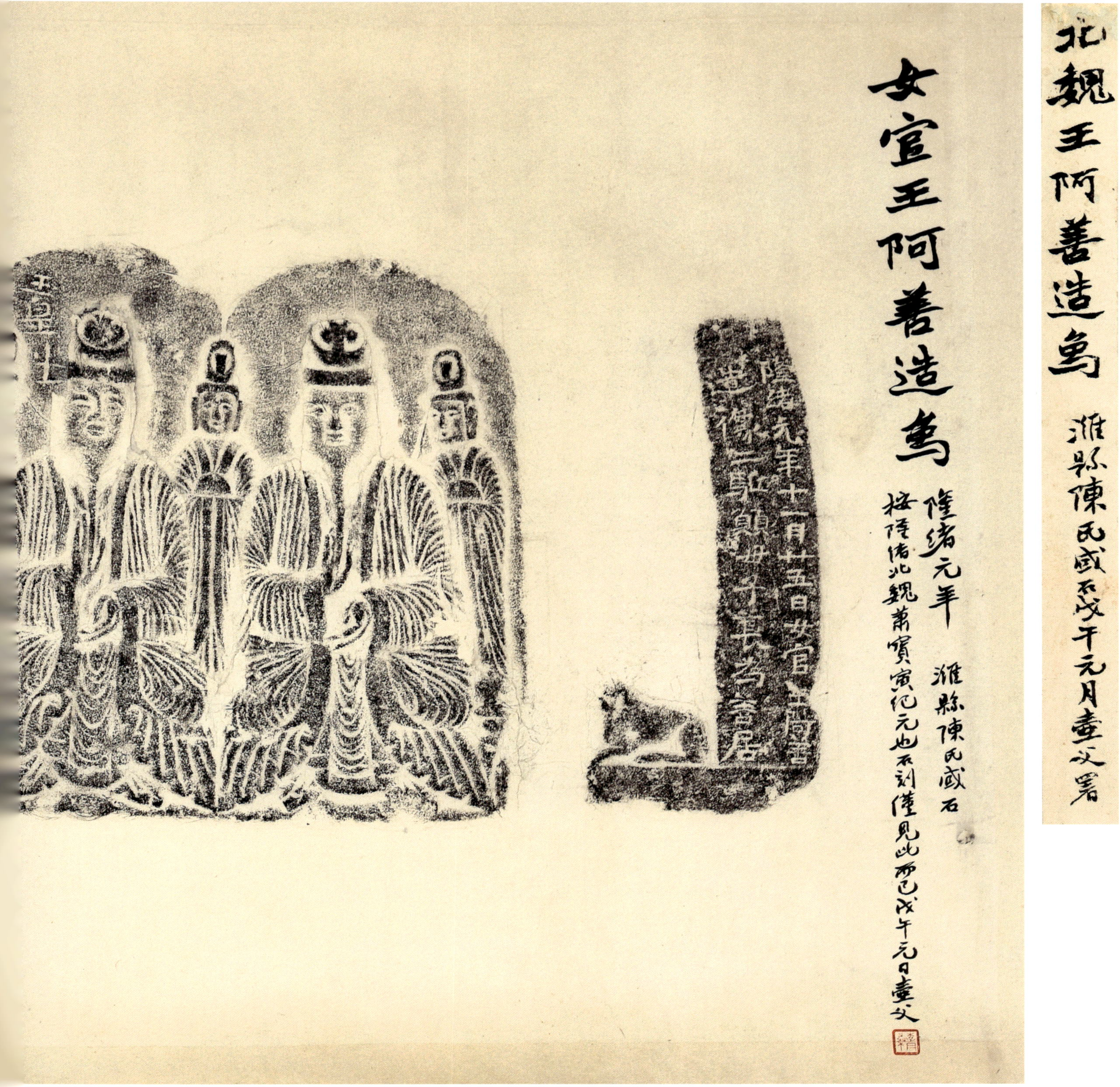

徐紫珊、日下部鳴鶴遞藏　泰山經石峪拓字集聯

2 軸附木盒　紙本

50cm × 166cm

鈐印：

東作、野鶴、大風堂珍藏印、上虞羅振玉定海方若武進董康陶湘陶洙同審定、王國維印

盒蓋題記：

泰山經石峪大字摩厓舊拓。四字聯幅。

蓋内題識：

清徐紫珊舊藏。清閒堂玩賞。鶴叟識。鈐印：清閒堂

題簽：

集泰山石經峪字舊拓，徐紫珊舊藏，清閒堂珍玩。（右）鈐印：東作
集泰山石經峪字舊拓，徐紫珊舊藏，清閒堂秘玩。（左）鈐印：東作

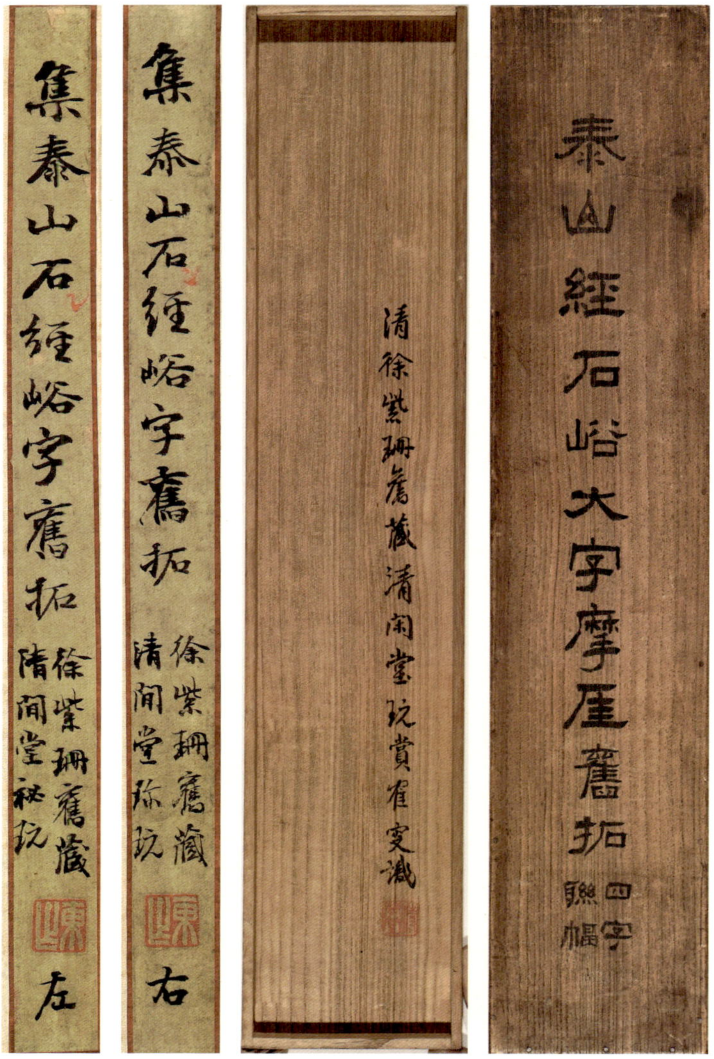

提要：

《泰山經石峪》是著名的摩崖刻石，刻於五嶽獨尊的泰山南麓斗母宫東北一千米處的花崗岩溪床之上。隸書大字刻《金剛經》。刻石無題記無刊刻年月，也無經主和書丹者姓名，因筆法與山東鄒尖山摩崖《晋昌王唐邕題名》相近，後人或以爲唐邕所書。清阮元《山左金石志》則作北齊天保間（550—559）人所書。書體在楷隸之間，偶有篆意草情，古拙樸茂，静謐安詳，爲歷代書家所推崇，被冠以“大字鼻祖”“榜書之宗”的美稱。清楊守敬説：“北齊《泰山經石峪》以徑尺之大書，如作小楷，紆徐容與，絶無劍拔弩張之迹，擘窠大書，此爲極則。”清人馮雲鵬在《金石索》中盛讚：“如印泥畫沙，草情篆韻，無所不備。”

此對集聯爲所見同類物中之最舊者，墨色沉黝，經徐紫珊、日下部鳴鶴先後遞藏。又曾爲羅振玉、王國維等大家經眼。“四坐蘭言，唯有樹德”八個大字用筆安詳從容，風神淡泊，更顯雍榮大度。

徐渭仁（1788—1855），字文臺，號紫珊、子山、不寐居士，上海人。清代著名藏書家、金石學家、書畫家。善書法，尤長漢隸，收藏碑帖甚豐，并精於鑒别，當時人稱爲“巨眼”。因購得隋代開皇年間《董美人墓志》，遂自號“隋軒”。咸豐三年（1853）小刀會占上海縣城，他留在城内未走，咸豐五年（1855），清兵入城，清官府仍加“從賊”之罪，被下獄而死於獄中。輯有《春暉堂叢書》《隋軒金石文字》《法帖》。

日下部鳴鶴（1838—1922），本名東作，字子暘，别號鳴鶴、野鶴，日本近江彦根人。爲藩士之子，與中林梧竹、嚴谷一六并稱爲“明治三筆”。日本近代書道確立者之一，西泠印社早期社員。與吴昌碩友善。

四坐蘭言
唯有樹德

袁克文拓贈蔡哲夫　唐顏魯公殘石

1 張　紙本

68.5cm × 98.5cm

鈐印：

蔡守審定、秦齋壬子以後所得、蔡哲夫讀碑記、秦齋、尹桑私印、蔡寒瓊校勘金石刻辭

李尹桑題簽：

唐顏魯公殘石。項城袁氏藏石。壺父題。鈐印：壺父

題識：

1. 魯公殘碑。石原在河南洛陽，爲土人鑿作城門柱石，今移置流水音。拓奉寒瓊鑒存。寒雲。鈐印：克文

2. 樵冬卉老人所藏冬心真迹，作洛陽得碑圖，其古懋庶不汙貞瑉也。甲寅（1914）冬，寒瓊。鈐印：守

3. 乙卯（1915）孟冬月望日，俞亮公聲弦、王雙冶虢、孫仲瑛璞同觀於二馬剳室。壺父李尹桑題記。

4. 魯公書，字體莊和，筆勢雄渾，可稱爲書家之象。今幸得觀寒瓊先生所藏殘石。雖僅餘數字，神氣尚存。所謂“江南足拓不如河北斷碑”，語不虛也。爰志數語以歸之。殷六題。鈐印：盧玉瑚、殷六

5. 乙卯（1915）十月朔日尹燿、凌翼、衛筠、梁振藻、伍德彝同觀於浮碧亭。鈐印：德彝之印、懿莊曾觀

6.（信封）廣東廣州小東門内水關橋二十二號蔡哲夫先生收啓。河南章德洹上村袁緘。

7.（信函）寒瓊先生吠展。寒雲。

8.（信函）寒瓊先生有道，比奉惠牋并承賜繪三圖，感佩無量。走現在安陽爲先伯料理葬事。歸京後再當精謹構思奉題訪碑圖，命内子、小妾分書以報雅意。兹先將新得諸石拓本呈鑒，尚有墓志、造像數種，一俟拓出即當寄塵。千里圖已轉致。手復祇頌儷祉。克文頓首。梅真侍叩。

提要：

此件顏魯公殘石拓本爲袁克文拓贈蔡哲夫。據袁克文題識可知，殘石原在河南洛陽，被當地人鑿爲城門柱石，後爲袁克文所得，被安置於他在中南海的住處“流水音”。袁世凱及其家人是1913年春正式遷入中南海“總統府”，此件拓本的捶拓時間應該就是1913年間。

顏魯公殘石存字雖僅餘數字，但氣勢尚存。蔡哲夫得此拓本後極爲喜愛，在殘缺處作“洛陽得碑圖”一幅，妙趣天成。和拓本相附的，還有袁克文致蔡哲夫的一封書信，書信當寫於蔡哲夫“洛陽得碑圖”完成之後，想來蔡哲夫畫完“洛陽得碑圖”後，定是邀請袁克文再作“洛陽訪碑圖”，故袁克文信中有“歸京後再當精謹構思奉題訪碑圖”之語。

袁克文（1890—1931），字豹岑、抱存，號寒雲，河南項城人。袁世凱次子，民國四公子之一。精於金石、書畫、詩詞，富收藏。

蔡哲夫（1879—1941），原名守，號寒瓊，廣東順德人。早年加入南社，襄助黄節和鄧實主辦《國粹學報》。精書畫、篆刻、博物、碑版，富收藏。有《寒瓊碑目》《説文古籀補》傳世。

尹燿（1860—1925），字迪雲，號俠隱，别署紫雲岩叟，廣東順德人。南社社員，善畫事，所作花卉、山水均有法度。

伍德彝（1864—1927），字懿莊，廣東番禺人。居廉弟子。擅書畫、篆刻。

孫仲瑛（1884—1953），名璞。南社詩人。曾任孫中山秘書。

李尹桑（1882—1945），學名柯，一字壺父，久居廣東番禺。精篆刻碑帖，臨撫漢、魏諸碑，於黄賓虹、易大厂、鄧爾疋等往來密切。

魯公殘碑

石原在河南洛陽為土人鑿作城門柱石今移置流水音拓奉

寒瓊鑒存

寒雲

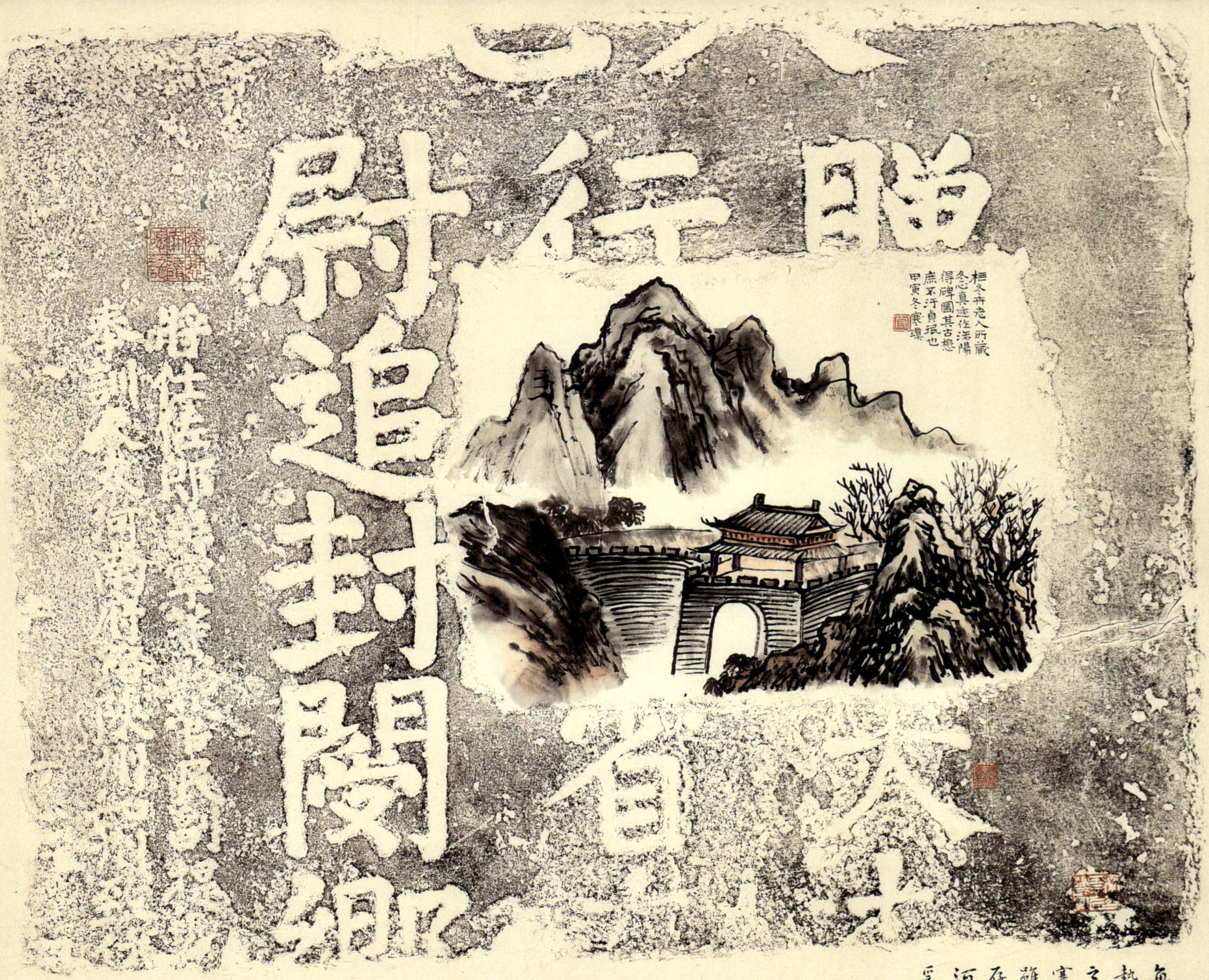

魯公書字體莊和筆勢雄渾可稱為書家之冠今幸得觀寒瓊先生所藏殘石雖僅殊數字神氣尚存所謂江南呂拓不如河北彭碑語不虛也爰誌數語以識之

穀六題

乙卯十月朔日

尹燿 凌翼衛筠 梁振藻 伍德彝

同觀於浮碧亭

乙卯孟冬月望日俞亮之聲弦王雙洪穎孫仲瑛璞同觀於二馬對室畫叉李尹桑題記

寒瓊先生有道北來

惠箋並承

賜繪之圖感佩無量走現在安陽為先

伯料理葬事歸京後再當精謹

擒思奉題訪碑圖命內子小妾分書

以報

雅意茲先將新得諸石拓本呈

鑒尚有墓誌造象數種一俟拓出即

嘗寄塵千里圖已轉致千叟祇頌

儷祉

克文夫

梅真侍中

寒瓊先生吹展

寒雲

廣東廣州小東門內水關橋二十二號

蔡哲夫先生收啟

河南彰德洹上村袁緘

楊宗濂跋　張燕昌、張廷濟等藏磚拓

7開　紙本

19.7cm × 31.5cm

鈐印：

張燕昌印、張叔未、廷濟、桂山、惟城氏、大椿、張廷濟印、徐生辛亥、雲間朱孔陽雲裳父鑒藏、曾經雲間朱孔陽朱德天二代珍藏

題識：

1. 按寶正乃吴越王錢鏐年號，四年者係後唐明宗己丑也。寶作“窍”，必陶家好古者爲之也。鈐印：宗濂

2. 右磚兩側有文曰“嘉興象西潘儒南父母墳塋磚”，兩端曰“潘冢”，曰“潘墓”。皆篆書，凡十又六言。吾鄉海上，委巷頹垣，往往有之，所憾多殘缺。余乃集友人所得，配合成文，定爲孫吴時物。按《三國志》，吴大帝后潘氏又潘璿、潘璋，皆吴之著姓，儒南殆其族與。又按黄龍三年，由拳野穀自生，改爲禾興，因以紀年。赤烏五年避太子和嫌名，改嘉禾爲嘉興。是磚有“嘉興”字，亦孫吴時所造一證也。然墓磚出於海鹽，磚文不曰海鹽而曰嘉興。胡震亨《圖經》云，吴嘗析海鹽南境，地爲鹽官，則今之海鹽地在鹽官之北，孫吴時屬加興，所以磚文言嘉興，不曰海鹽耳。象西未詳，疑都鄙之小邑，今已淪海中。篆法絶佳，潘氏凡三變其體，一作“潘”，《說文》潘从水，番聲，古文番作“番”，偏旁正合古文。專作“專”，今磚作“磚”。可見去古未遠，并可證《說文》傳寫之先冢。《說文》从勹，豕聲，磚文正合。録《金石契》。鈐印：楊宗濂印、晴嵒

提要：

此件磚拓集内收古磚拓六件，爲張燕昌、張廷濟、徐同柏和孫三錫遞藏舊物。楊宗濂爲其中張燕昌所藏孫吴“嘉興象西潘儒南父母墳塋磚”和張廷濟舊藏兩件磚拓做考證并題跋。孫吴“潘儒南父母墳塋磚”被張燕昌録入其《金石契》一書。張燕昌還將此磚翻刻，册中亦附有張燕昌翻刻“潘儒南父母墳塋磚”的拓本。

楊宗濂（1832—1905），字藝芳，晚號潜齋主人，無錫人。咸豐五年（1855）任户部員外郎，同治元年（1862）入李鴻章幕。光緒十一年（1886）任北洋武備學堂監督，詳采兵法，編成《學堂課程》八卷。後升任山西布政使、按察使，又遷長蘆鹽運使。光緒末年奉命督辦順天、直隸紡織事務。輯有《聊自娱齋詩文集》一卷。

張燕昌（1738—1814），字文魚，號芑堂，又號金粟山人，浙江海鹽武原鎮人。好古嗜學，擅篆、隸、飛白、行、楷書，精金石篆刻、勒石，著有《金粟箋説》《金石契》《三吴古磚録》《古來飛白書考》《石鼓文釋存》《芑堂印存》等。

張廷濟（1768—1848），字順安，號叔未，晚號眉壽老人，浙江嘉興人。精金石考據之學，尤擅文物鑒賞，能辨其真僞，别其源流。收藏鼎彝、碑版甚多。著有《清儀閣所藏古器物文》《清儀閣金石題識》等。

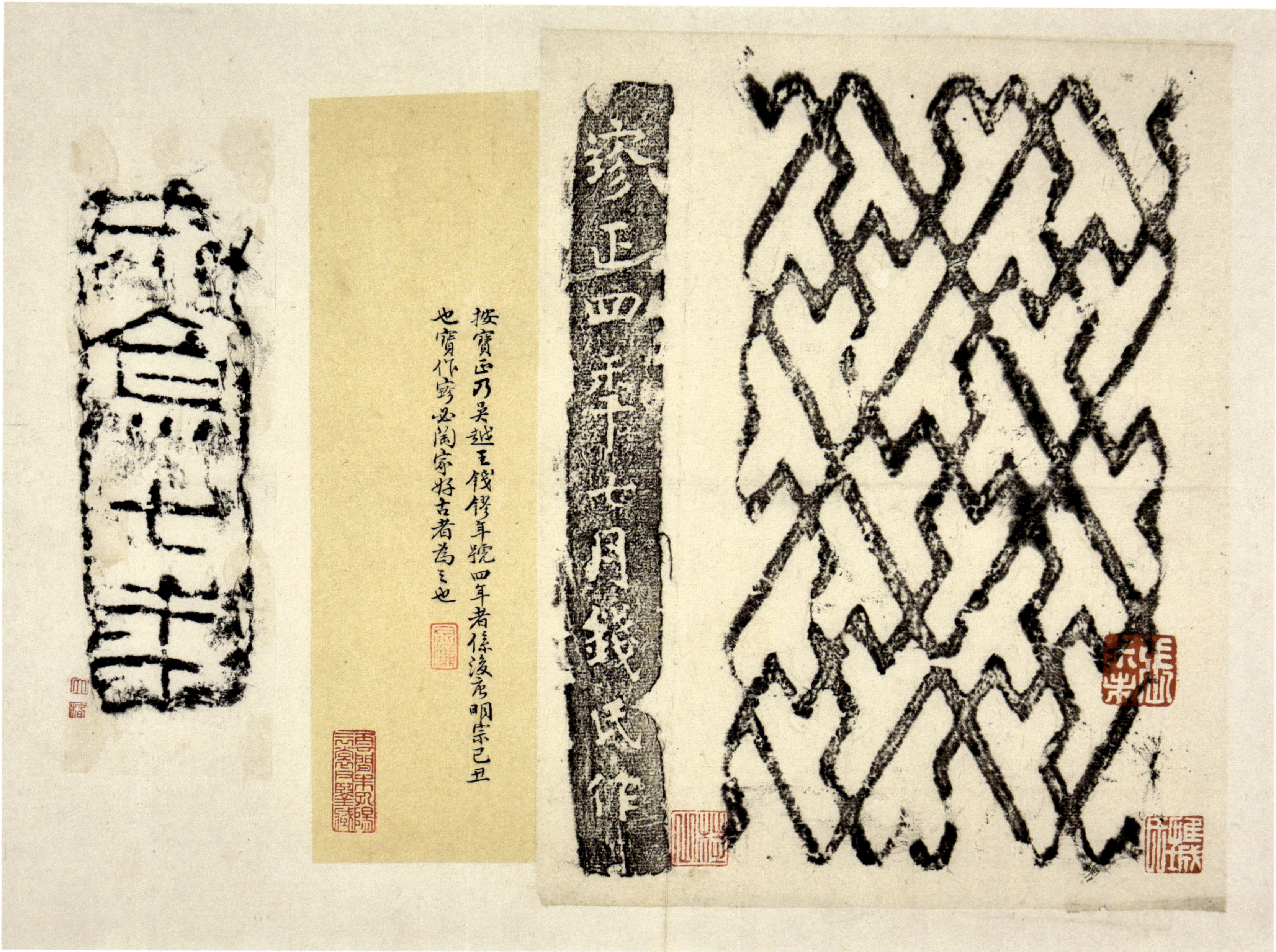
珍正四年七月錢氏作
按寶正乃吳越王錢鏐年號四年者係後唐明宗己丑
也寶作珍必閩宗好古者為之也

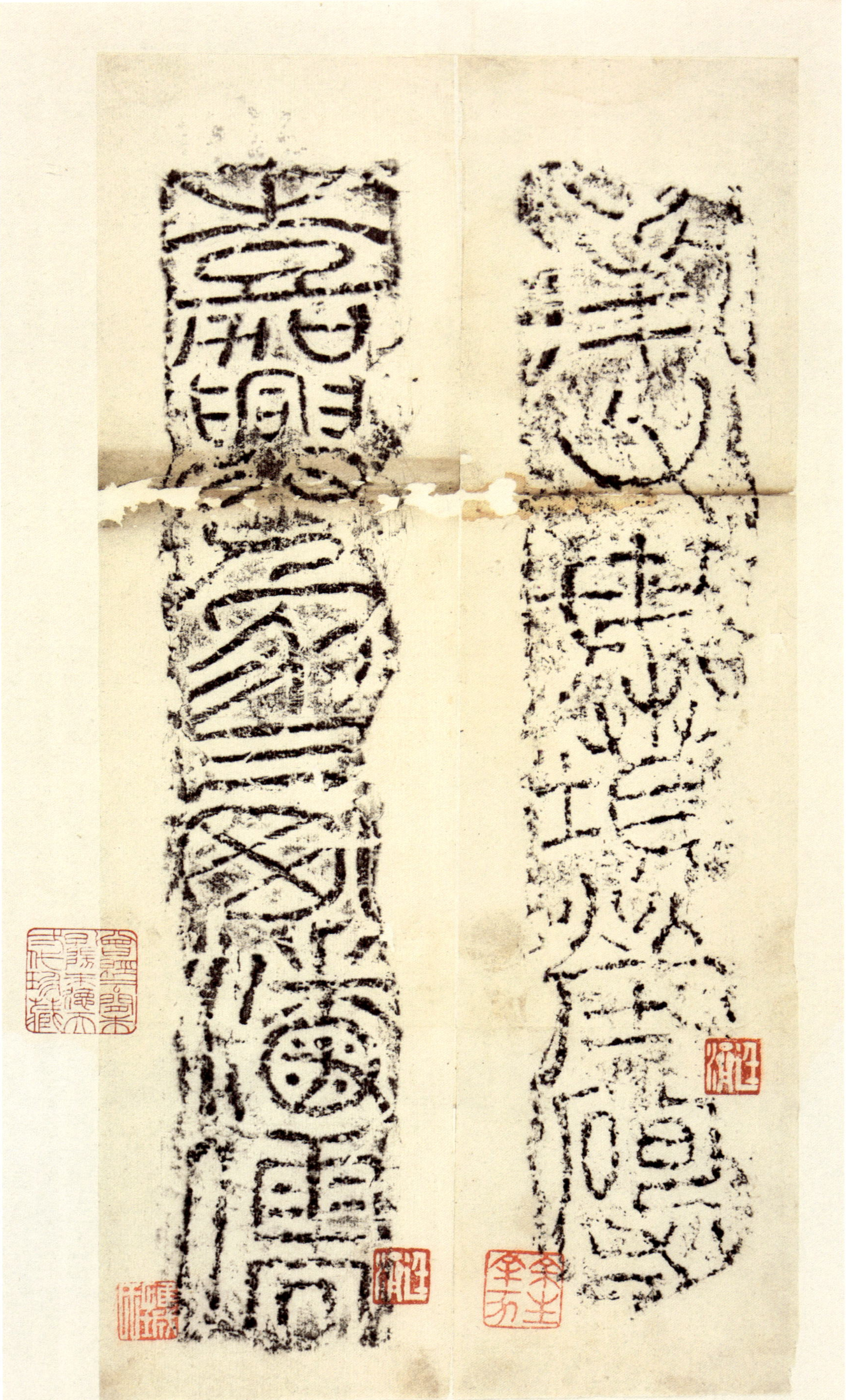

右瓴兩側有文曰嘉興象西潘儒南父母墳塋瓴兩端曰潘冢曰潘墓皆篆書凡十又六言吾鄉海上委巷頹垣往往有之所藏多殘闕余匯集友人所得配合成文定為孫吳時物按三國志吳大帝后潘氏又潘璿潘琢皆吳之著姓儒南殆其族与又按黃龍三年由拳野穀自生改為禾興因以紀年赤烏五年避太子和嫌名改嘉禾為嘉興是瓴有嘉興字亦孫吳時所造一證也[illegible]墓瓴出于海鹽磚文不曰海鹽而曰嘉興胡震亨圖經云吳嘗析海鹽南境地為鹽官則今之海鹽地在鹽官之北孫吳時為加興所以磚文言嘉興不曰海鹽耳象西未詳疑都鄙之小邑今已淪海中篆法絕佳潘氏凡三變其體一作㵞說文潘从水番聲古文番作𤰕偏旁正合古文專作叀今磚作𥗐可見去古未遠并可證說文傳寫之失冢說文从勹豕聲瓴文正合　錄金石契

蔡哲夫拓贈費龍丁　後晉造像銘拓兩種

1915 年拓本

2 張　紙本

20.2cm × 15.2cm，17.8cm × 21cm

鈐印：

吴子和、蔡守審定、乙卯秋與吴陸兩妹觀于西湖

題識：

1. 後晉集福延鴻禪院尼省登造像。在石屋洞。阮元《兩浙金石志》未載。乙卯（1915）秋七月手拓。龍丁社長法鑑。蔡守哲夫。

2. 後晉唐天仁造象。乙巳爲開運二年。在石屋洞。阮元《兩浙金石志》未載。乙卯（1915）七月手拓，丙辰（1916）春二月寄似龍丁社長審定。蔡守哲夫。

提要：

蔡哲夫手拓後晉集福延鴻禪院尼省登造像銘和唐天仁造像銘，并題跋説明此兩件造像均未收入阮元的《兩浙金石志》。拓本上鈐印吴子和者，與陸貴真皆是杭州名妓，頗富才情，蔡哲夫

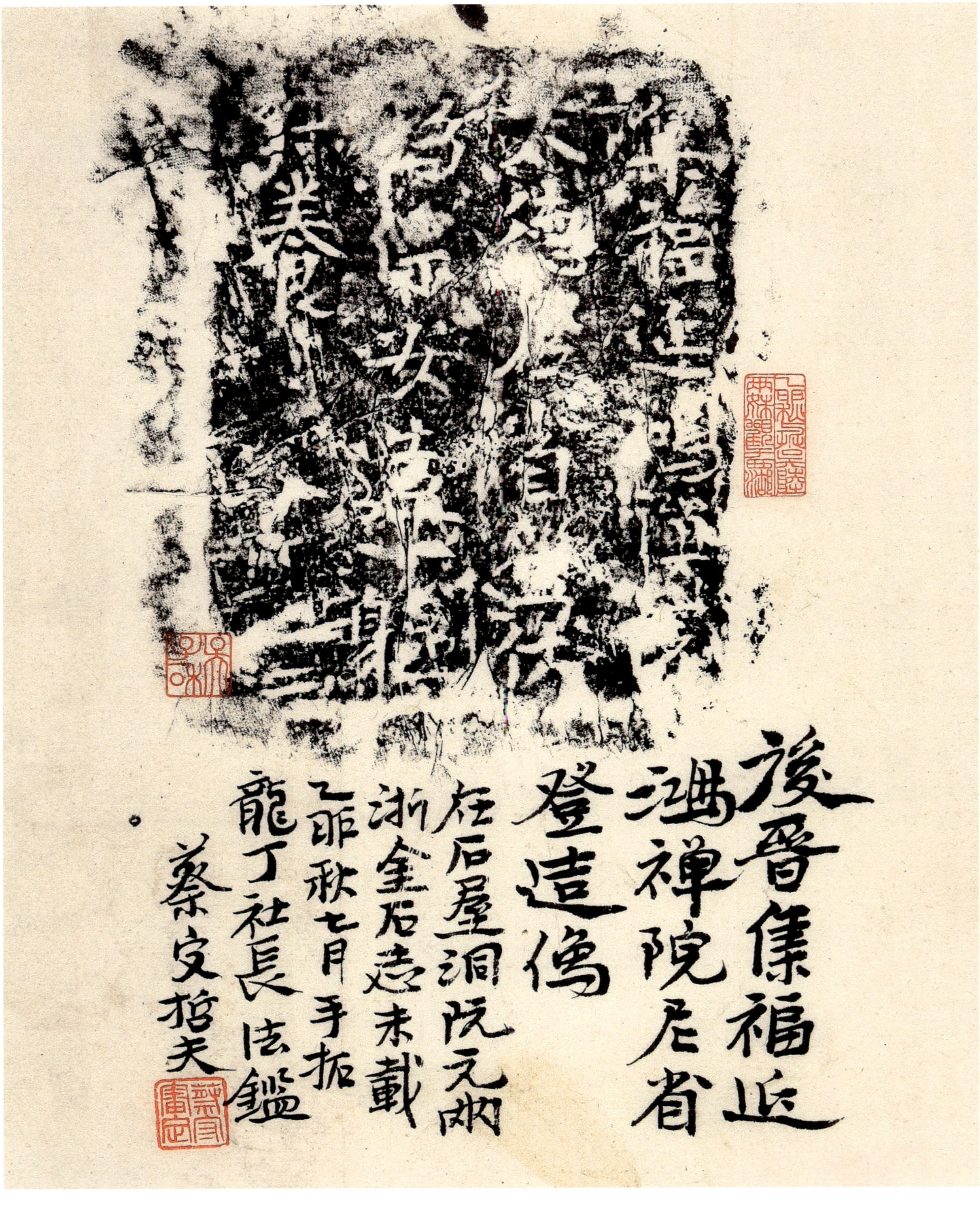

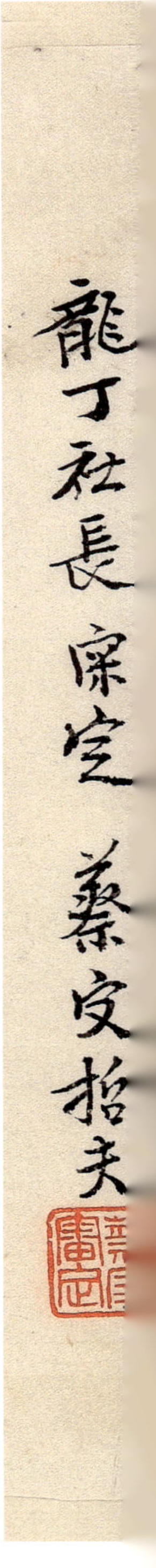

1915年在杭州時於此二人頗爲賞識，還專門刻了一方“乙卯秋與吴陸兩妹觀於西湖”的印章。

蔡哲夫（1879—1941），原名守，號寒瓊、茶丘殘客、折芙等，齋名茶丘、味雪庵、磚鏡齋、二條一廛、寒瓊水榭、茶四妙亭等，廣東順德人。早年加入南社，襄助黄節和鄧實主辦《國粹學報》，刊輯《風雨樓叢書》。工詩詞書畫及文物鑒賞，金石書畫詩文無所不能：爲文爲詞爲詩則有《蠡樓詞》《有奇堂詩集》《寒瓊遺稿》《寒瓊室筆記》《茶丘契闊》；爲金石文字之學則有《印林閑語》《印雅》《畫璽録》；爲碑版考證則有《寒宬金石續跋》《寰宇訪碑續録》；爲文房雅玩雜著則有《壺雅》《宋錦、宋紙考補》《漆人傳》《瓷人傳》。

費龍丁（1879—1937），字劍石，號雲樓子，又號佛耶居士，江蘇松江（今屬上海）人。兼擅詩書畫印，爲早期南社社員、西泠印社社員，吴昌碩得意門生。著有《甓廬叢稿》《甓廬印存》（又稱《佛耶居士印存》）、《春愁秋愁詞》，今皆散失無存。

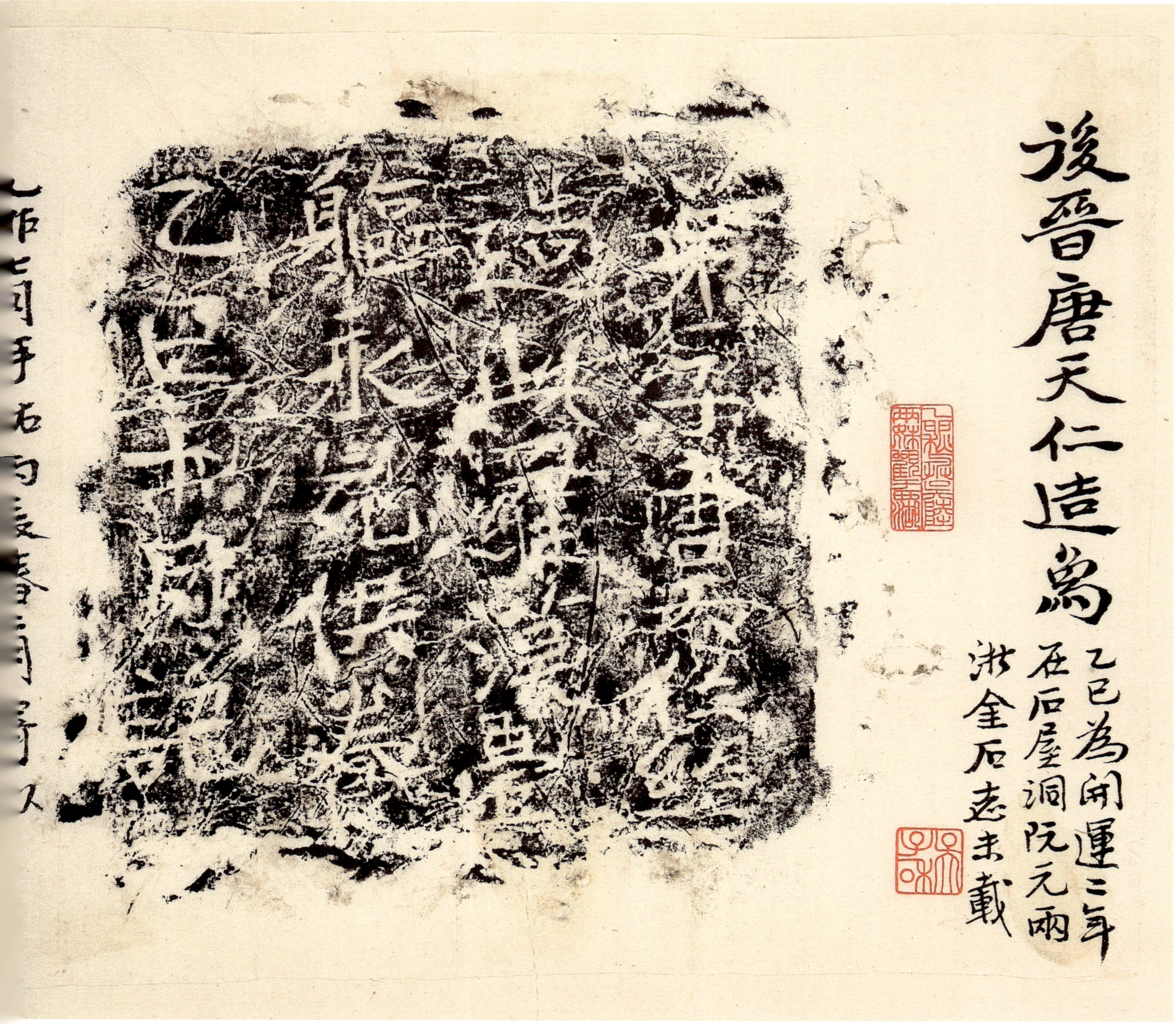

易大厂、王蘧跋　蕭山祇園寺西塔藏顯德五年夏承厚造舍利銅塔拓本

1張　紙本

31cm × 46cm

鈐印：

王克勤藏

題識：

1. 唐顯德夏承厚造浮圖記。秋齋藏拓。丙寅（1926）臘大厂居士題。鈐印：大厂居士

2. 顯德五年爲庚申，而戊午則爲三年，此誤置也。干支又在年號之前，金石例所僅見。秋齋記。鈐印：秋齋

提要：

祇園寺，原名崇化寺，位於今杭州市蕭山區城厢街道體育路。傳東晋咸和六年（331）許詢舍宅始建，號曰“崇化”。宋治平三年（1066）敕賜祇園寺。此拓本所傳拓者即爲寺内正殿前西塔所出顯德五年款舍利銅塔，又稱金塗塔、阿育王塔，今藏蕭山博物館。

銅塔須彌座的座面沿塔身四邊刻有銘文四十七字：“弟子夏承厚并妻林一娘闔家眷屬 / 舍净財鑄真身舍利塔兩所 / 恐有多生罪障業障并願消除 / 承兹靈善 / 願往西方净土 / 戊午顯德五年十一月三日記。”

自清季以來祇園寺塔屢經興廢，文物也多次還藏。考究起來，也是一段傳奇的經歷。

1776年，乾隆四十一年，西塔毁，西塔基記、西塔舍利銅塔第一次出土。民國二十四年《蕭山縣志稿》卷八記載：“清乾隆四十一年大水，西塔圮，於廢磚中得西塔基記、舍利銅塔。”

1836年，道光十六年，西塔重修，西塔基記、西塔舍利銅塔第一次還藏。《蕭山縣志稿》卷八又云：“道光十六年僧應律修。”下引道光十九年（1839）湯金釗《重建祇園寺西塔記》云：“西塔廢壞殆盡。應律嗣爲主持，宏願廣募，誠重勞輕，甃築圓成，藏舊舍利塔及塔基記於中，永鎮堅固。”舍利銅塔在此次還藏時補做了已失的塔刹。

1845年，道光二十五年，東塔佛像刻銘磚現世。據達受日記記載：道光二十五年，“八月，偶染微疴，養静靈芝寺中。……嗣復移昭慶楞伽室。蕭山湯沂門來，贈余蕭山祇園寺東塔佛像磚，背有文曰：‘弟子王林 / 并妻何四娘，闔家眷屬，舍净財捐施真身舍利塔佛磚一千五百尊，恐有多生罪障業障并願消除，承兹靈善，願往西方净土。戊午顯德五年十月 / 記。汪元青敬刻。’與《金石契》所載夏承厚造銅舍利塔文與字皆出一人之手。余歡喜無量，即製檀座供奉之。”

《蕭山縣志稿》卷八：咸豐十一年（1861）西塔“隨寺毁”，西塔基記、西塔舍利銅塔第二次出土。

1888年，光緒十四年，西塔第二次重修，西塔舍利銅塔第二次還藏。《蕭山縣志稿》卷八記載“光緒間僧普勤修”，下有按語云：“修西塔時舍利銅塔仍在。而西塔記已失，嗣得於西門外湯氏西山草堂，斷爲三，而無缺。仍鎮塔中。汪坤厚、陶浚宣有文記其事。”據光緒十六年（1890）普勤手記記載，光緒十四年“修西舍利塔，自三月間興工，五月二十五日獲見舍利寶塔現於西塔之頂。恭奉細瞻，寶塔高一尺二寸，闊六寸。其塔四方。鑄有戊午顯德夏承厚之願敬造”，“於七月十五日塔工告竣，處本寶塔上於塔之頂層”。

1966年，東、西兩座塔被人爲拆毁，西塔戊午顯德夏承厚款舍利銅塔第三次出土，東塔無銘舍利銅塔第一次出土，現藏蕭山博物館。

此件秋齋所藏拓本，爲1890年還藏前拓本。祇園寺塔自清中期以來屢經興廢，舍利銅塔等文物也多次還藏，是拓可謂是見證一段傳奇，可補史料之闕的珍貴歷史資料。

易大厂（1874—1941），原名廷熹，號季復、魏齋、韋齋等，廣東鶴山人。曾任暨南大學、“國立”音樂院教授等。

王蘧（1884—1944），原名世仁，字君演，後改字秋湄，號秋齋，廣東番禺人。畢生研究金石，收藏碑帖甚富，工詩詞書法，著有《章草例》《堂詩選》《秋齋遺墨》等。書法熟習各體，而章草尤爲傑出。民國後在廣州辦報，後又北上經營實業多年，在北京、天津南洋兄弟烟草公司擔任經理。晚年隱居蘇州、上海，潜心治學。

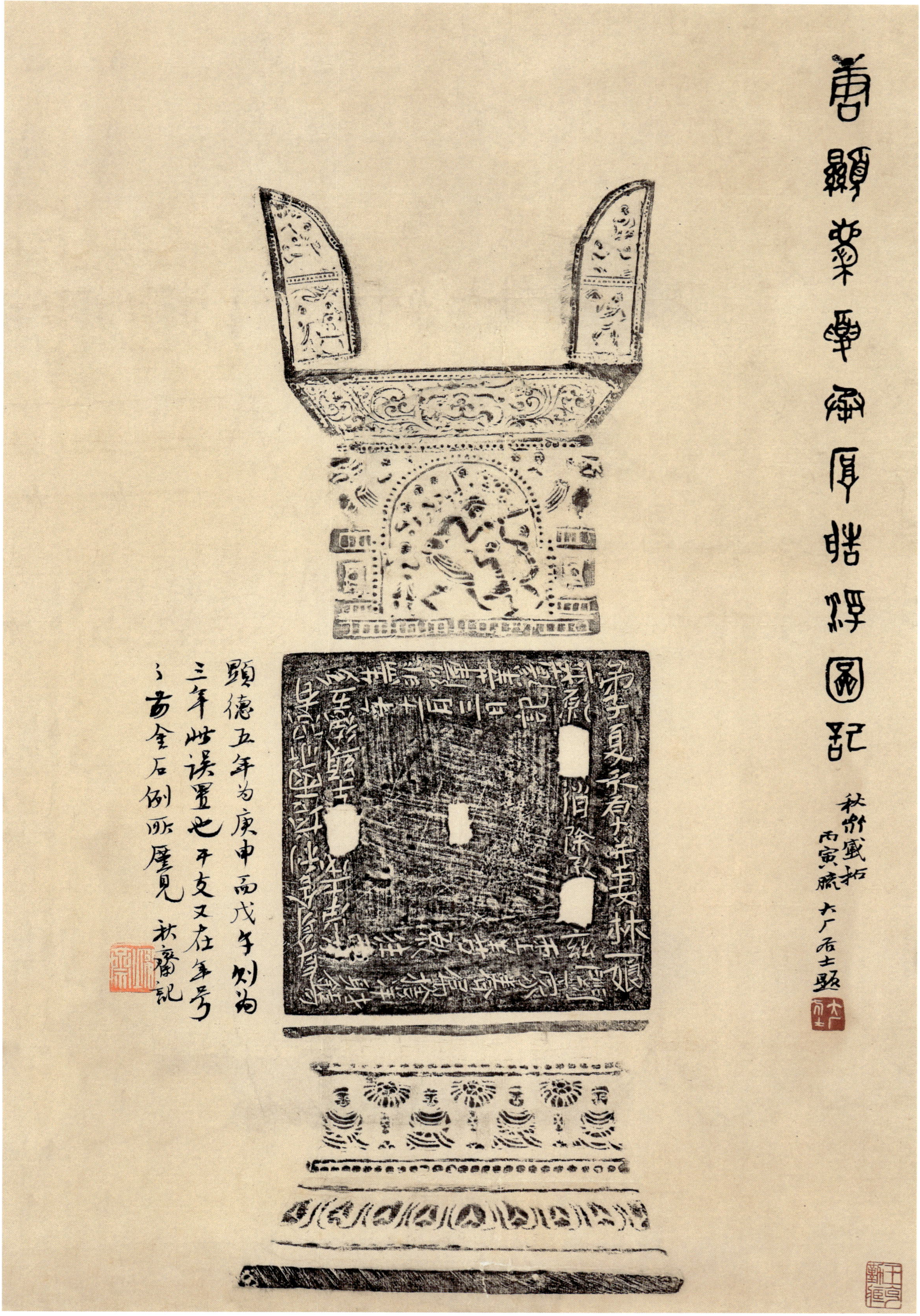

秋齋藏拓
丙寅臘 大厂居士題
顯德五年為庚申而戊午刻為三年此誤置也干支又在年号之前金石例所屢見 秋齋記

陳夢家、孫壯等跋　宋交子銅版拓片

1張　紙本

45cm × 68cm

鈐印：

友聲手拓

題識：

1. 宋交子銅版。尊古齋主人所藏。友聲仁兄屬。北平孫壯題。鈐印：孫伯巨

2. 傳世鈔版金元爲多。此南宋交子銅版，至爲可珍。我國紙幣之興，始於宋初，蜀民以鐵錢質重，私爲楮券以便貿易，謂之交子。逡官爲置物，禁民私造。高宗紹興六年二月詔置行在交子務，命榷貨務椿垛見錢造關子。卅年户部造會子見錢於城内外流轉，漸乃通行淮浙、湖北、京諸路。不特上供等錢許用，即民間典賣田宅、牛畜、車船亦許全用。以迄宋亡，未之或廢。其除四川外者則以川用鐵錢。大觀時改交子爲錢引，鐵賤銅貴不相通也。戊辰（1928）四月，商逸記。鈐印：孫壯印

3. 此宋鈔版，固與研究歷代鈔法大有價值，即其書法、刻畫亦可視作宋板書與宋畫也。民國三十七年（1948）三月，上虞陳夢家。鈐印：陳夢家印

提要：

交子，是世界上最早使用的紙幣。最初的交子由商人自由發行。北宋初年，成都出現了專爲携帶鉅款的商人經營現錢保管業務的“交子鋪户”。約1008年，成都16家官商聯合用楮樹皮紙印刷憑證，上有圖案、密碼、畫押、圖章等印記，面額依領用人所交現款臨時填寫，作爲支付憑證流通。存款人把現金交付給鋪户，鋪户把存款人存放現金的數額臨時填寫在用楮紙制作的卷面上，再交還存款人，當存款人提取現金時，每1000文收手續費30文。這種臨時填寫存款金額的楮紙券便謂之“交子”，又名“楮幣”。這時的“交子”只是一種存款和取款憑據，而非貨幣。後因發現發行商拮据或破産不能兑現而被禁止發行。

宋仁宗天聖元年（1023），政府在成都設益州交子務，由京官一二人擔任監官主持交子發行，并“置抄紙院，以革僞造之弊”，嚴格其印製過程。這便是我國最早由政府正式發行的紙幣——“官交子”。它比美國（1692）、法國（1716）等西方國家發行紙幣要早六七百年，因此也是世界上發行最早的紙幣。

是件爲宋代交子印刷銅版拓本，原器爲黄濬尊古齋舊藏。孫壯、陳夢家題跋。

孫壯（1879—？），字伯恒，號雪園，室名讀雪齋、玉簡草堂、澄秋館，直隸大興人。曾任北京商務印書館經理等職。對青銅器研究頗深。著有《集拓魏石經》《雪園藏吉語印譜》《讀雪齋藏吉印》《澄秋館吉金圖》等。

陳夢家（1911—1966），曾用筆名陳慢哉，浙江上虞人。著名古文字學家、考古學家、詩人。二十世紀三十年代曾與聞一多、徐志摩、朱湘一起被目爲“新月詩派的四大詩人”，是後期“新月派”享有盛名的代表詩人和重要成員。1929年在《新月》雜志發表處女作新詩《那一晚》，引起詩壇矚目。出版有《夢家詩集》《西周青銅器斷代》等。

黄濬（清），字百川，號齋衡，江夏（今屬湖北武漢）人。後居北京宛平，清末民國年間著名文物鑒藏家。清光緒二十三年（1847），在北京琉璃廠開設尊古齋古玩鋪，識鑒精確，收羅宏富。著有《尊古齋古鉥集林》《衡齋藏印》《衡齋金石識小録》《尊古齋造像集拓》《尊古齋陶佛留真》等。

宋交子銅版

尊古齋主人所藏
炎黻仁兄屬
北平孫壯題

此宋鈔版固可研究歷代鈔法大有價值即其書法刻畫亦可視作宋板書與宋畫也
民國三十七年三月 上虞陳夢家

傳世鈔版金元為多此南宋交子銅版尤為可珍我國紙幣之興始於宋初蜀民以鐵錢質重私為楮券以便貿易謂之交子逮官為置務禁民私造高宗紹興六年二月詔置行在交子務令榷貨務樁垛見錢造關子卅年戶部造會子見錢於城內外流轉漸乃通行淮浙湖北京諸路不特上供等錢許用即民間典賣田宅牛畜車船亦許全用以迄宋亡未之或廢其除四川外者則以川用鐵錢大觀時改交子為錢引鈔賤銅貴不相通也

戊辰四月 商遂記

翁方綱、桂馥等跋　翁方綱手拓蘇東坡超然臺題名

1軸　紙本

38.5cm×32.5cm

鈐印：

督學山左

題簽：

超然臺題字。可翁題簽。時丙子□月。

題識：

1. 乾隆壬子（1792）春三月廿八日，蘇齋學人北平翁方綱按試萊州，道出諸城，登超然臺，拜坡公像。因手量石勢拓此，并語邑令作亭覆之。鈐印：蘇齋金石文

2. 蘇公題名善本。桂复記於掖縣學舍。後來拓者放此妙妙。鈐印：冬卉

3. 此本視向所拓特嘉。覃溪先生按試東萊，携此見惠，并得張壽碑及河清三年造像記。濆井復民桂复。鈐印：复香

4. 丙子（1936）夏四月二日含光、雲程召飲棲雲山館。荔孫携此見視，因得拜觀。坐上主人外，同觀者休庵、湘亭、蔭棠、稚甫凡七人。高郵宣哲敬題。

5. 超然臺題字，凡九字，左行，仿鶴銘法也。坡公本能分書，此疑出公手筆。拓本精善，又得冬卉、覃溪題識，彌可寶矣。荔孫仁兄屬題。延韡。鈐印：君燕

提要：

超然臺位於山東諸城市内，爲北宋熙寧八年（1075）蘇軾任密州（治所在今山東諸城）太守時所建。蘇東坡"超然臺"題名，隸書三行共九字，左行文曰"禹功、傳道、明叔、子瞻游"。此題名爲八分書，在蘇東坡字迹中少見，是研究東坡書法的重要材料。

"超然臺"題名原石不知去處，是拓爲翁方綱在乾隆五十七年（1792）督學山左時手拓并題字鈐印，後將拓片贈與桂馥，桂氏隸書題字又兩次題記以叙其事。此拓向達先生舊藏，1957年購得，事見《文物》雜志1979年第6期。

翁方綱（1733—1818），字正三，一字忠叙，號覃溪，晚號蘇齋，順天大興人。乾隆十七年（1753）進士。歷任廣東、江西、山東三省學政，官至内閣學士。精通金石、書畫、詞章之學，著有《蘇米齋蘭亭考》《復初齋詩文集》等。

桂馥（1736—1805），字未谷，一字冬卉，號雩門，别號蕭然山外史，又自刻印曰濆井復民，山東曲阜人。乾隆五十五年（1790）進士，官雲南永平縣知縣。精於金石考據、篆刻、書法，著有《説文義證》《繆篆分韻》等。

宣哲（1866—1943），字古愚，一字愚公，江蘇高郵人。近代詩人、書畫家、鑒賞家、收藏家。清光緒三十三年（1907）任京師檢察廳檢察官。長期寓居滬上。擅山水，富收藏，精鑒别，曾與黄賓虹結爲貞社，各出金石書畫。有《寸灰集》。

陳延韡（1879—1957），號移孫，字含光，以字行，江蘇揚州人。出生淮揚世家，與繆荃孫、楊度等纂修《清史稿》。詩書畫并稱三絶，著有《人外廬文集》《含光詩乙集》《含光駢體文稿》《讀史隨筆》等。

向達（1900—1966），字覺明，筆名方回、佛陀耶舍，湖南溆浦人。1919年考入南京高等師範學校，後任商務印書館編譯員、北平圖書館編纂委員會委員兼北京大學講師。1935年至牛津大學鮑德利（Bodley）圖書館工作；檢索敦煌寫卷和漢文典籍，1937年赴德國考察劫自中國的壁畫寫卷。1938年回國後歷任浙江大學、西南聯合大學、北京大學教授。

出版：

《文物》雜志1979年第6期。

丙子夏四月二日會光雲程呂飲樓雲山館荔孫攜此見眎因
得拜觀坐上主人而同觀者休庵湘亭蔭棠雅甫凡七人
高郵宣抃敬題

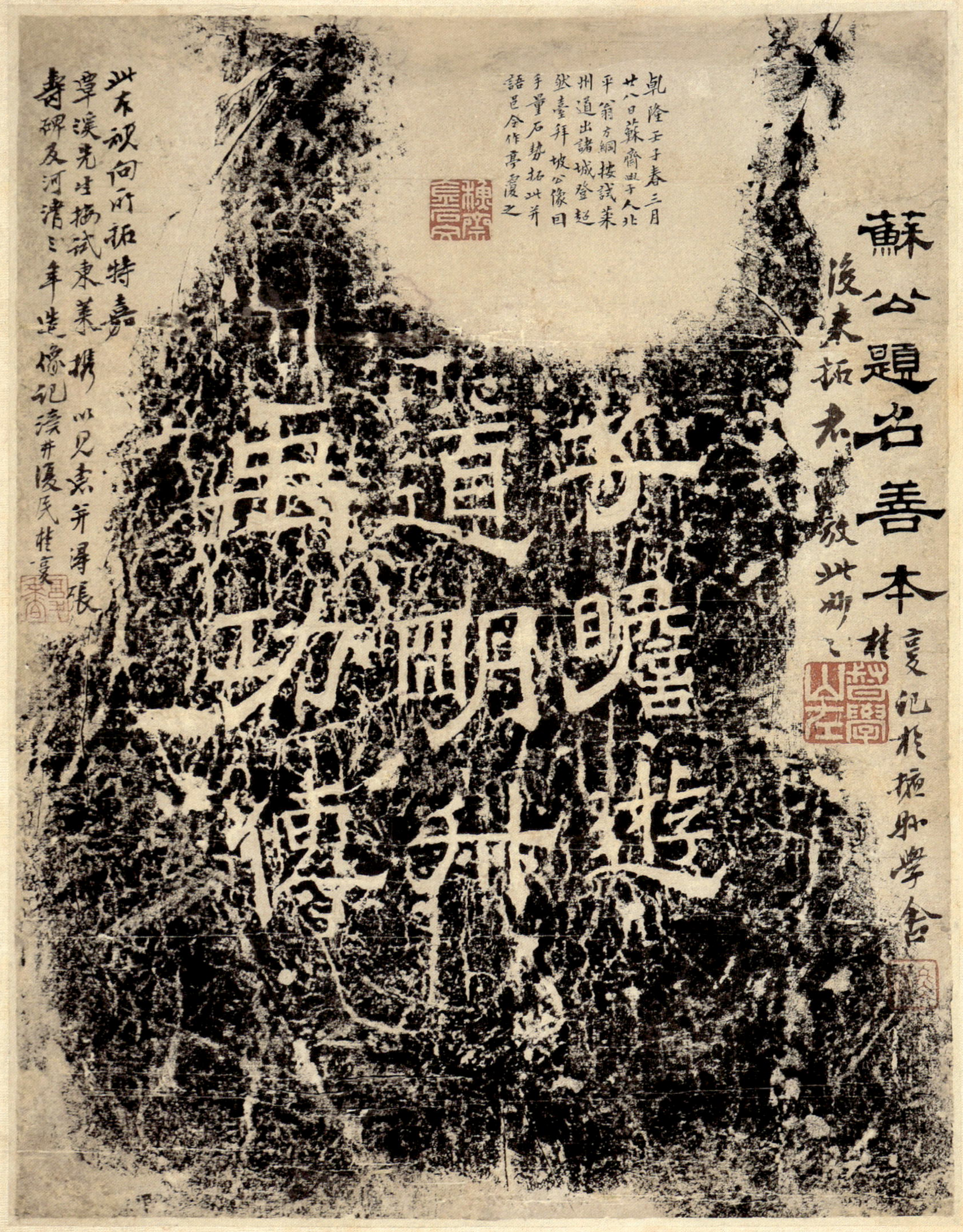

蘇公題名善本

後來拓者不及此冊之 桂馥記於桓東學舍

乾隆壬子春三月廿八日蘇齋學士人北平翁方綱按試萊州道出諸城登超然臺拜坡公像因手量石勢拓此并語邑令作亭覆之

此本視向所拓特嘉
覃溪先生按試東萊攜以見索并得張
壽碑及河清三年造像記遂并復之 桂馥

超然臺題字凡九字左行仿鶴銘法
也坡公本能分書此疑出公手書華拓
本精善又得冬卉覃溪題識弥可寶
矣 荔孫仁兄屬題 延鏻

趙然臺題字凡九字左行仿鶴銘法
也坡公本能分書此疑出公手書筆拓
本精善又得冬井覃溪題識彌可寶
矣 荔孫仁兄屬題 延鍏

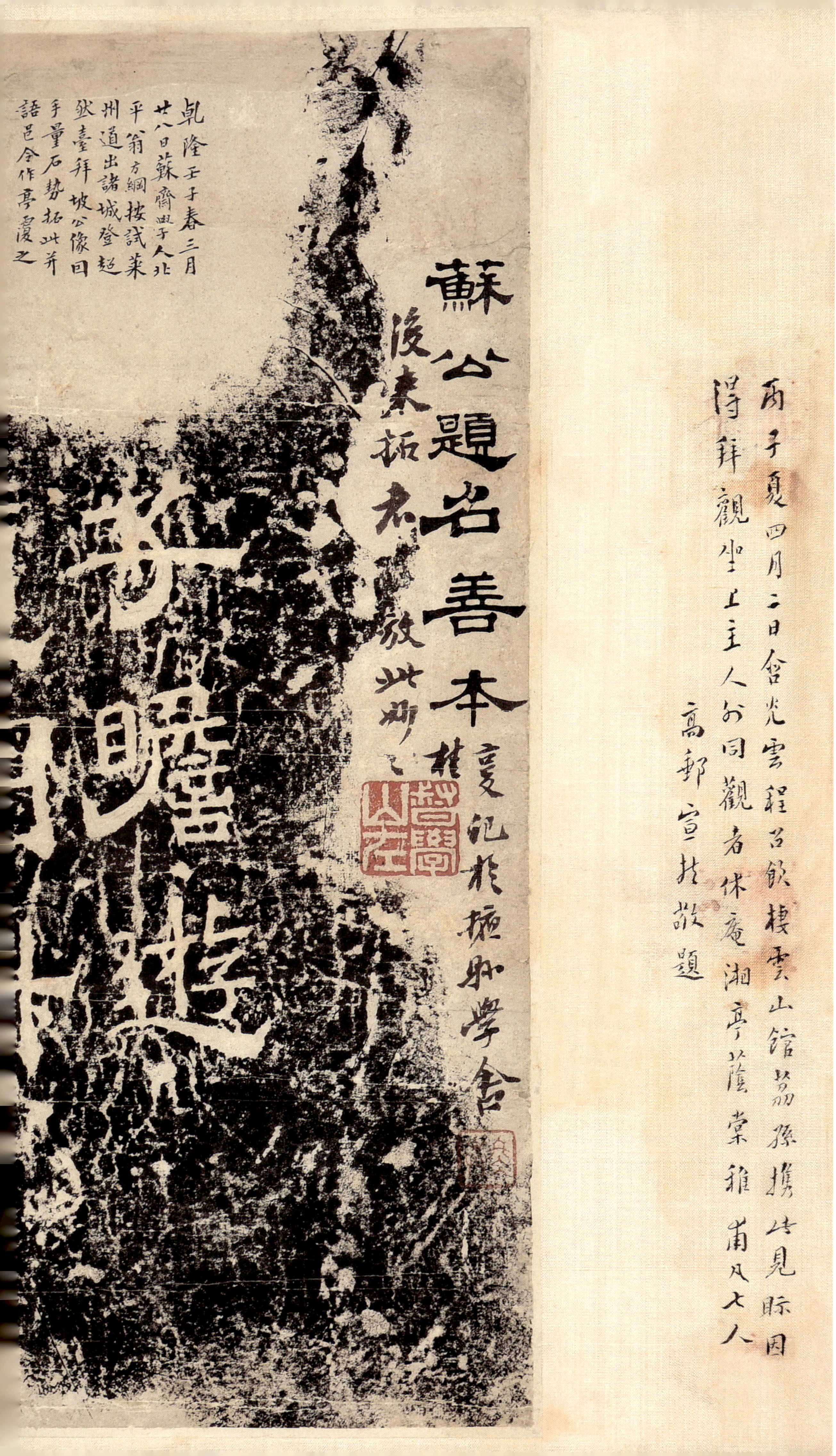
蘇公題名善本
乾隆壬子春三月廿八日蘇齋與子八兄北平翁方綱按試萊州道出諸城登超然臺拜坡公像因手量石勢拓此并語邑令作亭覆之
丙子夏四月二日會光雲程召飲棲雲山館翁孫携此見眎因得拜觀坐上主人與同觀者休庵湘亭蔭棠雅甫凡七人
高郵宣

張廷濟、趙之琛、釋達受等跋　徐同柏藏元代虹橋題柱銘拓

1 册 12 開　紙本

27cm × 22.5cm，21cm × 62cm（拓片）

鈐印：

虹橋舊氏、徐同柏、徐壽臧

題簽：

虹橋題柱册子。徐籀莊先生自藏，孈叟得於蘇臺。鈐印：中立印

題識：

1. 虹橋題柱。籀莊徐甥先世居虹翔里。近於里之虹橋訪得元至正甲辰題柱，可續入《兩浙金石志》，不止爲君家舊里添一故實。道光十四年（1934）甲午夏日。叔未張廷濟。鈐印：新篁里、張叔未、廷濟

2. 道光甲午（1834）秋八月望後四日，壽臧兄丈携是拓適補羅迦室，相與共賞漫記。弟之琛。鈐印：趙之琛印

3. 於里中搜拓宋元橋柱題名。沈姨夫紀鴻廣文（名銘彝，號竹岑）自竹林村來新篁里，過湧卍禪院（是尼庵土名停子橋廟）前得見咸淳四年戊辰題名始，其後吾家從兄逢原明經（名灝）訪出錢纂廟西橋。王心耕弟上舍（名福田）訪出西沈橋。王天自弟上舍（名福申）訪出茅橋。沈紀鴻又訪出徐家橋。余從平湖歸舟過淨相寺前香華橋訪出至治二年壬戌之題。季勤四弟沅訪出兒橋。逢原之子讓木（名兆枏，國子生）往拓之。王心耕又訪出曹村涇橋之北柱。讓木又訪出曹村涇橋之南柱。徐外甥壽臧明經訪出虹橋至正甲辰題名最在後，而題字却最多最精。是時每訪一題，群相告語，拏舟氊蠟，惟恐不及。以後興少衰減，置閣不講者又閱有年。所頃心耕以所裝卷册索余題，余興發，檢舊所存者亦裝一册，拓有不足則心耕與壽臧檢贈以充，而壽老又以此册屬書詩，成自一笑。故疾逢蝦蟹，古今未免同癖。然回憶曩日儕輩八人，今惟季勤、壽老、心耕與余在，而逢原、讓木、紀鴻、天自俱作古人。曾幾何年，星移物换，對之真不能不感。大清道光二十四年（1844）甲辰十二月十六日，嘉興里仁鄉七十七歲老者張廷濟叔未甫。鈐印：眉壽老人、嘉興張廷濟叔未甫

4. 籀莊表兄拓虹祥里虹橋題柱，裝册并詩見示，繼賦此歌，請大雅削政。柳姑廟後西勝里，大樹一村吾舊宅（先曾祖自大樹村西宅始遷海鹽安仁里張村張宅。見《至元志》）。百年婚媾結虹祥（里中周氏，先高祖暨先叔祖叔父并娶之。五世從祖始又歸於周），文物蒼涼淪行迹。邇來族誼聯竹田（謂叔未叔），丁溪溪南話疇昔。徐家父子敦氣誼（君家於先徵士敦道義交二世矣），雅好勤勤録金石。語我近從舊里過，虹橋至正年歷歷。所關文獻桑與梓，羅列宋元諸橋刻。諸刻已登著作林，此橋獨賴君詩力。君家家世遠且長，

遷徙以來詳考覈。題橋迄今五百年，奕萃君家垂世德。我讀遺文續舊譜，一櫂晴虹溯來客（虹月滄江夜泊船，君贈開福句也）。道光甲午（1834）秋七月二十日，石匏弟張開福呈稿。鈐印：石匏、張開福印

5. 履仁多古橋，宋元題柱七（新篁里，嘉興里仁鄉管里，《至元嘉禾志》作“履仁鄉”。里北停水庵橋有宋咸淳四年題柱；淨相寺橋有元至治二年題柱；倪橋有元泰定元年題柱；里西西勝橋有元延祐四年題柱；茅橋有元泰定元年題柱；里東錢纂廟橋有元至正二年題柱；又里西北竹林里徐家橋有元皇慶元年題柱），昔年歐趙侶，先後搜尋得（嘉慶初，舅氏張叔未解元、姨丈沈竹岑廣文暨王鉏園、張讓木兩上舍訪得。時太守長白伊公耐園修《嘉興府志》，令尹山西司公可亭修《嘉興縣志》，并采入金石門）。虹祥吾枌榆（虹

祥里亦履仁鄉管里，在新篁里西北十餘里，余家自南宋後世居其地，明末六世祖始遷海鹽南塘，國朝康熙時先曾祖移居新篁里丁字溪南），扁舟時省識。茲從橋下過（橋在虹祥里南，今名祥虹橋，又名北安橋。據橋柱題字，舊名虹橋），瞥見元時刻。上云鼎新建，畊雲一僧力。有寺名普榮（今名普雄庵，在虹祥里西），維時主其職。下雲頌禱爾，福壽永無極。嵐山暨滄海，俚語劇麗則。四行卅三字，至正甲辰勒。距今五百年，不受風霜泐。伊余空好古，片石未獲一。從然永豐鄉，雙柱事拂拭（虹祥里西北石佛寺曹村涇橋，元至正九年所題，兩柱并有嘉興路嘉興縣永豐鄉字，余曾拓其文附履仁鄉石刻後）。茲石豈有知，屹立先塋側（橋北爲十五世祖、十四世祖、十三世祖暨十三世伯祖墓，有石屋半見土中）。拓文亟攜歸，寶之同世德。道光壬辰（1832）四月十二日，舟過虹祥里，於虹橋訪得元至正甲辰題柱，詩以記之。越三年甲午（1834），拓寄諸同好，因裝是本而録舊稿於後。三月廿七日，籀莊徐同柏。鈐印：徐同柏印、籀莊

兒橋（當作泰定二年）。嘉慶初，張叔未舅氏、季勤舅氏、王心耕同門暨張逢原舅氏、沈竹岑姨丈、張讓木表弟、王天自同學訪得。祥虹橋當作瑞虹橋。不受風霜泐（"泐"改作"蝕"）。橋北爲十四世祖、十三世祖暨十二世伯祖叔祖墓。

6. 道光戊戌（1838）三月望，買櫂新篁里訪未翁於清儀閣，得晤壽莊先生，出贈此虹橋柱題記。余於庚寅歲舟過吾杭臨平鎮，手拓至正庚寅年中毛橋題字。茲秋行脚吴下，吴君靜軒偕游光福元墓諸勝，歸塗訪尋至正間橋腹題名，就余所寓目者及此可稱鼎足，俟補入《兩浙金石志遺》。滄浪亭掃葉僧達受志。鈐印：釋達受

7. 籀莊表兄先生家世虹灘（虹祥里一名虹瑞，又名虹水灘），遷來竹里（即篁里），寫冰斯之篆，款積等身。訪碑碣之文，屐曾幾量。頃臨陋室，複示古鐫，石刻未磨，喜當祖隴。瑤章先奏，命綴蕪詞。卅三字點畫具存，五百年滄桑已閲，蓋即元至正甲辰虹橋題柱拓本册也。夫帖刻換鵝，沉淪沙漠，銘鐫瘞鶴，漂没波濤。風霜兵燹之屢經，高劍孔履之都失。而此三溪水碧（在虹祥里），虹卧渡頭，一柱苔蒼，鴻留雪爪。幾費高齋之燕賞，頗供名士之塵談。梓里舊刊，録可入歐陽之《集古》，而洞庭夷迹，事益悟曹毗之全真。雖然劍弆獄中，觀氣須逢雷令，桐焦爨下，知音幸遇中郎。苟非米老之好奇，幾昧慧能之宗法。蘚苔剔去，迹顯墓門，金石志來，典增邑乘。不愧綱羅於司馬，真愛矍鑠之徐陵。異日者，鄉邇履仁，濱遵環秀（虹祥里有"三溪環秀扁"，明中書王龍池化書）。孔武仲不辭穿絶，謝臨川益事造幽。僧榻禪關，茶烟裊晚，蜂腰雁齒，芒屩衝寒。未必無沉谷之遺碑，更費倡藏山之巨製。枯笻三尺，君請窮隱泉（在篁里劉家濱）來鶴（來鶴灘亦虹祥里別名）之區，花管一枝，僕殊慚鮑俊庾新之作。道光乙巳（1845）立夏日。慕劉張國楨。鈐印：國、楨、慕劉初稿

提要：

本册爲道光十二年（1832）嘉興徐同柏於嘉興虹祥里虹橋訪得元至正甲辰臘月題柱銘，銘文曰："普榮寺、畊雲寺主鼎新一力建造，虹橋壽比嵐山福如滄海。"徐同柏將此拓裝册，賦詩爲志，并邀請舅父張廷濟、金石好友趙之琛、釋達受、張開福等賦詩題記。張廷濟和徐同柏的題識中詳細記叙了其家族内的至親好友八人，相偕先後訪古搜拓嘉興履仁鄉新篁里周圍的宋元古迹，共發現七處題柱，其中尤以此件虹橋至正甲辰題銘題字最多也最精。他們的訪古所得均已收録入《嘉興府志》和《嘉興縣志》的金石門。此册彙集了張廷濟、趙之琛、張開福、徐同柏、釋達受、張國楨等道光間金石名家的墨迹長跋，更難得在於以實物和文字的形式記録了晚清金石學者的金石考證與訪碑實踐，以及方志編纂對於金石新發現在體例上的拓展。

徐同柏（1775—1854），原名大椿，字籀莊，號壽臧，浙江嘉興貢生。承舅氏張廷濟指授，精研六書篆籀，多識古文奇字。張廷濟得古器必偕與考證。工篆刻，張廷濟所用印多出其手。著有《從古堂款識學》十六卷、《從古堂吟稿》等。

張廷濟（1768—1848），字順安，號叔未，晚號眉壽老人，浙江嘉興人。精金石考據之學，尤擅文物鑒賞，能辨其真僞，别其源流。收藏鼎彝、碑版甚多。著有《清儀閣所藏古器物文》《清儀閣金石題識》等。

趙之琛（1781—1860），字次閑，號獻父，亦作獻甫，又號寶月山人，齋號補羅迦室、萍寄室、退庵等，浙江杭州人。清代著名書畫家、篆刻家，爲西泠八家之一。存世有《補羅迦室集》《補羅迦室印譜》等。

張開福，字質民，號石匏，浙江海鹽人。張燕昌子。諸生。精金石，善鑒别彝碑版，兼善書畫，尤工寫蘭，亦工刻竹。嘗客游陝西，歸後自號太華歸雲叟。著有《石匏小稿》。

釋達受（1791—1858），僧人，字六舟、秋檝，自號萬峰退叟，浙江海寧人。工書畫，精鑒賞古器、碑版。阮元以"金石僧"呼之。間寫花卉，得徐渭縱逸之致。亦善刻竹，摹拓彝器，時稱絶技。

張國楨，字慕劉，浙江嘉興人。張沅子，張廷濟侄。附貢生，候選訓導。

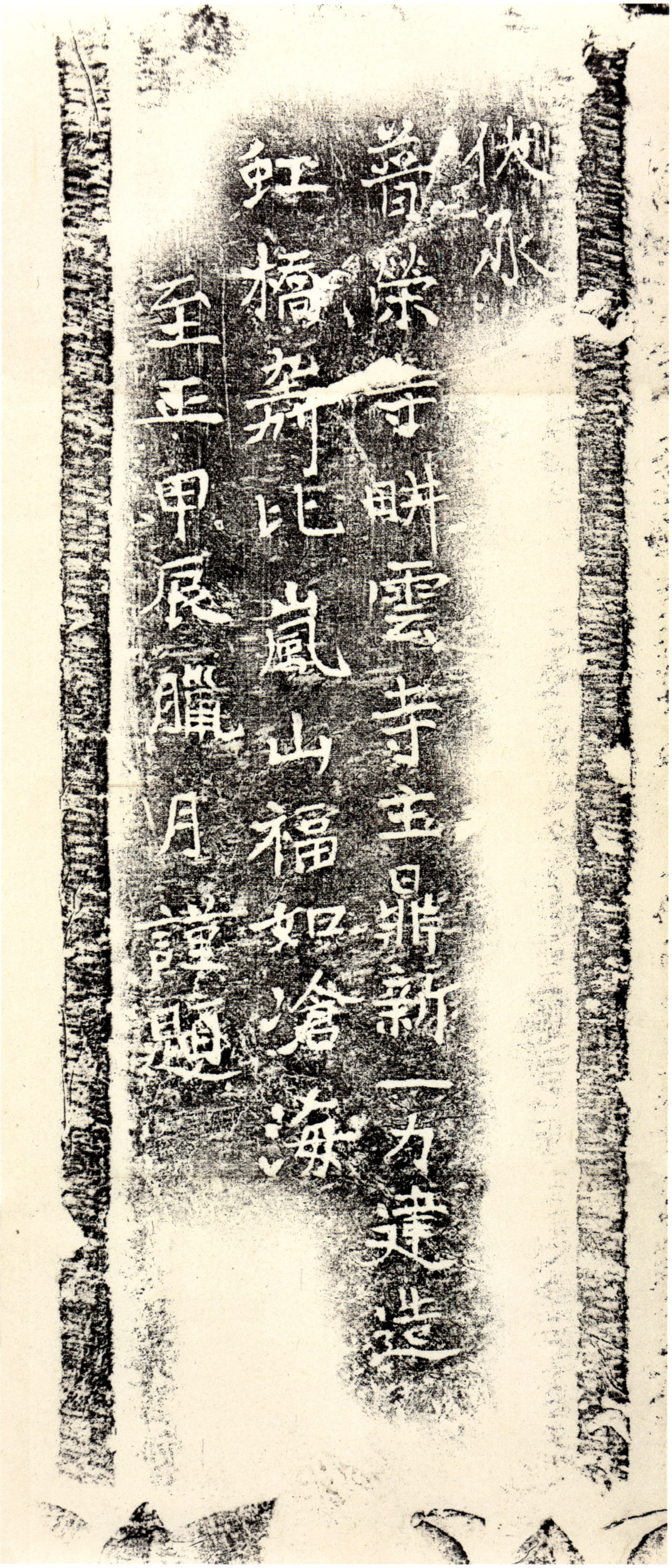
伏承
普榮寺畊雲寺主日新一力建造
虹橋壽比嵐山福如滄海
至正甲辰臘月　謹題

虹橋

題柱

穡莊徐錫生世居虹橋近
於里之虹橋訪得元至正甲辰
題柱可續入兩浙金石志至正為
君家篤星孫一拔寶
道光十四年甲午夏日
林末張壽

道光甲午秋八月望後三日壽藏先丈攜是拓
過補羅迦室相與共賞爲記 易之璟

於里中搜拓宋元橋柱題名沈姊夫紀鴻廣
文（名銘彝，號竹岑）自竹林村尋新篁里高過湧卍禪院
是庄庵上名傳子橋廟前得見咸淳四年戊辰題名以其
後吾家從兄逢原（名經，明名灝）訪出錢篡廟
西橋王心耕華上舍（名福田）訪出西沈橋王天自
華上舍（名福中）訪出茅橋沈紀鴻又訪出徐家
橋余從平湖陶舟過淨相寺前喬之壽橋

季勤四弟沅訪出兒橋
訪出至治二年壬戌之題逢原之子謙木（名兆桐，國子生）訪出兒橋（祉柘之）王心耕又訪出曹村涇橋
之北柱謙木又訪出曹村涇橋之南柱徐外甥
壽藏明經訪出虹橋至正甲辰題名最在
後而題字都最多最精是時吾訪一
題羣相告語舉舟穢蠟惟恐不及以後
與少耆賊置閣不講者又閣有年似須

心耕以所藏紫芝冊索余題余與芳檜
舊日所存者而紫芝一冊拓有不足則心耕與
壽藏檜贈以充予壽老又以此冊屬老詩
成自一喙故疾逢蝦蟆古今未免同癖
並回憶曩日偕紫八三七人今惜壽勤壽老心耕與之年
在與逢原謙木紀鴻天自憺作古人曾無
得年星移物換對之真不無感

大清道光二十四年甲辰十二月十六日
嘉興里仁鄉七十七歲老者
張廷濟叔未甫

籀莊表兄拓虹祥里虹橋題柱裒冊並
詩見示繼賦此歌請大雅削政
柳姑廟後西滕里大樹一株吾舊宅先曾祖臭
封村西宅始遷海鹽安仁里張邨張宅見至元志百年婚媾結虹祥里中周氏先高祖息
先妣祖妣父茲駿之父五世從祖姑又歸于周文物蒼涼淪行迹遍來
族誼聯竹田謂妣未妣丁谿之南謐疇昔徐家
父子敦氣誼君家於先徵士敦道義交二世矣雅好勤之錄金
石語我近從舊里過虹橋至正年歷之所關文獻宗
與梓羅列宋元諸橋刻諸刻已登著作林此橋
獨賴君詩力君家之世遠且長遷徙以來詳攷覈
題橋迄今五百年實業君家乘世德我讀遺文
續舊譜一櫂晴虹源來客虹月滄江夜泊船君贈開福句也
道光甲辰秋七月二十日石舫弟張開福草稾

儇仁多古橋宋元題柱七新篁里嘉興里仁鄉管里至元嘉禾志從儇仁鄉里北停水庵橋有宋咸淳四年題柱淨相寺橋有元至治二年題柱倪橋有元泰定元年題柱西二勝橋有元延祐四年題柱萬橋有元泰定元年題柱里東錢纂廟橋有元至正二年題柱又里西北竹林里徐家橋有元皇慶元年題柱晉年歐趙侶先後搜尋得嘉慶初舅氏張芸未解元姨丈沈竹岑廣文泉王鉏園張讓木兩上舍訪得時太守長白伊公耐園修嘉興府志令尹山西司公可亭修嘉興縣志竝采入金石虹祥吾粉榆虹祥里亦儇仁鄉管里在新篁里西北門十餘里余家自南宋後世居其地明末六世祖始遷海鹽南塘國朝康熙扁舟時省識茲從時先曾祖移居新篁里丁字谿南橋下過橋在虹祥里南今名祥虹橋又名北安橋据橋柱題字舊名虹橋嘗見元時刻

上云鼎新建畊雲一僧力有寺名普榮今名普雄庵在虹祥里西維時主其職下云頌禱爾福壽永無極嵐山泉滄海俚語劇麗則三行卅三字至正甲辰勒距今五百年不受風霜泐伊余空好古片石未獲一諟朕永豐鄉雙柱事拂拭虹祥里西北石佛寺曹邨涇橋元至正九年所題兩柱竝有嘉興路嘉興縣永豐鄉字余曾拓其文附儇仁鄉刻後石茲石豈有知此立先塋側橋北為十五世祖十四世祖十三世祖泉十三世伯祖墓有石屋半見土中拓文亟攜歸寶之同世德

道光壬辰四月十二日舟過虹祥里於虹橋訪得元至正甲辰題柱詩以紀之越二年甲午拓寄諸同好因裝是本而錄舊稿於後 三月廿七日籀莊徐同柏

兒橋當作泰定二年

嘉慶初張芣未舅氏李勤舅氏王心耕同門自然張逢原舅氏沈竹岑姨丈張讓木表弟王天自同學訪得

祥虹橋當作瑞虹橋

不受風霜泐 泐改作蝕

橋北為十四世祖十三世祖自然十二世伯祖林祖墓

道光戊戌三月望買櫂新篁里訪未翁于清儀閣得晤壽莊先生出贈此虹橋柱題記余于庚寅歲月過吾杭臨平鎮手拓至正庚寅年中毛橋題字茲秋行脚吳下吳君靜軒偕游光福元墓諸勝歸途訪得至正間橋腹題名就余所寓目者及此可稱鼎足俟補入兩浙金石志遺

滄浪亭掃葉僧達受志

籀莊表兄先生家世虹灘（虹祥里一名虹灘又名虹水灘）瑞遷來竹里

（即篁里）寫冰斯之篆款積等身訪碑碣之文屐曾幾量頃

臨陋室復示古鐫石刻未磨喜當祖瓏瑤章先奏命綴

蕪詞卅三字點畫具存五百年滄桑已閱蓋即元至正

甲辰虹橋題柱拓本冊也夫帖刻換鵝沈淪沙漠銘鐫

瘞鶴漂没波濤風霜兵燹之屢經高劍孔履之都失而

此三谿水碧（在虹祥里）虹臥渡頭一柱苔蒼鴻留雪爪幾費

高齋之燕賞頻供名士之麈談梓里舊刊録可入歐陽

之集古而洞庭夷迹事益悟曹毗之全眞雖然劍弃獄

中觀氣須逢雷令桐焦爨下知音幸遇中郎苟非米老

之好奇幾昧慧能之宗法蘚苔剔去蹟顯墓門金石志

來典增邑乘不愧網羅於司馬眞愛矍鑠之徐陵異日

者鄉遡履仁濱遵環秀（虹祥里有三谿環秀扁明中書王龍池化書）孔武仲

不辭穿絕謝臨川益事造幽僧榻禪關茶煙裊晚蜂腰

鴈齒芒屩衝寒未必無沈谷之遺碑更費倡藏山之巨

製枯笻三尺君請窮隱泉（在篁里劉家濱）來鶴（來鶴灘亦虹祥里別名）之

匾花管一枝僕殊慚鮑俊庾新之作

道光乙巳立夏日　慕劉張國楨

金石壽、朱劍芒等題識　葉恭綽舊藏明朱舜水犀角杯銘拓

1 册　紙本

16cm × 29.7cm

鈐印：

金石壽印、金石壽、吴人、東吴金石壽審定藏物、吴郡、愁邑令長、段盦

題簽：

明朱舜水先生犀杯銘搨本。石壽題。鈐印：金石壽印

題識：

1. 明朱舜水先生自製犀杯銘，葉遐庵藏器，石壽題，丙子（1936）七月。鈐印：金石壽

2.（葉恭綽致黄萍蓀書）頃誦《越風》第十三期《朱舜水之海外因緣》一文，采擷甚富。綽數年前曾得舜水犀杯一事，四周刻舜水自製銘，擬詳爲考證并徵題咏，卒卒未暇，兹先將銘詞拓奉，冀登入《越風》，以增觀感。再《舜水遺集》除排印本外有無佳刻，并祈指示爲荷，專布，敬頌台安。葉恭綽上，五月廿四。

3. 朱之瑜，字魯璵，號舜水，明浙江餘姚人。清兵陷南都，避地交趾，旋還舟山，往日本乞師。日本水户藩主德川光國賓遇之，敬禮有加，然乞師之舉終不就，遂卒於日本，年八十二，日本學者私謚文恭先生。著有《舜水文集》，公精研六經，學無不通，有裨於日本學術不尠。墓在日本茨城縣久慈郡瑞龍山，殁有數年，有張斐者慕公高義追蹤而至，爲文以祭之。斐字非文，著有《莽蒼園文稿》，水藩梓以行世。後餘杭章太炎（炳麟）重爲排比，始得流傳中土。今日人已將《舜水全集》刊行，所謂飲水思源者也。香山曼殊大師蘇玄瑛所撰《燕子龕隨筆》載有《舜水》五古一首，云："九州如瓦解，忠信苟偷生。受詔蒙塵際，晦遁到東瀛。回天誅未就，長星夜夜明。單身寄孤島，抱節比田横。己聞鼎命革，西望獨吞聲。"兵當日眷懷君國之志，鬱而不申，可哀也已。按公以崇禎十七年即日本正保元年，值胡人披猖之際，孑身遠航長崎，欲作秦庭七日之哭，竟不果。其志迨日本萬詒三年而明社屋矣。公以亡國遺民，恥食二朝之粟，遂流寓長崎，以其地與鄭成功平户誕生處近也。後德川氏聞之，遣水部儒臣聘爲賓師，尤殫禮遇。公遂傳王陽明學於日本，公與陽明固同鄉也。公既殁於日本，其墓遂葬於日本茨城縣久慈郡之瑞龍山上。此爲公自製犀杯銘，刻辭其文曰："號通天，堅不朽，制巨觥，飲旨酒，操非觚，酌如斗，實能容，虚以受，助清吟，祈黄耇，口澤存，長衮守。朱之瑜爰退老社長壽。"計四十五字，銘詞均三言。此杯後歸番禺葉遐庵君（恭綽）珍藏，丙子五月拓寄杭州黄萍蓀君創編之《越風》半月刊，

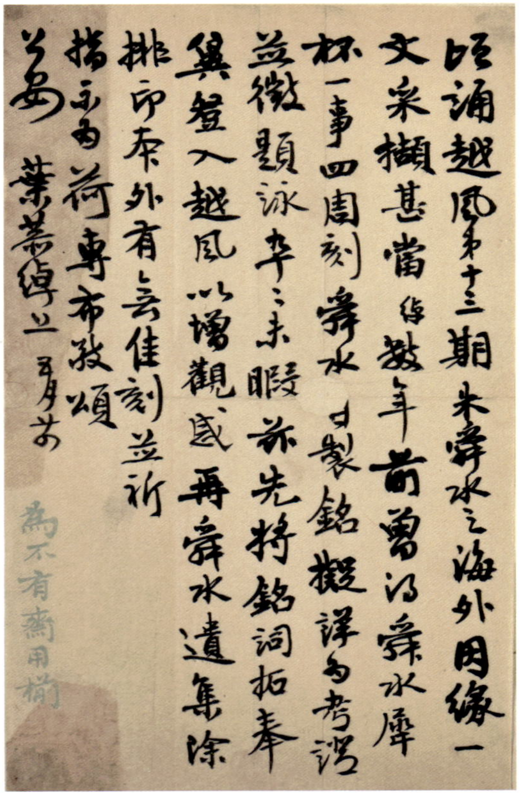
頃誦越風第十三期朱舜水之海外因緣一文采擷甚當綽數年前曾得舜水犀杯一事四周刻舜水自製銘擬詳爲考證并徵題詠卒卒未暇茲先將銘詞拓奉冀登入越風以增觀感再舜水遺集除排印本外有無佳刻并祈指示爲荷專布敬頌台安 葉恭綽上 五月廿四

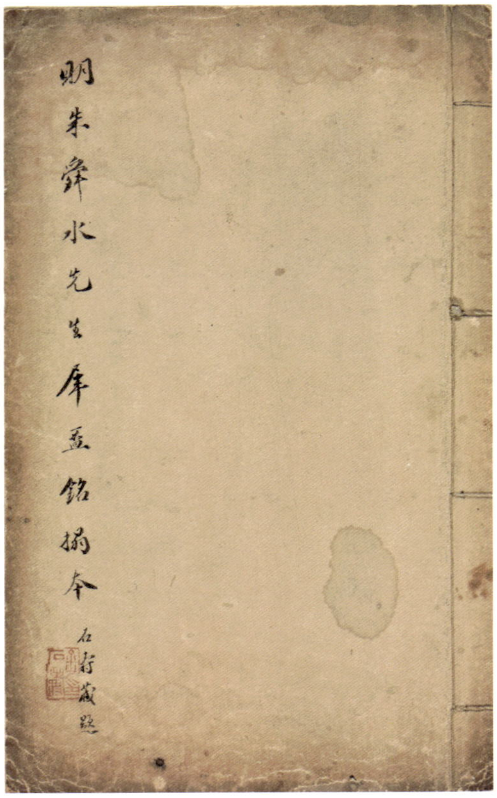
明朱舜水先生犀盃銘搨本 石壽藏題

屬爲登載以增感懷先哲之情。黄君旋以葉君所寄拓片及原函轉以見貺，因黏訂此册珍而藏之。遐庵原書并附册端，時爲丙子七月既望。後遭國難抗戰，余携家亦隨兩浙鹽務管理局播遷浙南麗水、永康、龍泉等處，於戊寅己卯之際曾倩長沙彭綏民（福黎）、吴江朱劍芒（大赤）兩君加以題咏，余亦嘗有一絶并附於後，俟遇博雅，尚當廣請加墨以彰忠臣節義之興，河山日星永垂不朽焉。庚寅仲春觀世音菩薩誕辰前一日，坐西泠三不室雨窗捉敗筆，重録拙跋一過，磊之册尾并記歲月。東吴後學三不居士金石壽敬識。鈐印：吴人、金石壽

4. 國亡欲灑秦庭淚，壯願難酬痛奈何。遥想茨城埋骨所，忠魂永悼漢山河。庚寅仲春録丙子孟秋舊題此丹句於杭州三不室。東吴後學金石壽謹記。鈐印：稅庚後裔、三不居士

5. 去國身長隱，回天力已窮。鼎湖萬里淚，瀛海五更風。絶學傳聲遠，銘杯染翰工。斯人今不作，徒此仰孤忠。長沙彭福黎敬題。鈐印：彭

6. 浮海倉皇日，先生恨若何。難存明社稷，只戀漢山河。舉國心皆死，千秋志不磨。鐫杯留手澤，珍比夜光多。己卯（1939）初冬吴江朱劍芒敬題。鈐印：朱劍芒

提要：

此件緣起於1936年《越風》雜志第十三期登載的胡行之的文章《朱舜水之海外因緣》。《越風》於1935年10月在杭州創刊，是一份文史類的半月刊物，由黄萍蓀主編，1937年停刊。

1936年，葉恭綽看到《越風》第十三期登載的《朱舜水之海外因緣》這篇文章之後，便專門將自己收藏的明代犀角杯上朱舜水的銘文拓印下來寄予黄萍蓀，希望登入《越風》以增觀感。葉恭綽在其《遐庵談藝録》中記載："余往年於滬市得一犀角杯，制甚渾樸，無雕鏤，僅刻銘詞四十五字。皆篆文，但非大篆，亦非小篆。明代人作篆，大多如是。朱之瑜舜水遺物極稀。市賈不知爲何人，故代價頗廉。後忽失去，可惜也。"

葉恭綽的拓片及信函之後輾轉爲金石壽所得，金石壽將其裝裱成册，撰文以録其事，并延請彭福黎、朱劍芒題跋。是册專附《越風》半月刊第十三期原件。

葉恭綽（1881—1968），字裕甫，號遐庵，廣東番禺人。早年以交通事業爲己任，力行交通救國，曾任北洋政府交通總長、廣州國民政府財政部長、南京國民政府鐵道部長、北京大學國學館館長。幼承家學，於詩文、考古、書畫、鑒賞無不精湛。

金石壽，原名式胄，字石壽，後以字行，齋名三不室、懷弟盦，江蘇吴縣（今蘇州）人，久客杭州。供職於鹽務局。工篆刻，宗鄧散木，籌組"龍淵印社"。擅八法，得力晋唐。

朱劍芒（1890—1972），原名長綬，改名慕家，後以劍芒名行世，字仲康，筆名太赤、古狂、晴等，蘇州黎里鎮人。南社成員，曾任上海寰球中國學生會校教師、世界書局編輯，以編輯《三民主義國文讀本》馳名，還考訂《陶庵夢憶》。著有《復泉居士詩文集》《劍廬詞存》《南社詩話》《我所知道的南社》等。

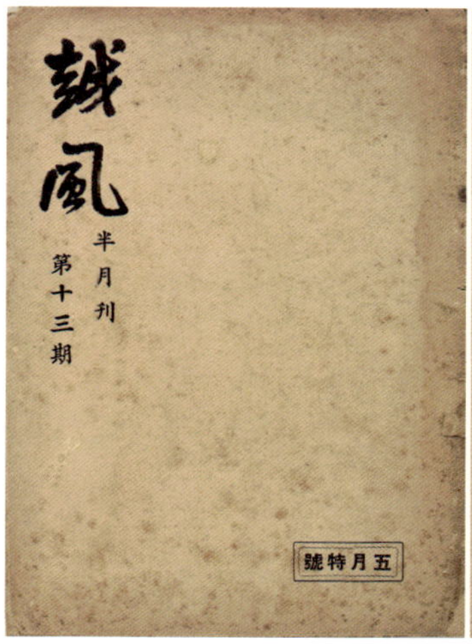
越風
半月刊
第十三期
五月特號

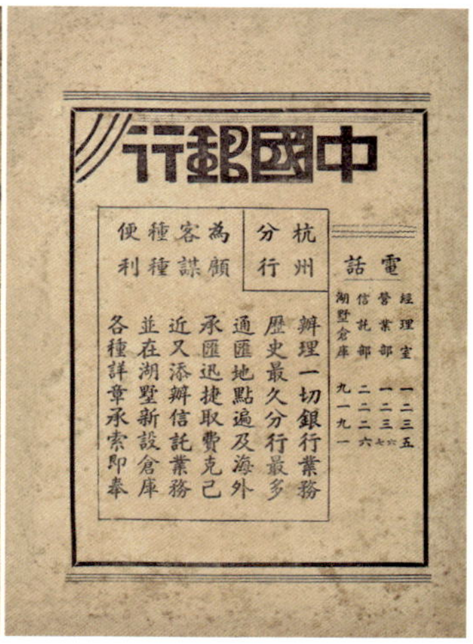
中國銀行
杭州分行為顧客謀種種便利
電話
辦理一切銀行業務
歷史最久分行最多
通匯地點遍及海外
承匯迅捷取費克己
近又添辦信託業務
並在湖墅新設倉庫
各種詳章承索即奉

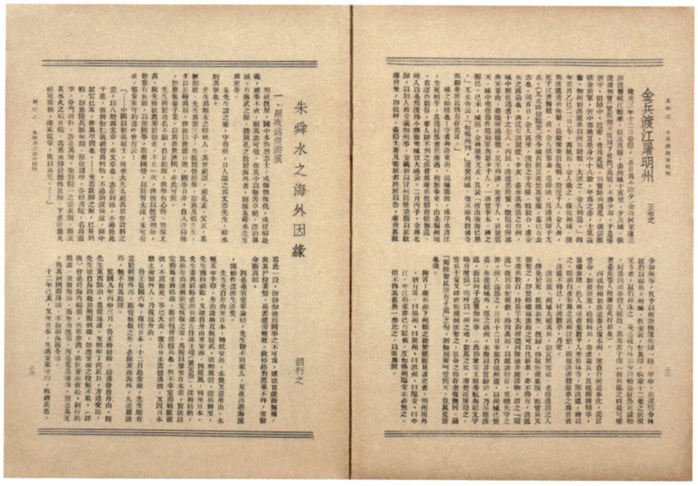
朱舜水之海外因緣
胡行之

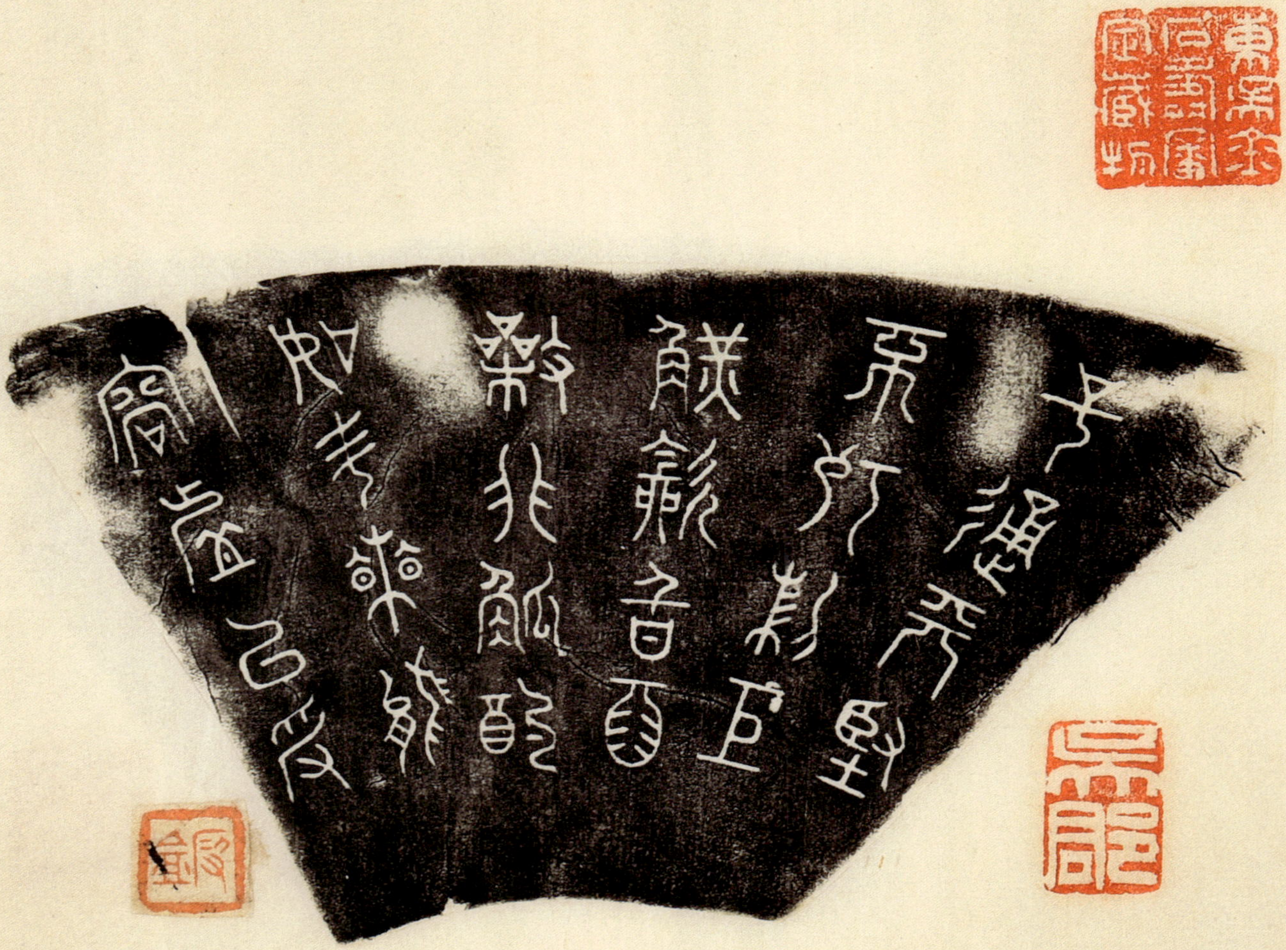

明朱舜水先生自製庵杯銘

葉遐庵藏器　石谿題　丙子七月

朱之瑜字魯璵號舜水明浙江餘姚人清兵陷南都避地交趾旋還舟山往日本乞師日本水戶藩主德川光國賓遇之敬禮有加然乞師之舉終不就遂卒於日本年八十二日本學者私謚文恭先生著有舜水文集其精研六經學無不通有裨於日本學術不少墓在日本茨城縣久慈郡瑞龍山歿有數年有張斐者慕其高義追蹤而至為文以祭之斐字非文著有莽蒼園文稿水藩梓以行世後餘杭章

太炎炳麟重為校比稍得流傳中土今日人已將舜水全集刊行所謂飲水思源者也香山曼殊大師蘇玄瑛所撰燕子龕隨筆載有舜水五古一首云九州如瓦解忠信苟偷生受詔蒙塵際飄零到東瀛回天謀未就長星夜夜明單身寄孤島抱節比田橫已聞鼎革命華西望獨吞聲終日眷懷君國之志鬱而不伸可哀也已按公以崇禎十七年即日本正保

元年值胡人披猖之際孑身遠航長崎欲作秦庭七日之哭竟不果其志迨日本萬治三年而明社屋矣公以亡國遺民恥食二朝之粟遂流寓長崎以其地與鄭成功平戶誕生處近也後德川氏聞之遣水部儒臣聘為賓師尤殫禮遇公遂傳王陽明學於日本公與陽明固同鄉也公既歿於日本其墓遂葬於日本茨城縣久慈郡之瑞龍山上此為公自製庵盃銘刻辭其文曰號通天學不朽製巨觥飲旨酒操非

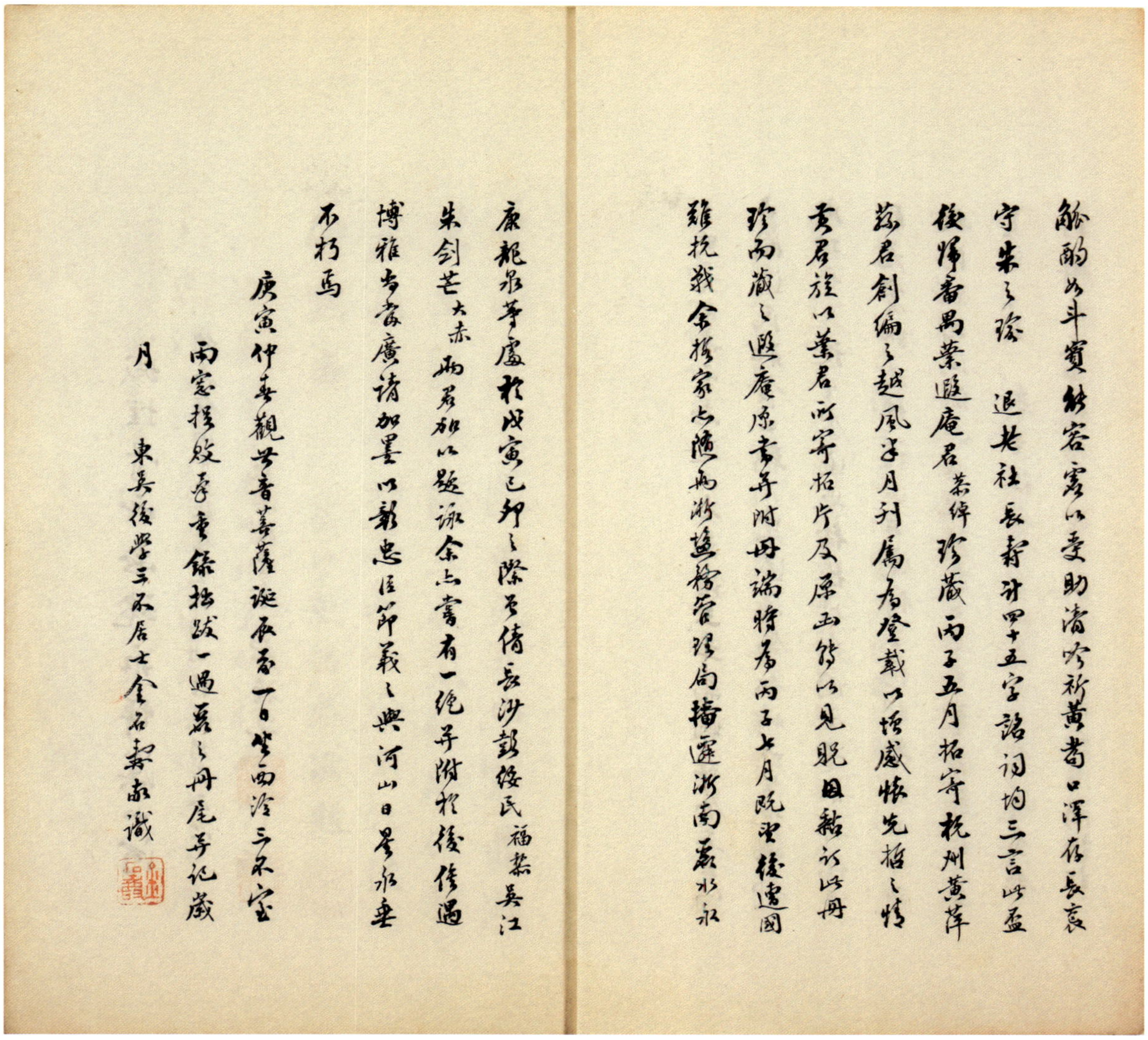
餘酌如斗實能容寒以受助清吟祈黃耇口澤存長哀
守朱之珍　退老社長壽詩四十五字語詞均三言此盃
後歸番禺葉遐庵君恭綽珍藏丙子五月拓寄杭州黃萍
蓀君創編之越風半月刊屬為登載以增感悵先拓之時
黃君旋以葉君所寄拓片及原函能以見貺因黏於此冊
珍而藏之遐庵原書並附冊端時為丙子七月既望後遭國
難抗戰余移家亦隨兩浙遷移管理尚播遷浙南嚴水永
康龍泉等處於戊寅己卯之際為倩長沙彭綬氏福黎吳江
朱劍芒大赤兩君加以題詠余亦賡有一絕並附於後倩過
博雅方家廣請加墨以彰忠臣節義之與河山日月永垂
不朽焉
庚寅仲春觀世音菩薩誕辰前一日坐雨滄三不室
雨窗摭殘手重錄拙跋一過裝之冊尾並記歲
月　東吳後學三不居士金石聲敬識

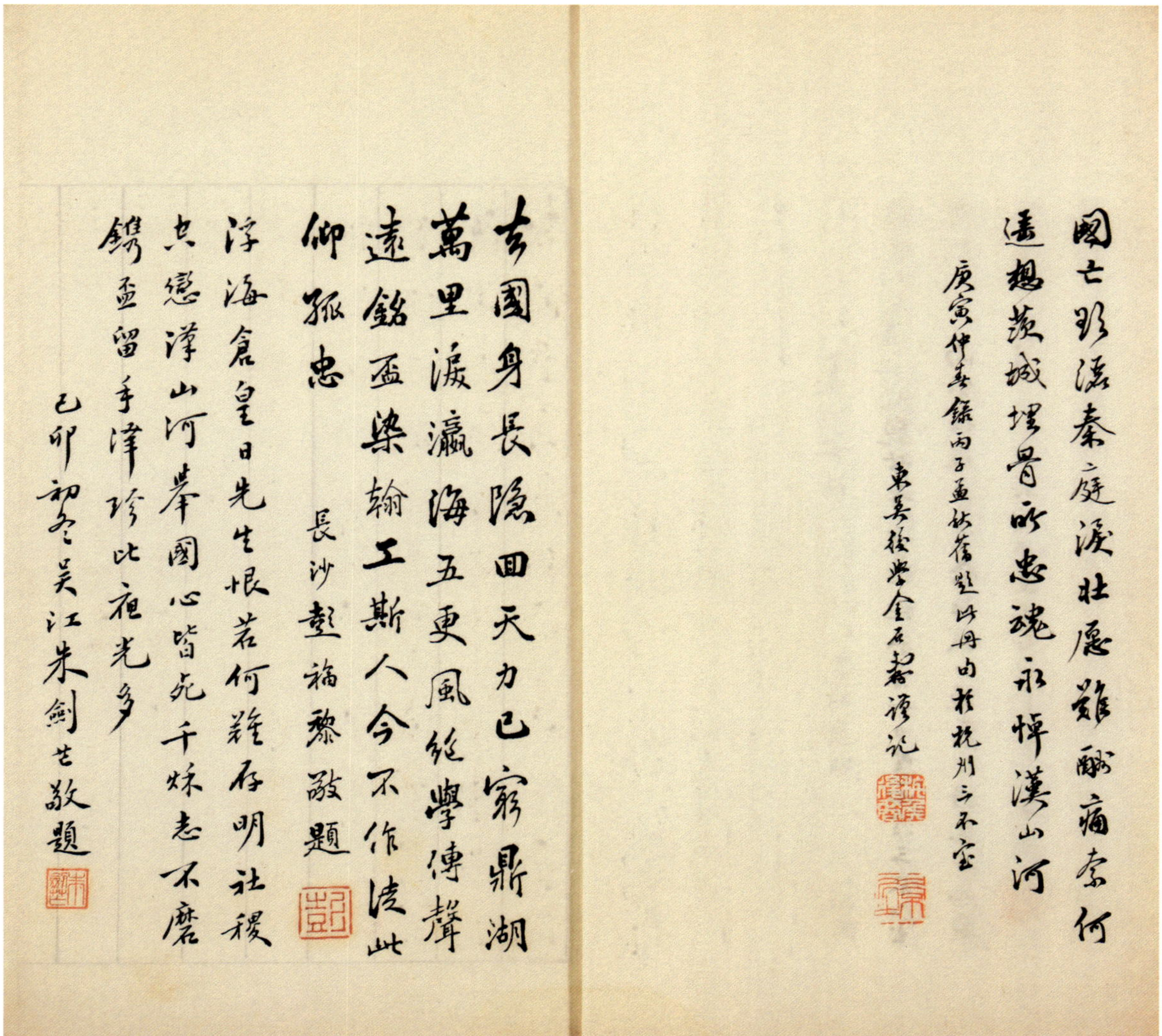
國亡那濺秦庭淚壯歷難酬痛奈何
遙想荒城埋骨所忠魂永悼漢山河
庚寅仲春錄丙子孟秋舊題此冊由於杭州三不室
東吳後學金石聲謹記

去國身長隱田天力已窮鼎湖
萬里淚瀛海五更風絕學傳聲
遠銘盃染翰工斯人今不作讀此
仰孤忠　長沙彭福黎敬題
浮海倉皇日先生恨若何難存明社稷
只戀漢山河舉國心皆死千秋志不磨
鐫盃留手澤珍比夜光多
己卯初冬吳江朱劍芒敬題

僧六舟拓　譚光祜、徐寶善等題跋　程音田自製墨拓題咏册

1册8開　紙本

51.5cm×29.3cm

題識：

1. 程也園考功自磨墨。道光癸卯（1843）三月既望，海昌僧六舟達受手拓謹題。

2. 音田二兄大人自製墨，摹小像於其上，名之曰自磨墨，索余作詩，率成一律，録請哂正。揭來子墨原稱客，此處存卿面目真。染翰有人能守黑，如龍對我自成賔。論交久矣情投漆，問爾堅乎道不磷。聞説岑樓讓方寸，好教烟閣畫青麟。鐵蕭愚弟譚光祜漫題。鈐印：譚光祜印、鐵箫、止止室

3. 敬啓者，肅聞尊製良墨，不減廷珪。前承慨賜數笏，奚啻十朋之望，遲久不至，恐如玉局所云，青州從事化爲烏有先生也，用布寸椾請命，以博莞爾，少暇當詣齋面聆一切，此請旅安，并希荃察。年愚姪制徐寶善頓上。

4.（長文略）也園年伯大人以自磨墨見遺，感賦長歌用呈訓政。年愚姪徐寶善未定稿。鈐印：臣、善

5.（長文略）也園考功二兄於嘉慶初請養南歸，過庭之暇出意製墨，并鐫小影於範，名曰自磨墨。至道光癸卯，四十有三年矣！令嗣木菴孔目敬承遺澤，裝册徵詩，爲賦七古一章，述明德而言

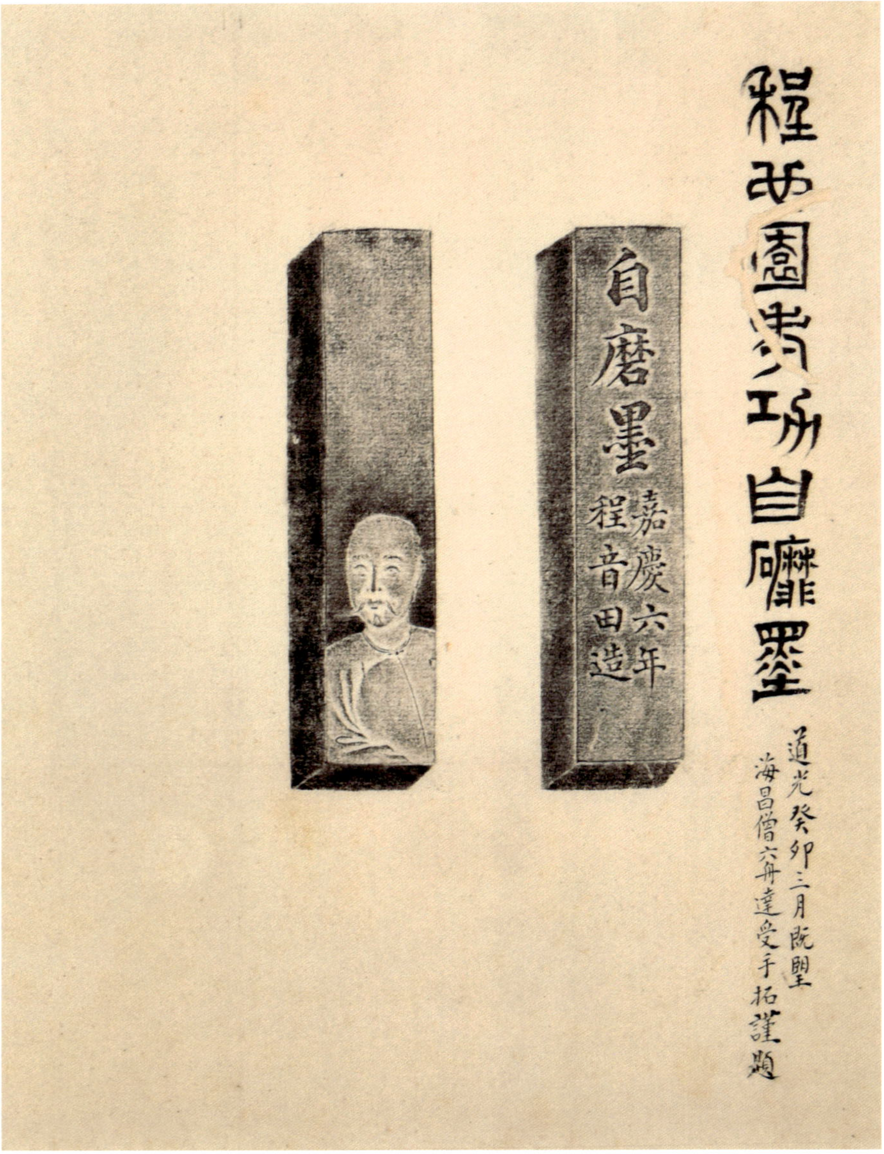

長湖通家之誼。古詞雖不工，聊以附象贊墨銘之爾，仍請木庵正之，世愚弟潘世鏞。鈐印：東父

6. 考功郎也園先生自磨墨贊 （長文略）同郡汪澤拜纂。鈐印：汪澤私印

7.（長文略）音田吏部自磨墨拓本，令嗣木庵孔目屬題，屏山周啓拜稿。鈐印：蓮溪後裔

8.（長文略）木庵孔目出觀尊甫先吏部也園先生所製自磨墨，私心景溯，謹題五百八十八言，録呈木庵即乞裁正。後學潘承恩初稿。鈐印：潘承恩印、鐵生

9.（長文略）木庵孔目以尊甫也園先生自磨墨拓本，徵詩敬題五言一章，聊申景仰即請教正，筱汀胡肇昕未定稿。鈐印：肇昕、曉庭

10. 木孕而火化，發象爲文明。元精耿貫注，息息如傳燈。世有不死藥，方寸延萬齡。含此元又元，造化疑虚瀛。玆論倘不磨，壽與天爲朋。木莽大兄以尊甫音田世伯自磨墨拓本見示，前有先子題詩，係道光乙酉自京赴寶慶守任道出武昌時作，迄今二十年矣，展册泫然。祖同拜題。鈐印：臣同私印

提要：

此册的緣起爲乾嘉時期制墨名家程音田自製的一方帶有程音田小像的自磨墨。道光癸卯（1843）年，程音田之子程洪溥邀請金石名家釋達受手拓此墨，并遍邀同鄉好友爲此拓本題咏，題跋者先後有譚光祜、徐寶善、潘世鏞、汪澤、潘承恩、胡肇昕、譚祖同等人，跋中所記“木庵”即爲程洪溥。

程洪溥，字麗仲，號木庵，齋名銅鼓齋。程木庵博物好古，通金石學，收藏頗富，對古籍、文物無不搜集，家藏三代彝器不下千種，曾延請釋達受爲之傳拓。并輯《木庵藏器目》《擄古録》，校録出版《觀石録》《後觀石録》等。釋達受在其《寶素室金石書畫編年録》中記録了他爲程木庵傳拓三代彝器的經過。

程音田（1759—1826），名振甲，號也園，音田爲其字，安徽歙縣人。乾隆四十九年（1784）舉人，授中書，充軍機章京，轉吏部員外郎。從軍湖南，還京，與和珅不相中，告歸。程振甲善製墨，曾爲劉墉制“如石”墨，劉墉書贈四首七言絶句，亦與司馬達甫同造“瓦當形墨”。亦刻書，曾刊《綏服紀略圖詩》一卷。

釋達受（1791—1858），僧人，字六舟、秋檝，自號萬峰退叟，浙江海寧人。工書畫，精鑒賞古器、碑版。阮元以“金石僧”呼之。間寫花卉，得徐渭縱逸之致。亦善刻竹，摩拓彝器，時稱絶技。

譚光祜（1772—1831），字鐵簫，江西南豐人。初官重慶夔州（今四川奉節縣）通判、敘州馬邊（今四川馬邊縣）同知。曾總司金川屯田。後任潼州（今四川三臺縣）知府、湖北歸州（治今秭歸縣）知州、湖南寶慶（今邵陽市）知府。著有《譚鐵簫詩稿》。

徐寶善（1790—1838），字敬依，號廉峰、壺園、静軒，安徽歙縣人。嘉慶進士，授編修，官至山西御道使。後任浙江鄉試副主考、會試同考官。著有《壺園詩鈔》等。

潘世鏞（1782—？），字東甫，安徽歙縣人。嘉慶間諸生，著有《吟古鏡齋詩集》。

汪澤（？—1860），字子存，號竹莊，績溪城内人。歲貢生，性嗜學，致力於經學研究，由考據發展爲詞章，雋潔簡拔，時邑中碑銘多出其手。

潘承恩，字鐵生，安徽歙縣人。道光年間諸生，工書法，善辭賦。

胡肇昕，字曉庭、筱汀，安徽績溪人。秉虔之孫，優廩生。從叔父培翚主講雲間書院，著有《齋中讀書詩》《方言補注》《筱汀詩記》等。

譚祖同（？—1861），字桐舫，江西人。譚光祜之子。《建昌府志》卷八有記載：“道光壬午（1822）舉人，乙未（1835）大挑一等，以知縣分發南河，歷任蕭山、山盱同知，以辦洪澤湖石堤功加知府銜，調山安同知，補海防。”譚祖同工書畫，與釋達受友善。

著録：

1.《前塵夢影録》，徐康撰，元和江氏刻本，清光緒二十三年（1897）。

2.《前塵夢影録》P28，中國美術學院出版社，2000年。

3.《歙事閑譚》P730，黄山書社，2001年。

4.《自莊嚴堪藏諸家批校本前塵夢影録》，國家圖書館出版社，2016年。

5.《清墨圖録：張子高藏墨》卷四P630，故宫出版社，2013年。

6.《蓄墨小記》上册P283，北京燕山出版社，2007年。

7.《周紹良清墨談叢》下册P451，紫禁城出版社，2009年。

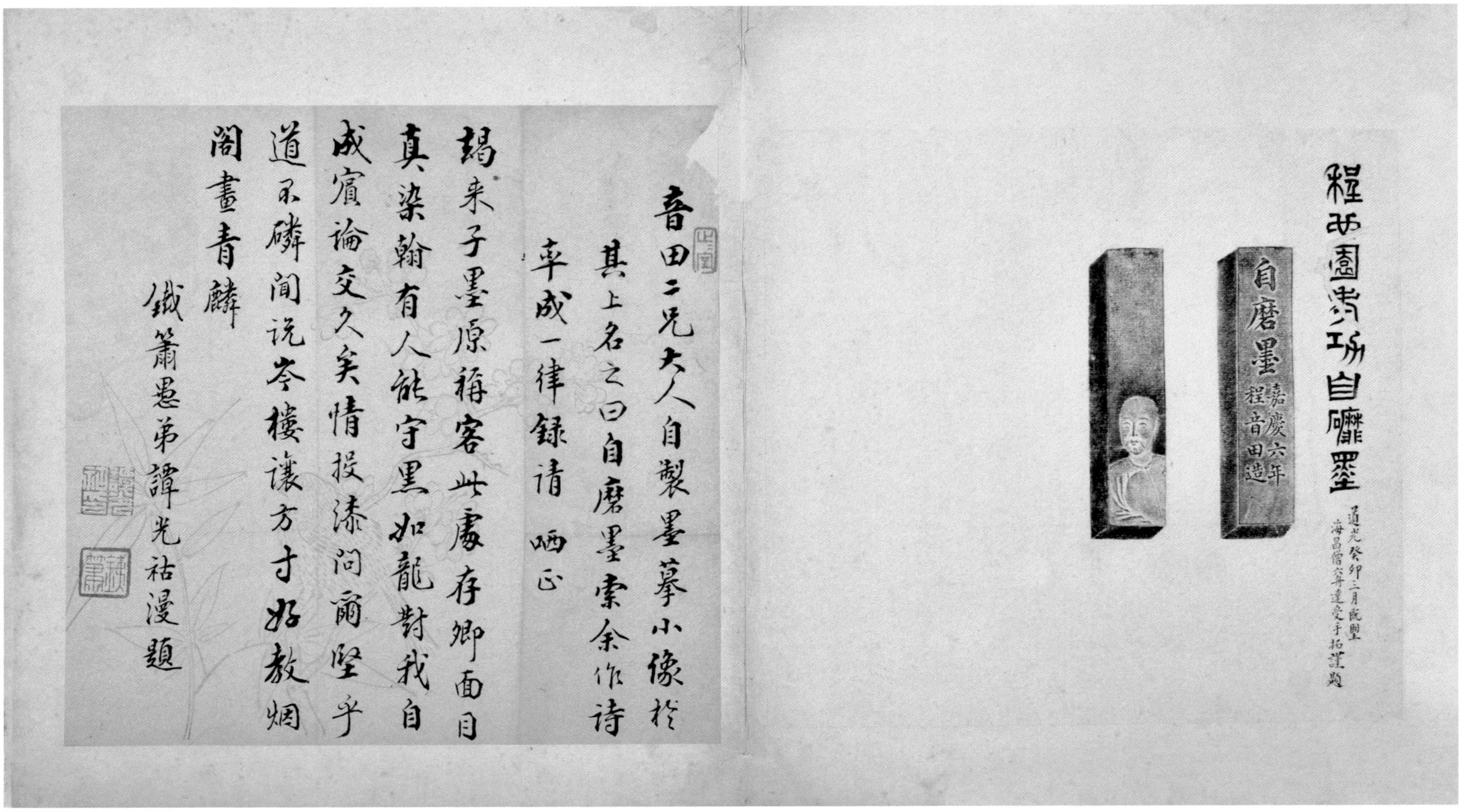

音田二兄大人自製墨摹小像於
其上名之曰自磨墨索余作詩
率成一律録請　哂正
揭来子墨原稱客此處存卿面目
真染翰有人能守黑如龍對我自
成賓論交久矣情投漆問爾堅乎
道不磷聞説岑樓讓方寸好教烟
閣畫青麟
鐵簫愚弟譚光祜漫題

程西園先生所自磨墨

道光癸卯三月既望
海昌僧六舟達受手拓謹題

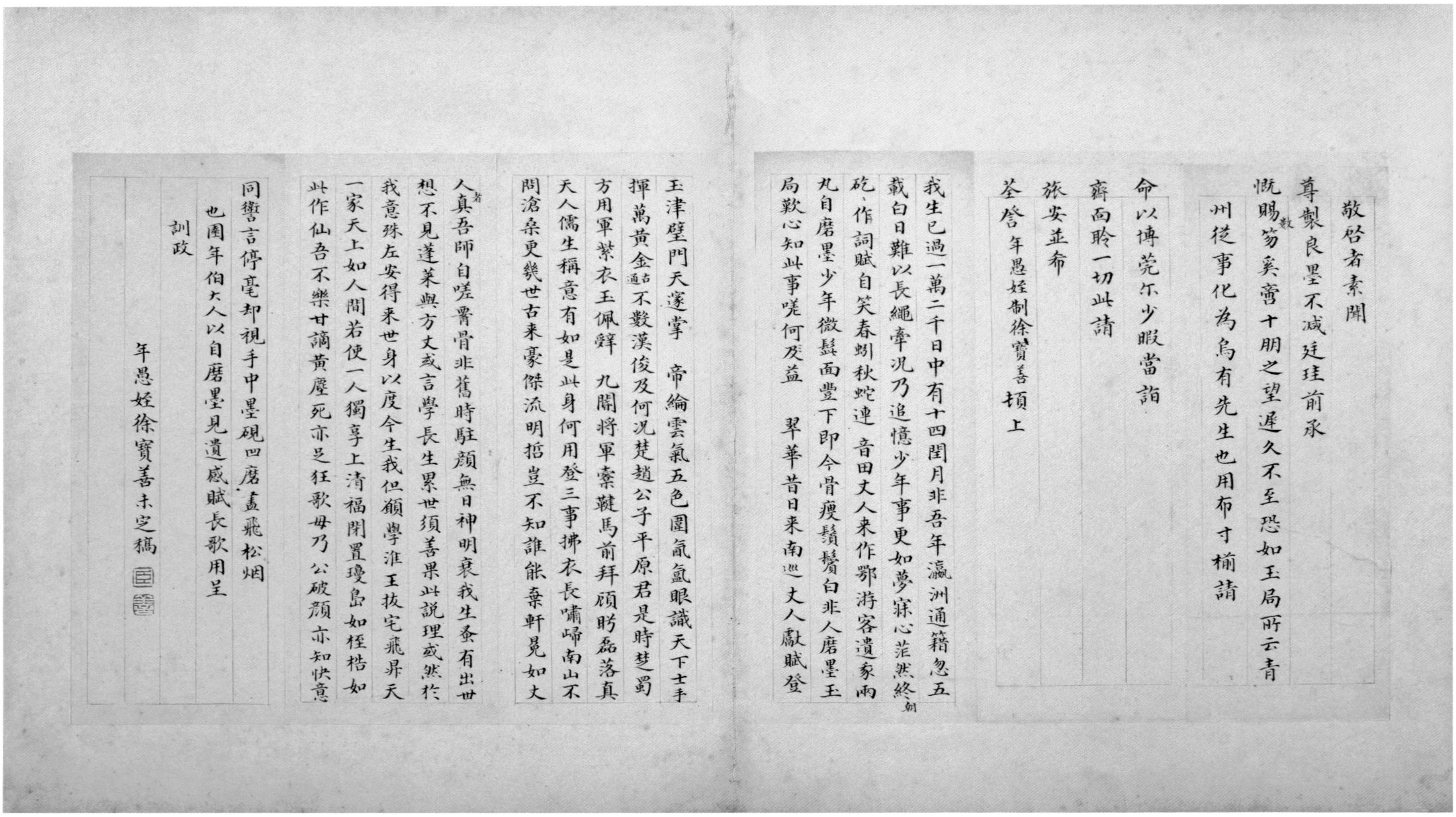

敬啓者素聞
尊製良墨不減廷珪前承
慨賜數笏奚啻十朋之望遲久不至恐如玉局所云青
州從事化為烏有先生也用布寸椾請
命以博莞尔少暇當詣
齋面聆一切此請
旅安並希
荃詧　年愚姪制徐寶善頓上

我生已過一萬二千日中有十四閏月非吾年瀛洲通籍忽五
載白日難以長繩牽況乃追憶少年事更如夢寐心茫然終朝
矻矻作詞賦自笑春蚓秋蛇連　音田丈人来作鄂游容遺豕兩
丸自磨墨少年微鬚面豐下即今骨瘦鬚鬢白非人磨墨玉
局歎心知此事嗟何及益　翠華昔日来南巡　丈人獻賦登
玉津璧門天遂掌　帝綸雲氣五色圍氤氳眼識天下士手
揮萬黃金古通不數漢俊及何况楚趙公子平原君是時楚蜀
方用軍紫衣玉佩辭　九關将軍橐鞬馬前拜顧盼磊落真
天人儒生稱意有如是此身何用登三事拂衣長嘯歸南山不
問滄桑更幾世古来豪傑流明哲豈不知誰能棄軒冕如丈
人真吾師自嗟胥骨非舊時駐顔無日神明衰我生蚤有出世
想不見蓬萊與方丈或言學長生累世須善果此説理或然於
我意殊左安得来世身以度今生我但願學淮王拔宅飛昇天
一家天上如人間若使一人獨享上清福閑置瓊島如桎梏如
此作仙吾不樂甘謫黃塵死亦足狂歌毋乃　公破顔亦知快意
同聾言停毫却視手中墨硯凹磨盡飛松烟
也園年伯大人以自磨墨見遺感賦長歌用呈
訓政
年愚姪徐寶善未定稿

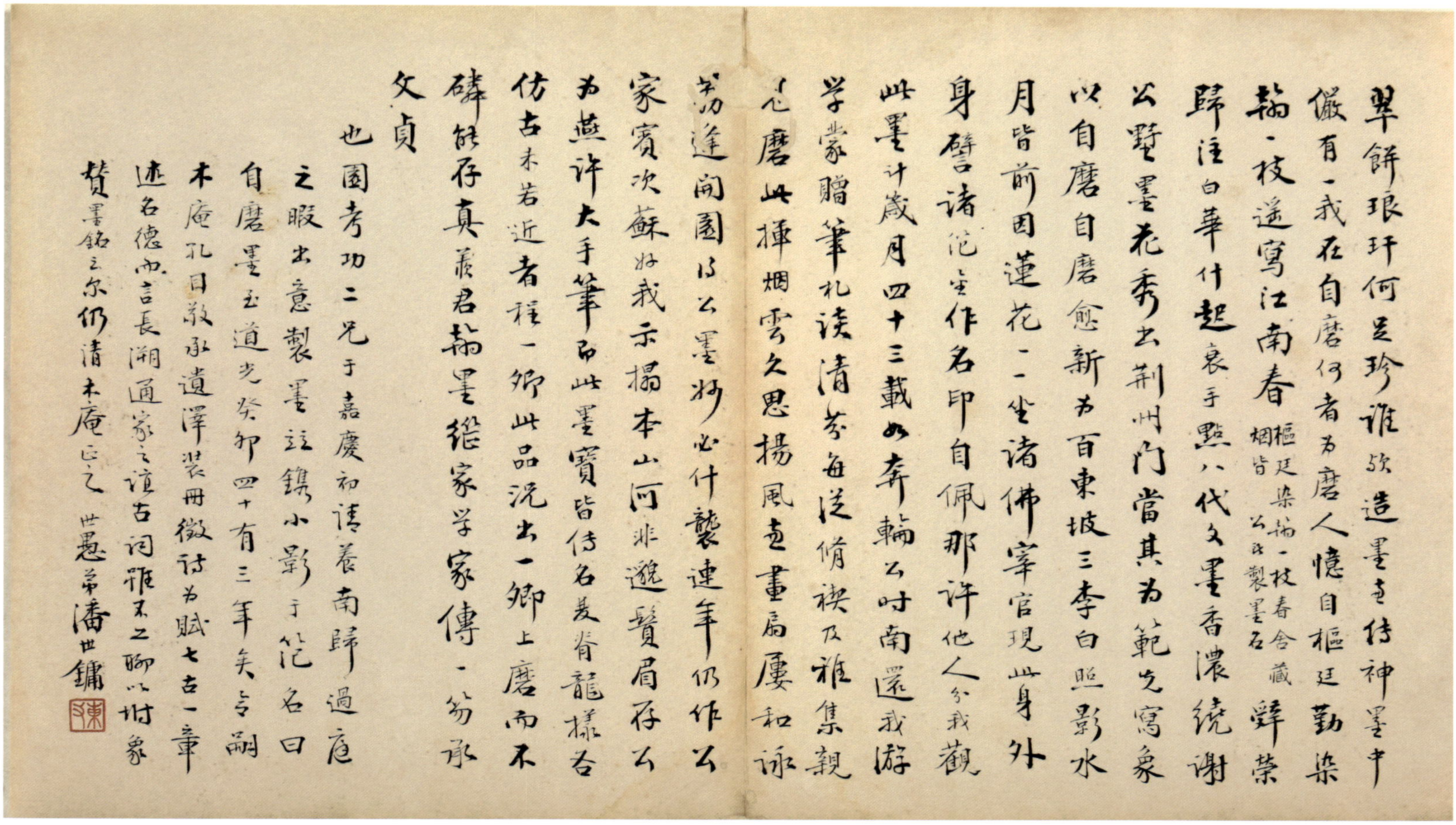

翠餅琅玕何足珍誰欤造墨重傳神墨中
儼有一我在自磨何者为磨人憶自樞廷勤染
翰一枝遥寫江南春樞廷染翰一枝春含藏烟皆公手製墨名辭榮
歸注白華什起衰手點八代文墨香濃繞謝
公墅墨花秀出荊州門當其为範先寫象
以自磨自磨愈新为百東坡三李白照影水
月皆前因蓮花一一坐諸佛宰官現此身外
身譬諸范金作名印自佩那許他人分我觀
此墨卅歲月四十三載如奔輪公時南還我游
學蒙贈筆札讀清芬每從俏禊及雅集親
見磨此揮烟雲久思揚風重畫扇屢和詠
翁逢間園以公墨物必什襲連年仍作公
家賓次蘇好我示搨本山河非遐賢眉存公
为燕許大手筆即此墨寶皆傳名叟脊龍樣合
仿古未若近者程一卿此品流出一鄉上磨而不
磷能存真羨君翰墨繼家學家傳一一翁承
文貞
也園考功二兄于嘉慶初請養南歸過庭
之暇出意製墨鎸小影于範名曰
自磨墨至道光癸卯四十有三年矣令嗣
木庵孔目敬承遺澤裝冊徵詩为賦七古一章
述名德而言長溯通家之誼古詞雅不之聊以附象
贊墨銘之尔仍請木庵正之 世愚弟潘世鏞

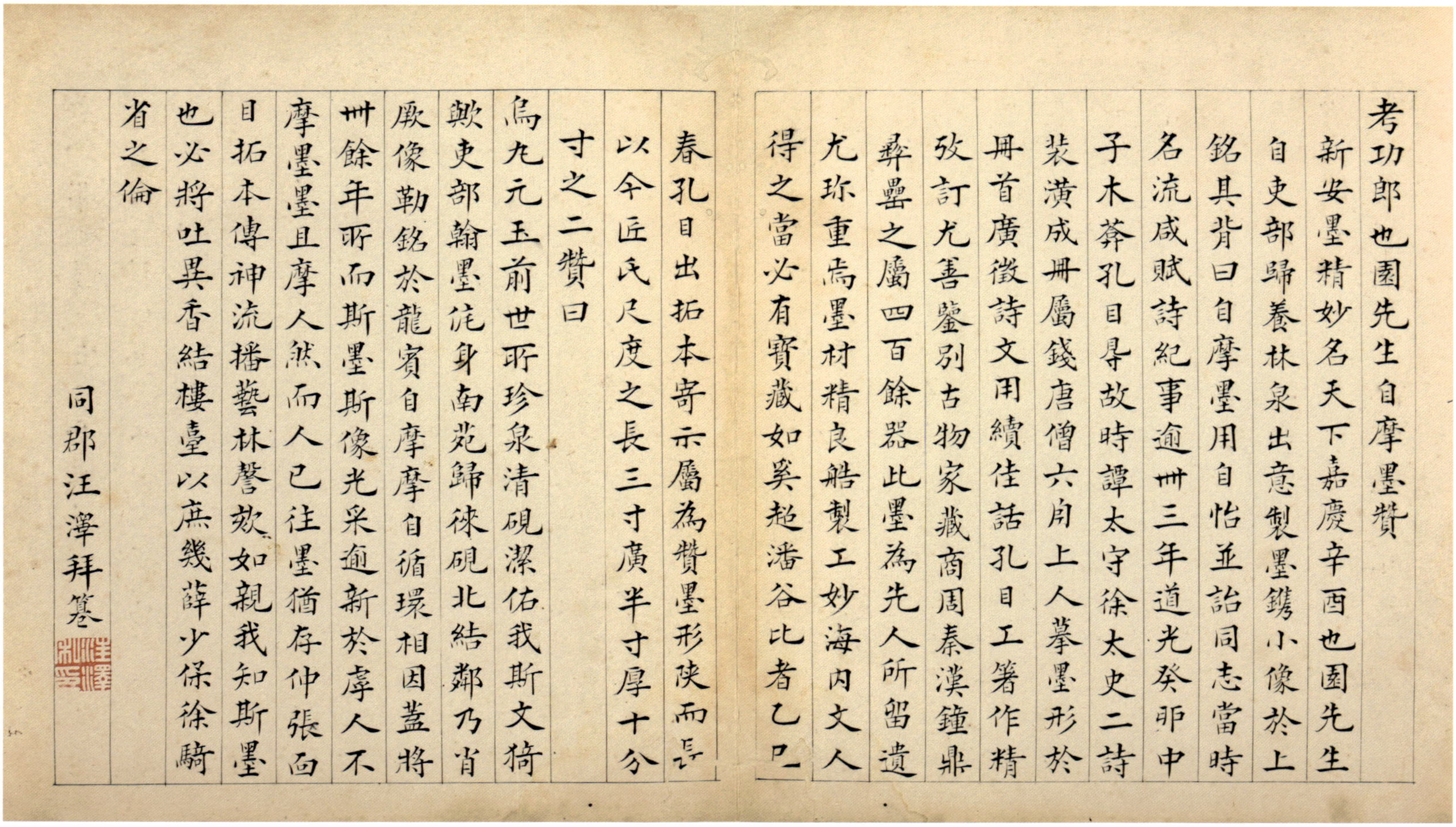

考功郎也園先生自摩墨贊
新安墨精妙名天下嘉慶辛酉也園先生
自吏部歸養林泉出意製墨鐫小像於上
銘其背曰自摩墨用自怡並詒同志當時
名流咸賦詩紀事逾卅三年道光癸卯中
子木𦶜孔目尋故時譚太守徐太史二詩
裝潢成冊屬錢唐僧六舟上人摹墨形於
冊首廣徵詩文用續佳話孔目工箸作精
攷訂尤善鑒別古物家藏商周秦漢鐘鼎
彝罍之屬四百餘器此墨為先人所留遺
尤珎重焉墨材精良製工妙海內文人
得之當必有寶藏如奚超潘谷比者乙巳
春孔目出拓本寄示屬為贊墨形陝而長
以今匠氏尺度之長三寸廣半寸厚十分
寸之二贊曰
烏九元玉前世所珍泉清硯潔佑我斯文猗
歟吏部翰墨流身南苑歸徠硯北結鄰乃肖
厥像勒銘於龍賓自摩摩自循環相因蓋將
卅餘年所而斯墨斯像光采逾新於虖人不
摩墨墨且摩人然而人已往墨猶存仲張面
目拓本傳神流播藝林謦欬如親我知斯墨
也必將吐異香結樓臺以庶幾薛少保徐騎
省之倫
同郡汪澤拜稾

也園先生客卿職文采風流稱第一現身巧製古隃麋
容顔彷彿瞻疇昔疇昔容顔宛若兹馬援竟是好鬚眉
琅梧翠竹人如是鵠峙鸞停某在斯我欽狀貌非凡伍
人言拔萃由尊甫尊甫本是傑魁人深山大澤誇龍虎
搨本傳來勝畫圖描摹可似古人乘繡成絲面趙公子
鑄出黄金范大夫憶昔乾隆逢　郅治文昌　天府羅
名士　龍顔有暇製龍賓詔取良工傳盛事先生作
賦獻長楊殿前摩空聲洋洋南宮風景山河壯吏部文
章日月光翩翩鳳皇池上客意氣傾人當千百傳宣玉
署似東坡待詔金門侔李白才高季少意如何墨洒金
壺汁最多此時已免三升辱此際應將數挺磨軍營甫
罷崇文史盈裛持來獻　天子敏佩聲隨　御墨馨
人生得意有如此一丸注易馥松煙晝暖紗不窗不計
年奉母偕歸墨莊裏時時重寫白華篇聲名大是傳人
在平生好義尤慷慨九州願見韓荆州四海爭趨孔北
海人非磨墨墨磨人守黑欣留萬古身芬芳豈是廷珪
比封錫知非薛稷倫自古新安誇四寶譽滿文房能獨
早論功合賜松滋侯著書竟向華屛老恨我遲生不見
公得交令嗣被春風指囷分金靡不有均在先生覆庇
中昔人曾切龍門慕只今竹素邑神遇遷流運轉歲更
新什襲珍藏物如故先生册府多琳琅賜書樓畔有輝
光我今再拜讀公像仰止千秋翰墨香
音田吏部自磨墨拓本
令嗣木庵孔目屬題　屛山周啟拜稿

卓哉先進程吏部木庵孔目之尊甫天下視如韓荆州
令人景慕快先覩悵我無能一面緣每懷羊度心嗒然
今觀所製自磨墨如親色笑依丹鉛天地生人重奇崛
青華布濩豈沈鬱愈磨愈熟愈堅剛人皆賢聖或儕
佛如駒过速走紅塵富貴聰明易誤人盤根錯節爭閱
歷疇能比德莊生椿吏部文章吐威鳳襟期磊落軼
凡衆鶖樞鶴禁贊襄多日下聲華誰伯仲讀書萬
卷溢倉曹懸河口辯聲滔滔王侯折節相攜遨豈惟
海内推賢豪我聞芳軌心欽醉未能有辭贊一二人
已修文墨尚存於焉佩服其中意吁嗟俗眼休疑猜
大學先從格致來曰明曰脩在所首借曰含自具能哉
功深力足常爾爾磨而不磷磨不止刻乃切磋證淇
澳道儒並無深僻理非人磨墨墨磨人如金受礪鏡照
神一磨再磨不歇未來過去皆翻新仁義精華達
者具詩書糟粕迂人談垢壒盪滌渣滓融磨我我磨
我自悟至今不絶繡平原每談吏部人人言試將此
墨細瞻視始知學問非等論今古鴻濛一棊局經
權常變無端觸涉世當操百鍊才沈幾觀物唯所欲當
年聲氣廣交遊武庫文壇借箸籌經綸久係蒼生望
如何林壑甘潛幽由來志不戀青紫翰藻歲髮契高
旨磨出非常一等人觀於墨而可知矣心傳衍緒鯉
庭過得力何非在自磨知其白者守其黑五千道德頻
摩挲我愧虚生何碌碌大抵欲磨磨未熟得覩此
墨無疑團願以身與硯往復搗膠煎漆燒松烟畜徽

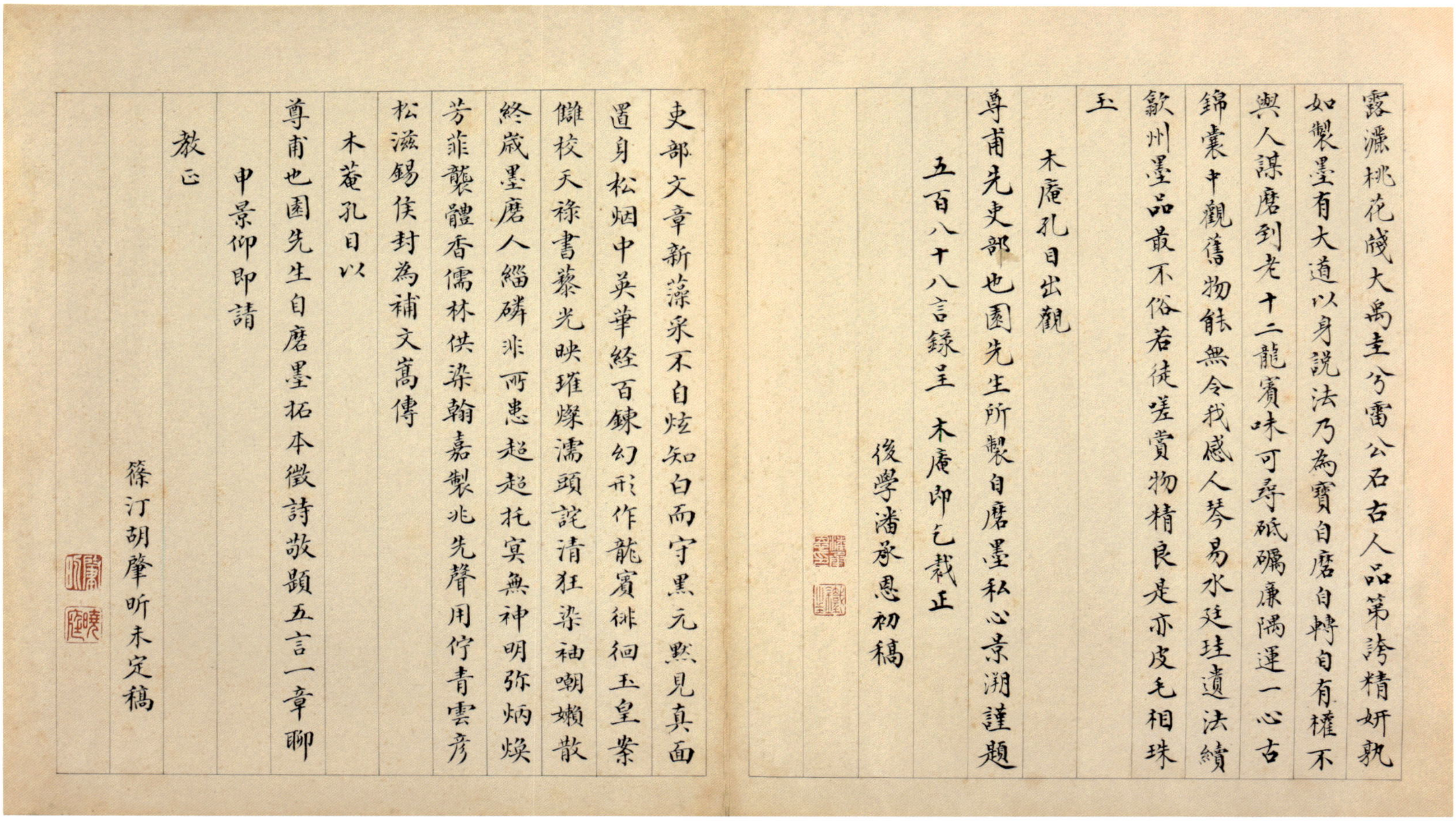
露灖桃花戚大禹圭兮雷公石古人品第誇精妍孰
如製墨有大道以身說法乃為寶自磨自將自有權不
與人謀磨到老十二龍賓味可尋砥礪廉隅運一心古
錦囊中觀舊物能無令我感人琴易水廷珪遺法續
歙州墨品最不俗若徒嗟賞物精良是亦皮毛相珠
玉
木庵孔目出觀
尊甫先吏部也園先生所製自磨墨私心景溯謹題
五百八十八言錄呈 木庵印乞裁正
後學潘承恩初稿

吏部文章新藻采不自炫知白而守黑元默見真面
置身松烟中英華經百鍊幻形作龍賓徘徊玉皇案
讎校天祿書藜光映璀燦濡頭說清狂染袖嘲孏散
終歲墨磨人緇磷非所患超超托寘無神明弥炳煥
芳菲襲體香儒林供染翰嘉製兆先聲用佇青雲彥
松滋錫侯封為補文萬傳
木菴孔目以
尊甫也園先生自磨墨拓本徵詩敬題五言一章聊
中景仰即請
教正
篠汀胡肇昕未定稿

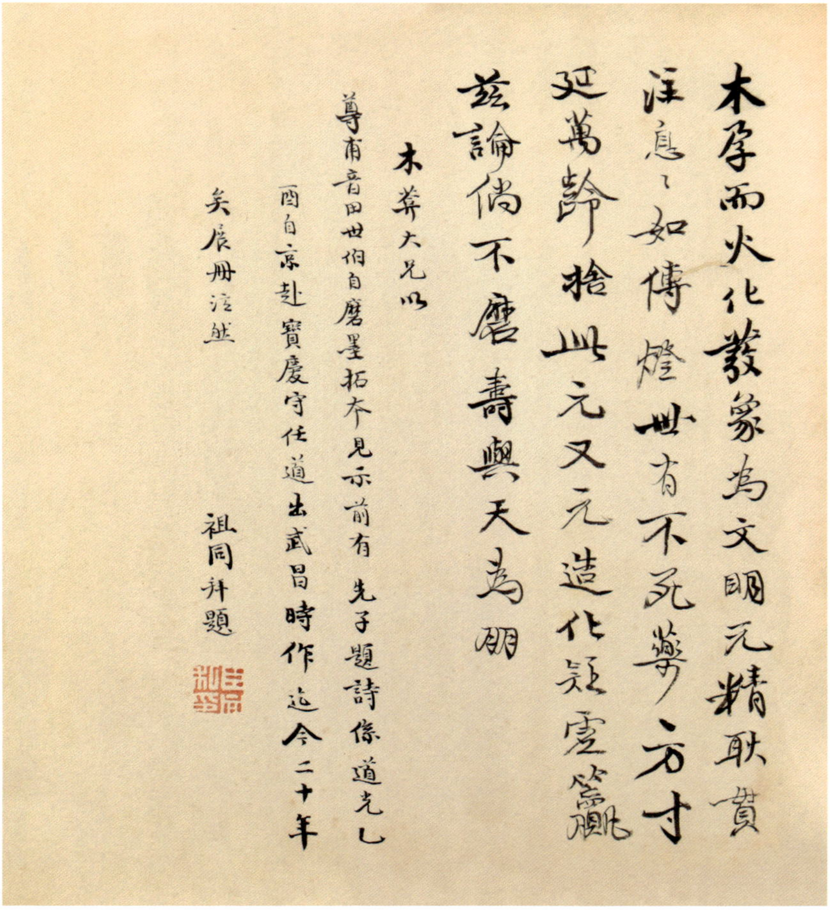
木孕而火化羲象為文明元精耿貫
注息〻如傳燈世有不死藥〻方寸
延萬齡拾此元又元造化疑虛靈
茲論偈不磨壽與天為朋
木菴大兄以
尊甫雲田世伯自磨墨拓本見示前有 先子題詩係道光乙
酉自京赴寶慶守任道出武昌時作迄今二十年
矣辰卌注眂
祖同拜題

吴式芬縮摹金石拓本五種

5張　紙本

尺寸不一

鈐印：

海豐吴氏石蓮庵考藏

提要：

内含吴式芬縮摹金石拓本五種。分别爲《陶嘉書屋縮摹周散氏盤銘》，後刻題識“咸豐五年十有一月江陰方埻刻字”。《虢季子白盤銘》，後刻題識“江陰方埻刻”；節選《洛神賦》，後刻題識“子苾屬雪鋒臨”；《漢石經論語殘字》，後刻題識“吴國寶縮摹子苾藏玩”；《壺齋縮本蘭亭序》，後刻題識“禊帖以萬梅山房本爲最小，翁閣學復加考正刻之。粤東方生可中所摹觀二本，又加小焉，因今刻於硯屏。咸豐乙卯十一月吴式芬跋”。

金石圖譜始於宋代，因金石收藏風氣的盛行，加之古器物難得，研究對象逐漸轉變爲拓本。古碑石刻皆尺寸龐大，在照相術、石印術尚未發達的時代，古人采用縮摹和縮刻的技術復原金石碑刻，這樣能在一定程度上規避原碑、原拓的劣勢，將碑版文本縮略爲微小拓片，既可以克服雕版印刷的平面感，也可以更好地再現金石碑刻的崎嶇不平的立體感。最終集録成册後呈現出碑刻完整的狀態。縮摹和縮刻技術在清代乾嘉以來運用非常廣泛，金石碑刻被縮摹成拓，裝裱成册，成爲金石學家文人書齋案頭的珍玩。

吴式芬（1796—1856），字子苾，號誦孫，山東海豐（無棣）人。金石學家和考古學家。清道光間進士，官至内閣學士，專攻訓詁，長於音韻，精於考訂，凡鼎彝、碑碣、漢磚、唐鏡之文，皆拓本收録。著有《金石匯目分編》《陶嘉書屋鐘鼎彝器款識》《雙虞壺齋日記八種》《海豐吴氏雙虞壺齋印存》《〈寰宇訪碑録〉校本》《昭代名人尺牘》《唐宋元明人摘句》《綴錦集》《陶嘉書屋詩賦》等。

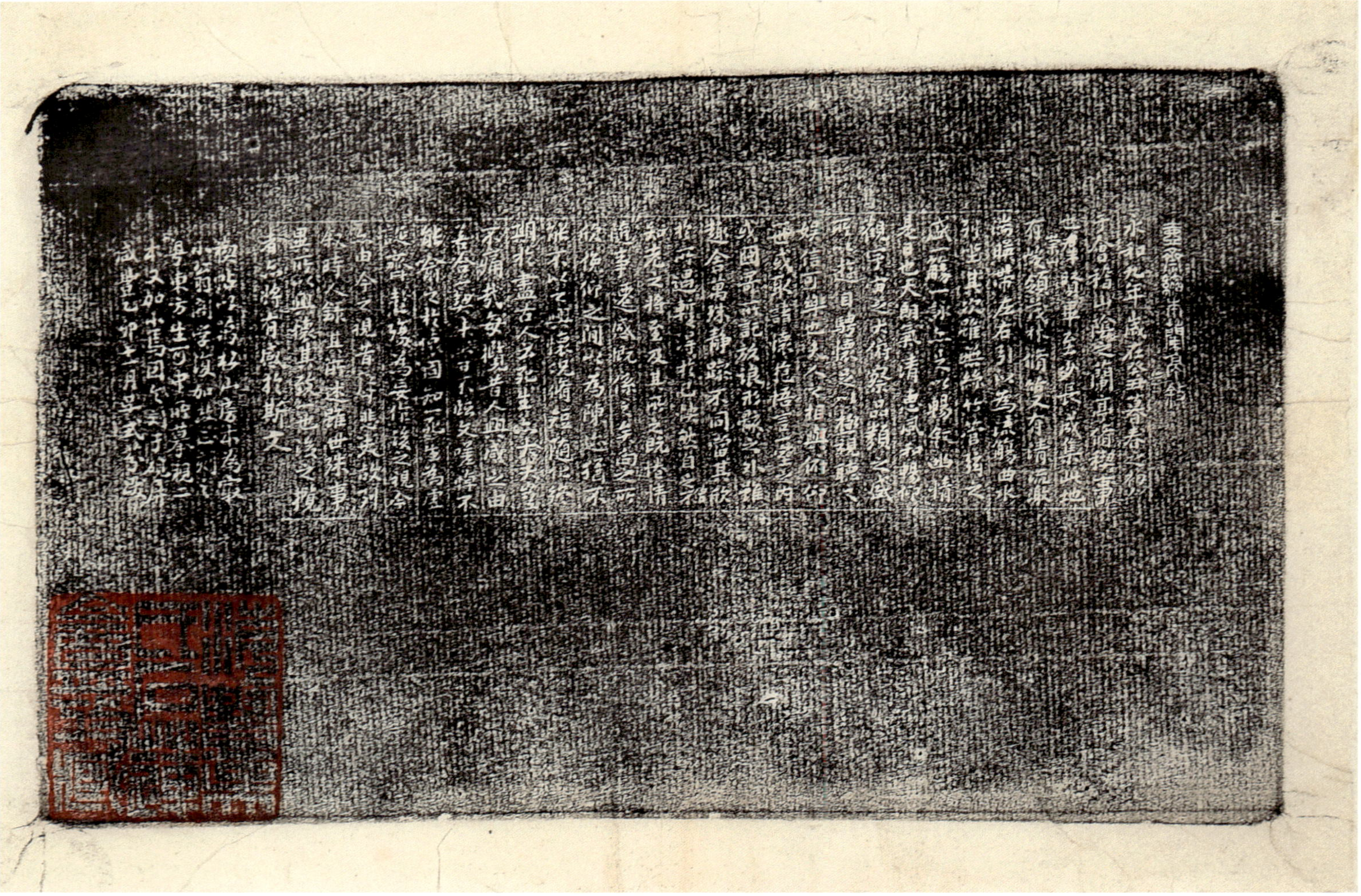

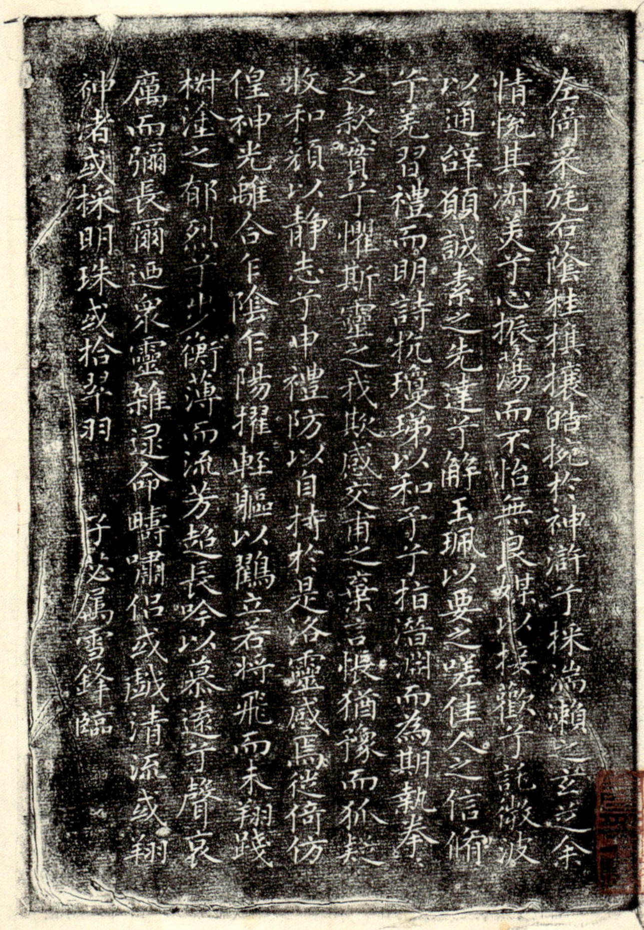
左倚采旄右蔭桂旗攘皓腕於神滸兮採湍瀨之玄芝余
情悅其淑美兮心振蕩而不怡無良媒以接歡兮託微波
以通辭願誠素之先達兮解玉珮以要之嗟佳人之信脩
兮羌習禮而明詩抗瓊珶以和予兮指潛淵而為期執眷
之款實兮懼斯靈之我欺感交甫之棄言悵猶豫而狐疑
收和顏以靜志兮申禮防以自持於是洛靈感焉徙倚彷
徨神光離合乍陰乍陽擢輕軀以鶴立若將飛而未翔踐
椒塗之郁烈步蘅薄而流芳超長吟以慕遠兮聲哀
厲而彌長爾迺眾靈雜遝命儔嘯侶或戲清流或翔
神渚或採明珠或拾翠羽

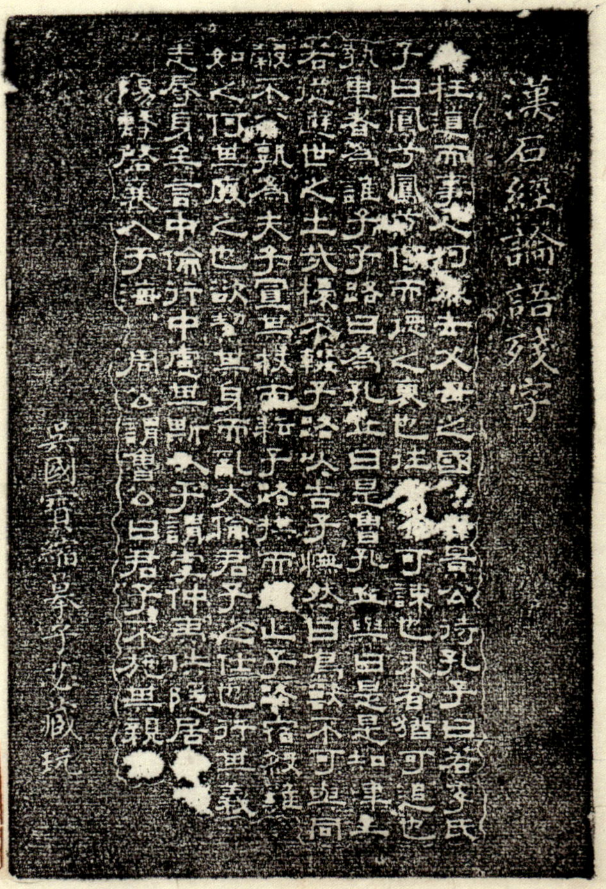
漢石經論語殘字

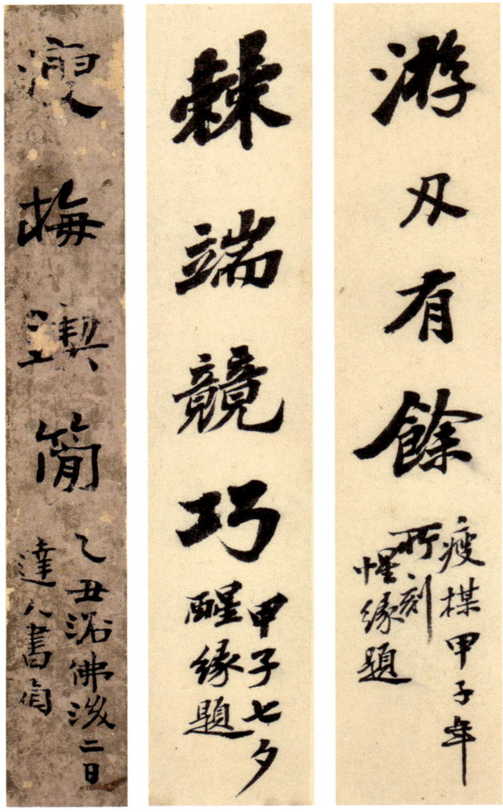

瘦梅鍥簡——張志魚竹刻扇骨拓片集

1 函 4 册　紙本

20cm × 36cm

鈐印：

伴梅手拓、鑄厚、袁克印、至魚、張

題簽：

1. 游刃有餘。瘦梅甲子（1924）年所刻。惺緣題。

2. 棘端競巧。甲子（1924）七夕，醒緣題。

3. 瘦梅鍥簡。乙丑（1925）浴佛後二日，達人書函。

題識：

1. 右扇兩柄見《舊都文物略》。一九五九年冬，東四馬路古稽書店見有此書，係一九三五年出版，故宫印刷所承印，銅版紙，很好。因《故都》引起我故鄉之思，取出觀之，内附此扇，真是意想不到之事。題爲張志愚刻竹，定價十五元。無力購之，回寓搜尋居然得到，喜極，暫附此，它日裝裱。

又有朱友麐刻瓷兩件，惜無張壽丞刻銅，所印幾種銅器刻件俱列同古堂出品，回憶一九二一年北京琉璃廠有三絶之稱。三絶者：友麐刻瓷、魚刻竹、壽丞刻銅。壽丞一九三二年故於南京。今歲友麐已七十七歲，

只剩三絶之二矣。一九五九年冬十月十九日記於滬上。北京張志魚。

2.（朱友麐來信）多年故友老通玄，念載别來轉瞬間。近接君函如獲寶，尚希音聞頻往還。海王三絶没一角，只餘你我衰殘年。有機若能得相見，真似重結再世緣。余今已七十有六，想君亦年近古稀。我輩若大年齡而能逢此盛世，實乃榮幸之至。現在你我弟兄均蒙政府照顧，能得飽食暖衣，豈非共産黨所賜乎。我現在北京市工藝美術研究所，研究員之一，每月薪金一百三拾元，生活方面甚舒適，賤體亦粗康，請勿念。專此祝你健康。此覆志魚老弟鑒。小兄朱友麐頓首。義兄佛影請代問候。有信請仍寄前門區大耳胡同廿號，因我在家工作。

3. 此骨未刻完者當屬上品。十一骨皮子，最難完整。價卅元，减廿五元。

提要：

此套拓本收張志魚竹刻扇骨236件，内容精美，數量豐富。張志魚晚年寄居上海。書册卷尾附張志魚與朱友麐1959年往來書信兩通。

張志魚（1893—1961），又作張志漁，字瘦梅，號通玄，北京人。善書畫、治印，最精於竹刻，并將名人書畫縮刻於竹刻扇骨上，不失原作精神。曾刻扇骨8000餘柄，造詣極深，是近代北京刻竹第一高手。曾設“寄斯庵美術社”於北平勸業場三樓鬻刻，范節庵、王竹庵皆出張門。《湖社月刊》論其刻竹技藝云：“瘦梅尤精刻竹，臂擱、扇骨多所發明，留青淺雕及湘竹補花更精妙絶倫。”《京都舊事》記載，張志魚爲解放前琉璃廠雕刻三絶之一，即刻竹的張志魚，刻銅的張壽丞，刻瓷的朱友麐。

朱友麐（1883—1964），河北冀州人。畢業於清末順天府農工學堂，世居北平，設館廠肆，曰師古齋。1956年被北京市工藝美術研究所聘爲研究員。與張大千相交甚篤，和齊白石、吴作人、葉淺予等書畫、文化名家合作作品往往成爲傳世珍品，被周恩來總理稱爲“國寶”。其作品傳世不多，有《皆大歡喜》《萬年紅》等。

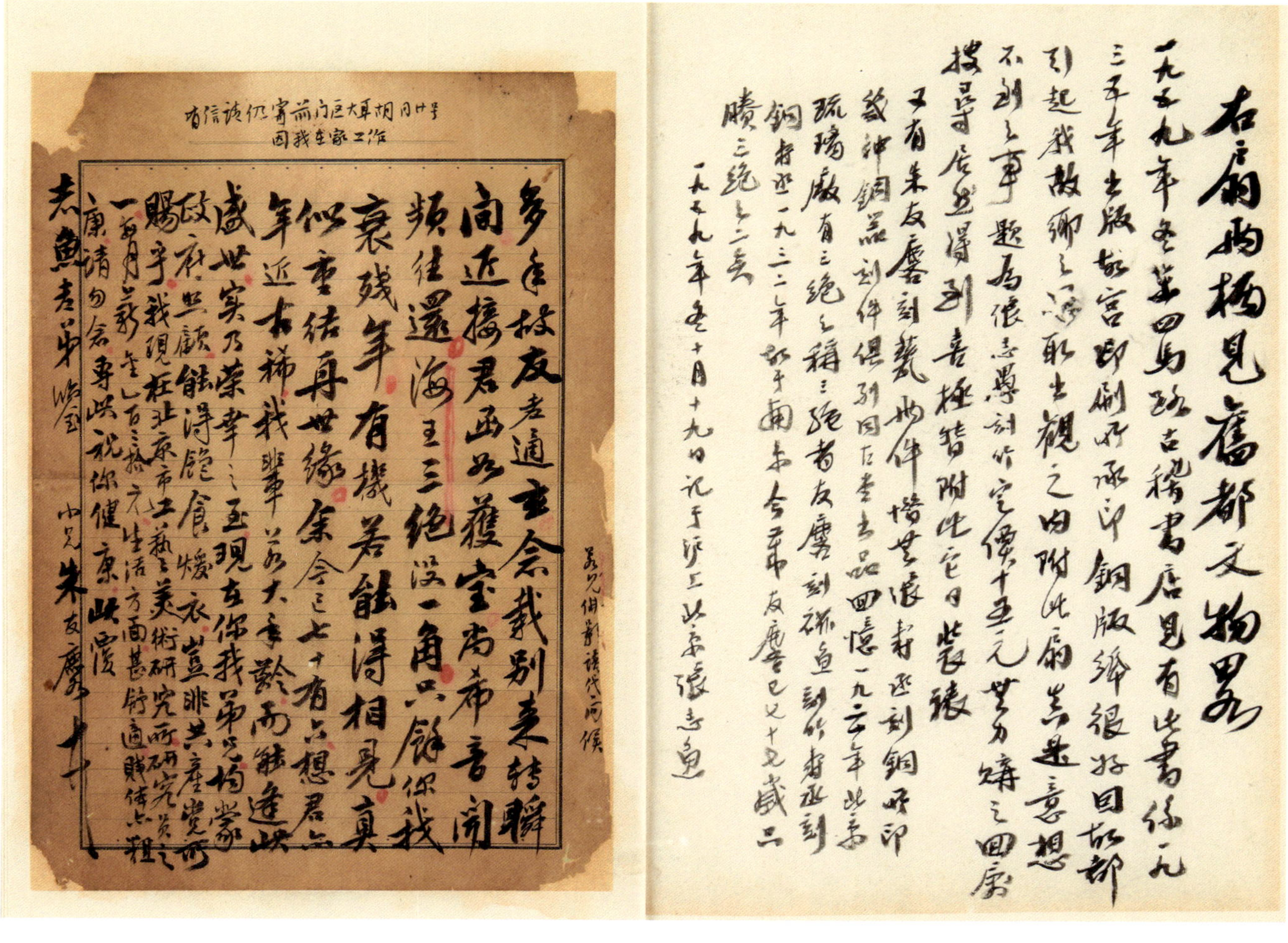

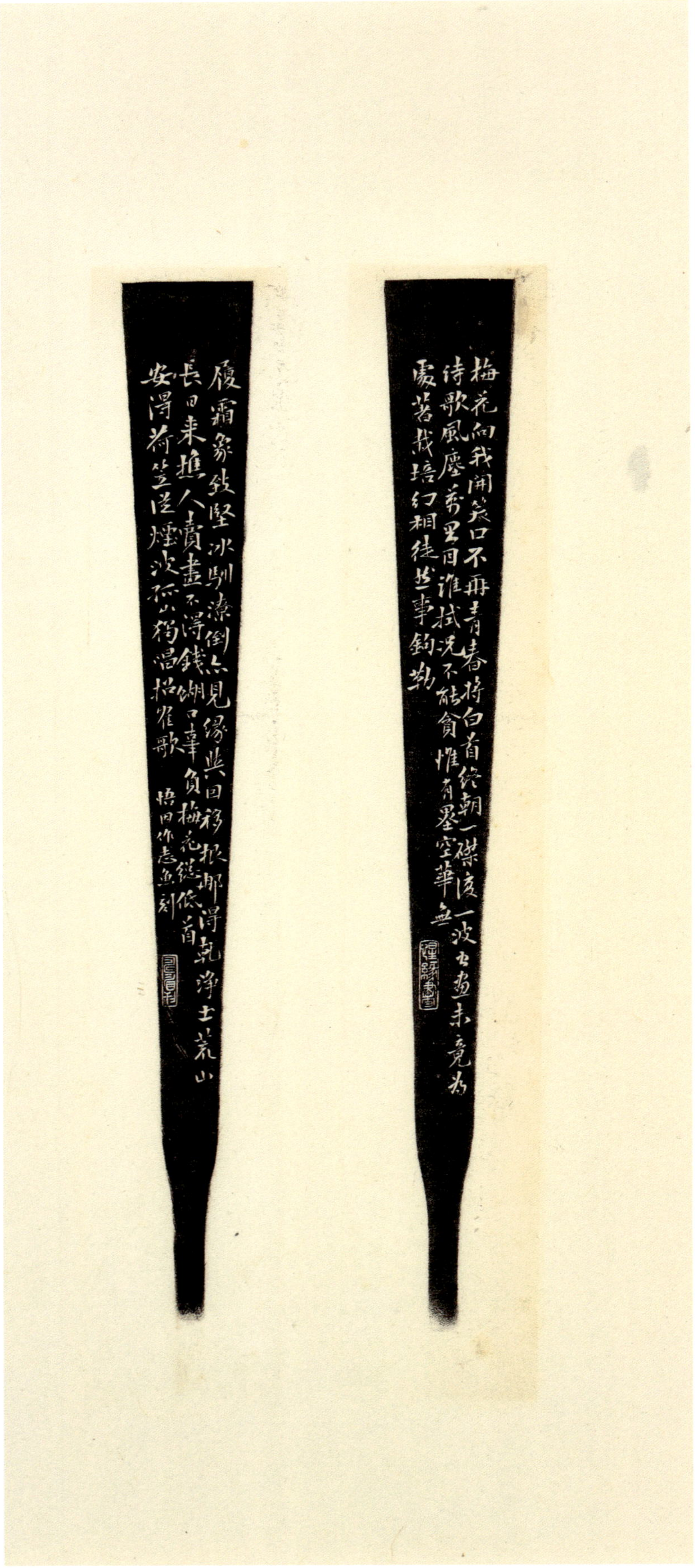

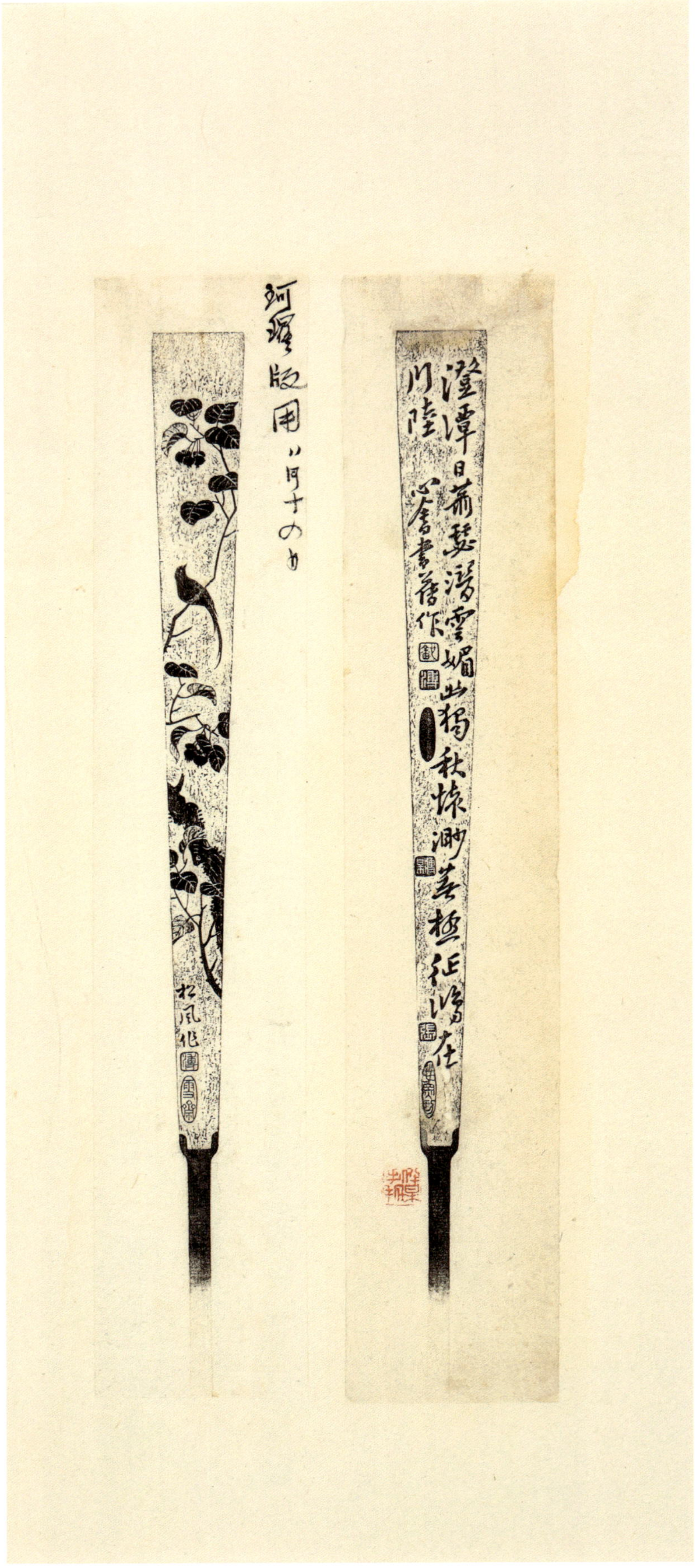

樓前綠柳柳外無窮路翠色四天垂數峯青
高城闊處

甲子五月江采寫

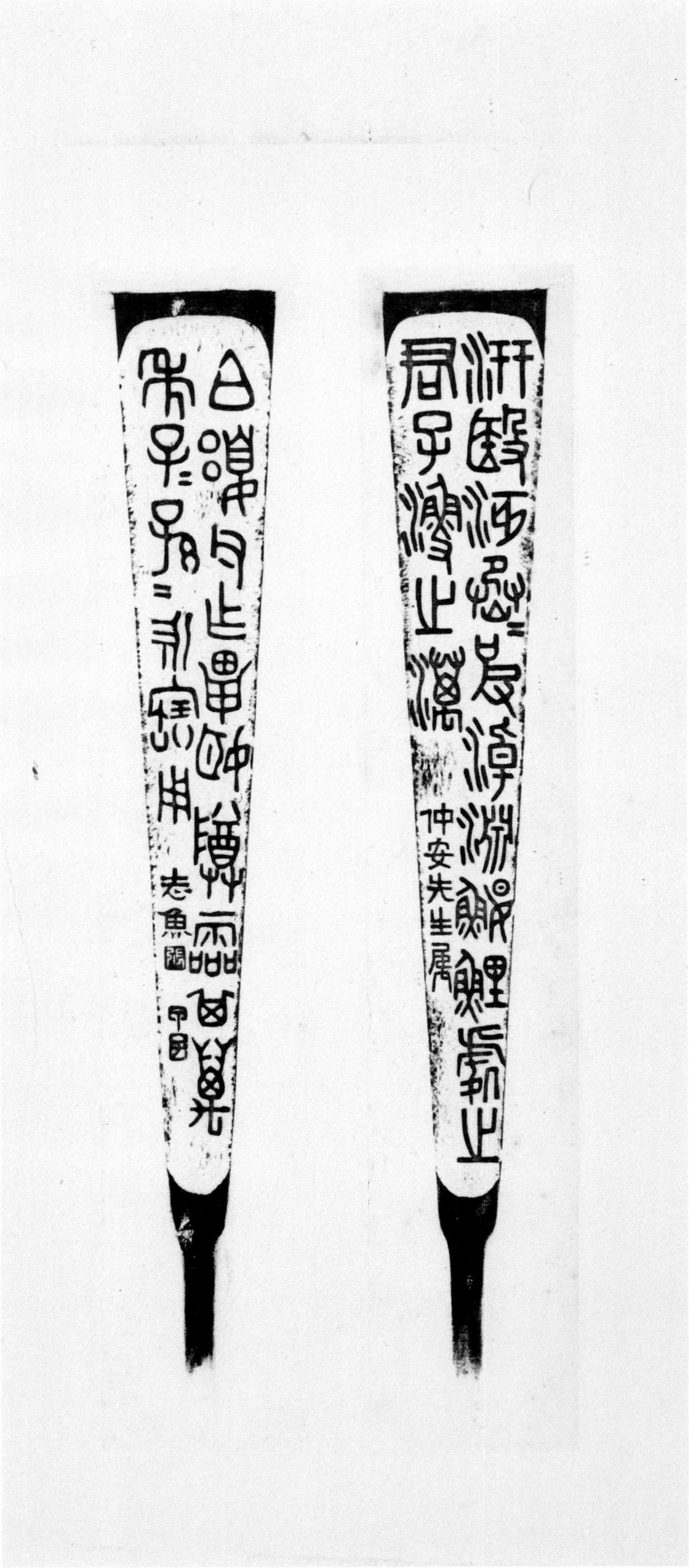
仲安先生屬
志魚

人間倚伏可追尋急劫翻騰理最深石爛海枯誰不滅為君
细説落星心
孝胥書 瘦梅刻
何庭流背刻奉貽
根本大佐清賞 張志魚

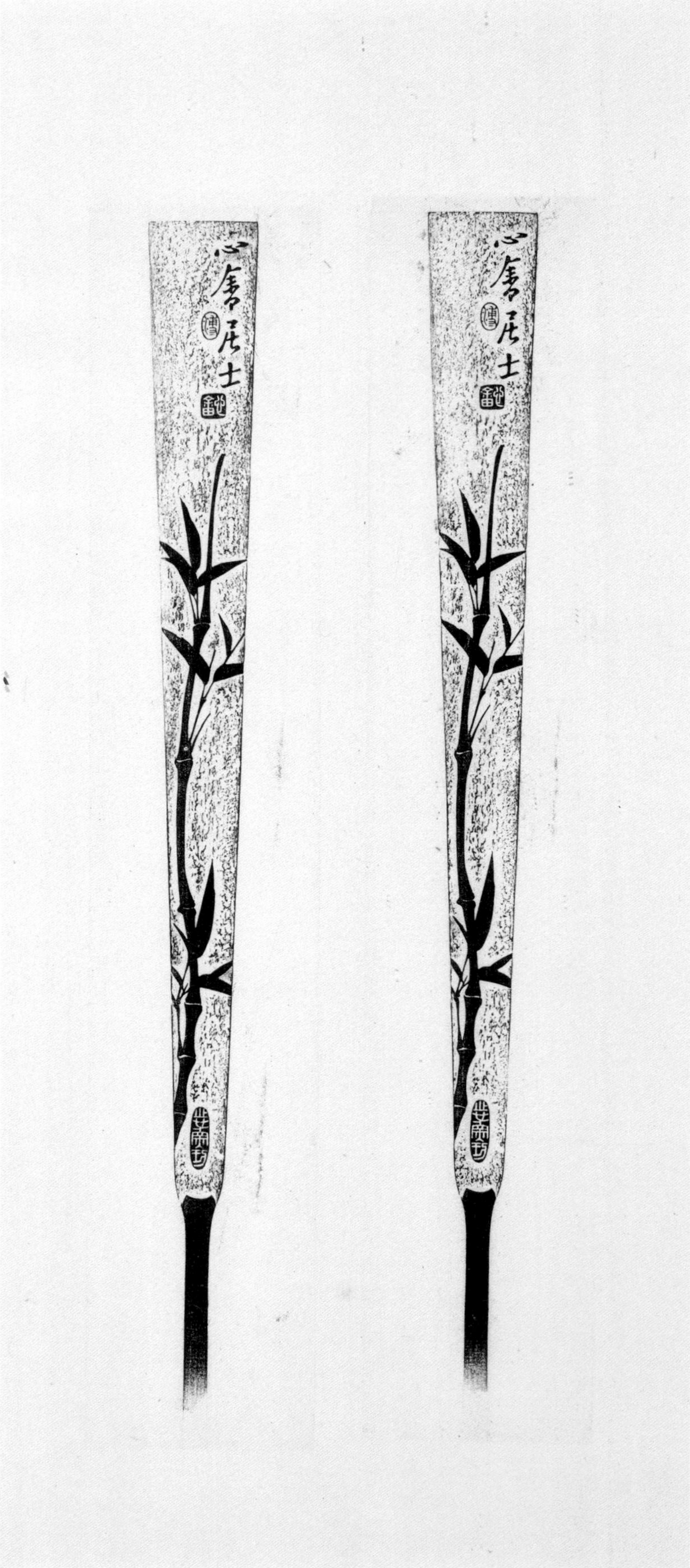

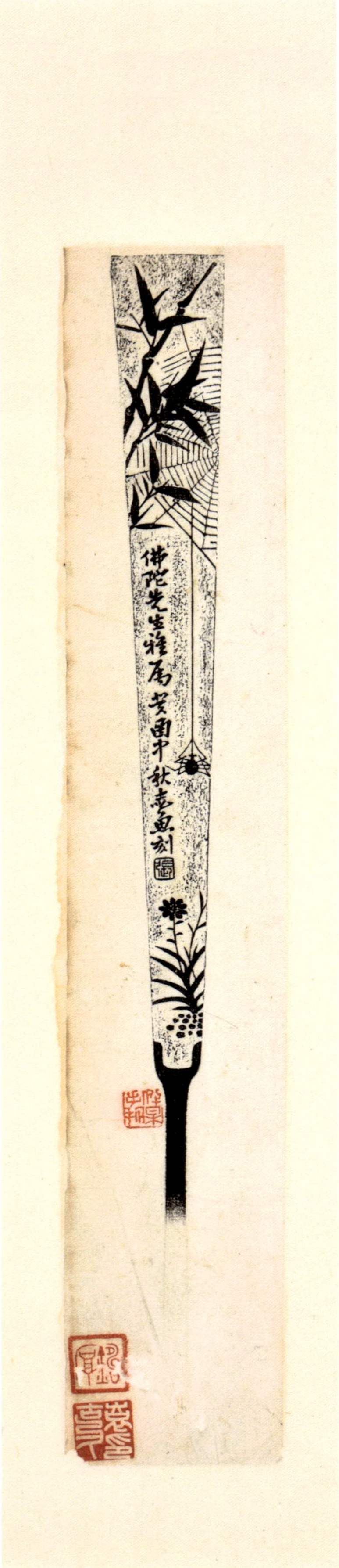
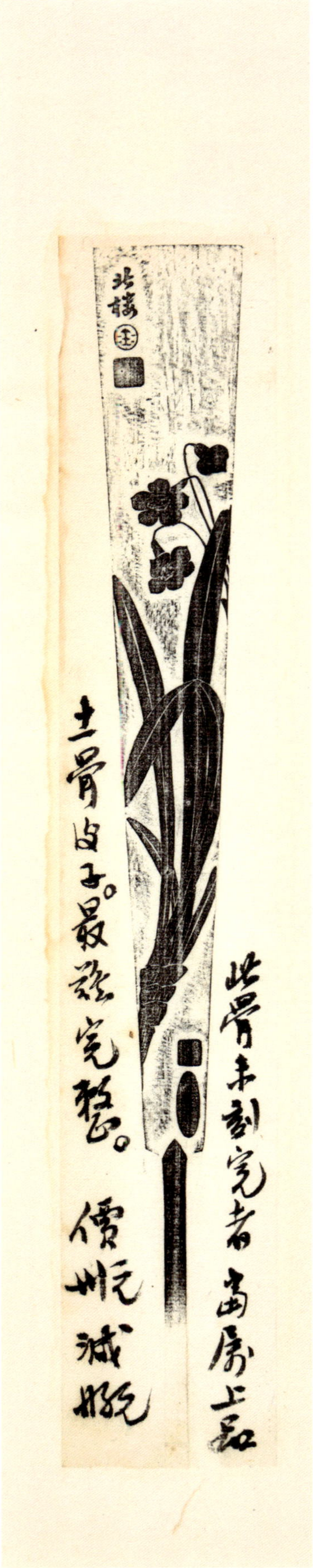
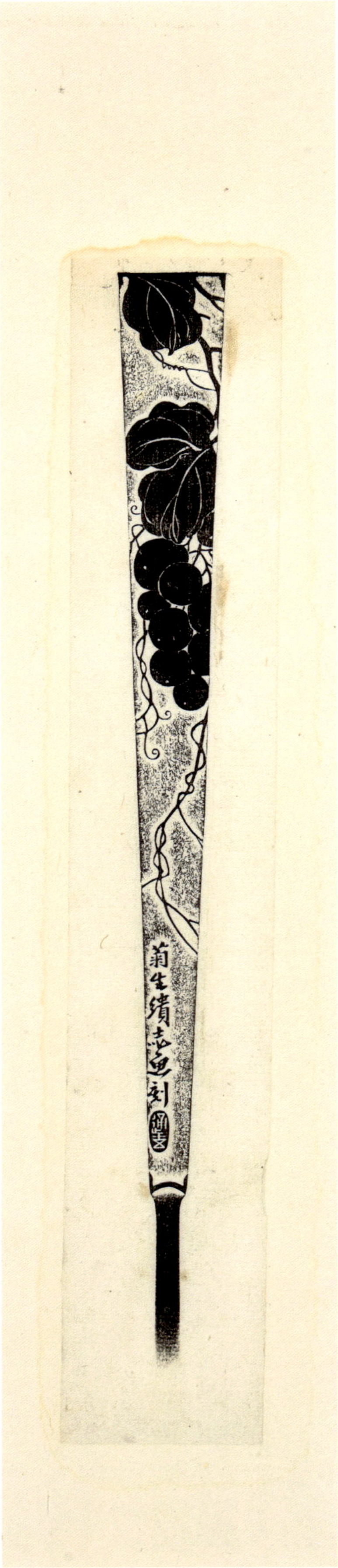

蕉雨憐青翁因風折翠旂
孟材先生雅鑒
通玄張志魚刻

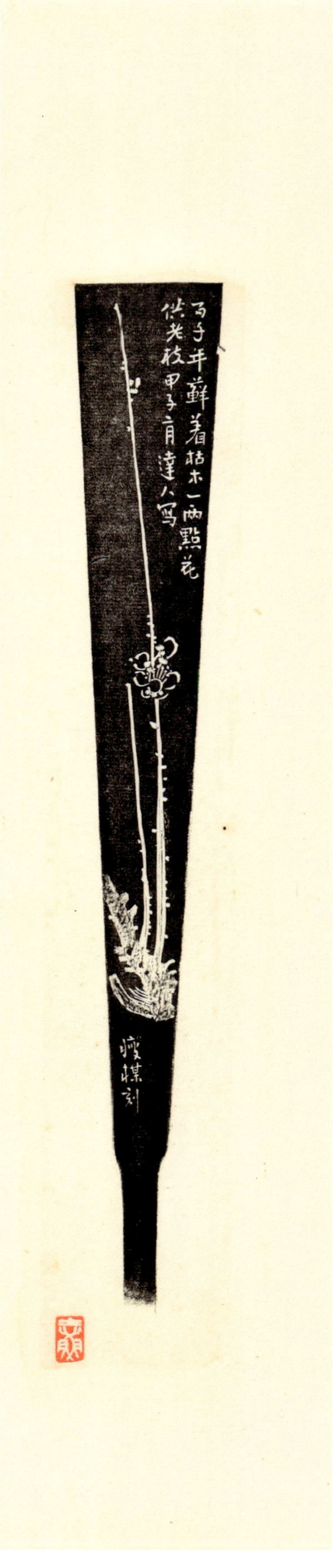
丙子年蘚着枯木一兩點花
供老杖甲子育達八寫

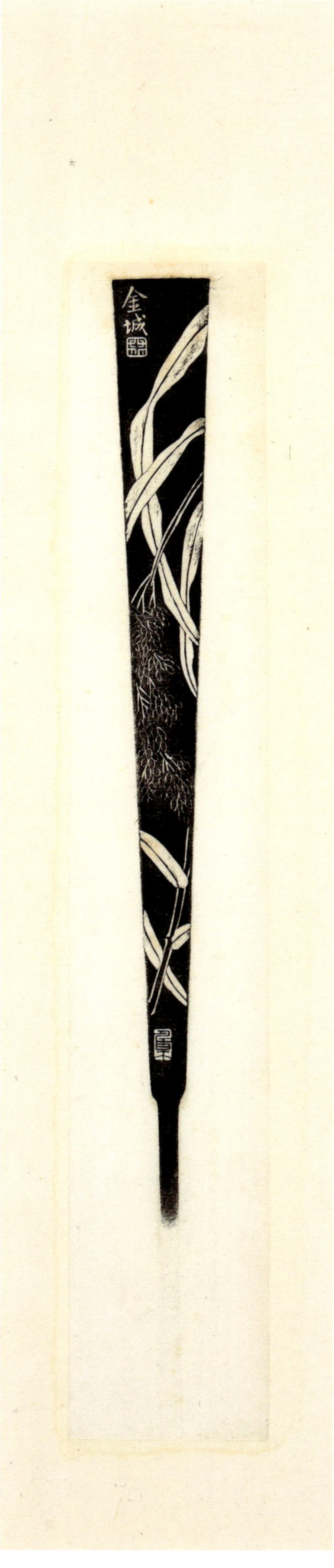
金城

志青二兄雅令
通士張志魚刻

鹿鐘
吴磚

癸山敢
陳簠齋所藏商敦乃祭器之第十器
也明堂位山罍夏后氏之器也此作山字其山罍之遺制與

陽識丁舉般
窓齋中丞藏器別一器
陰款文同蓋一人一時之作也 士范又為綴玉京亭

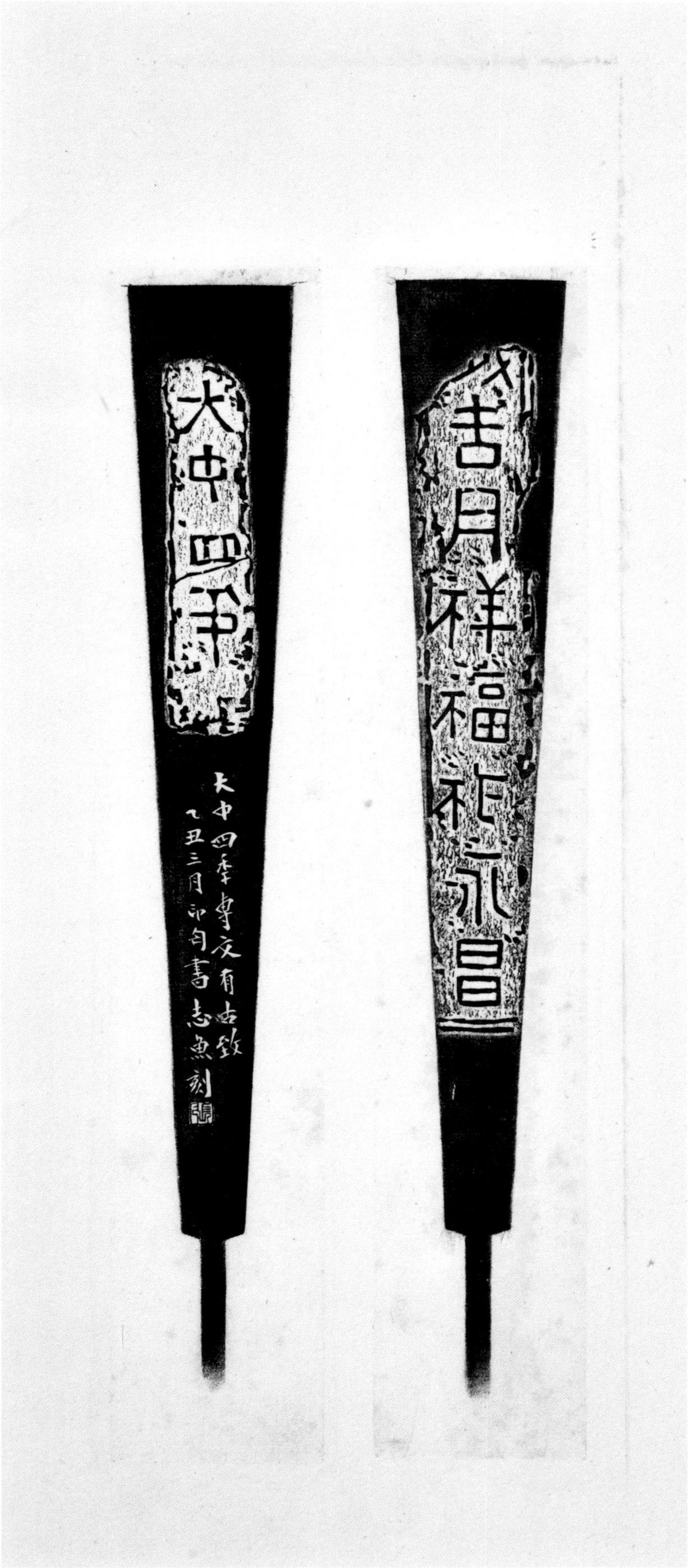
大中四年
吉月祥福祈永昌

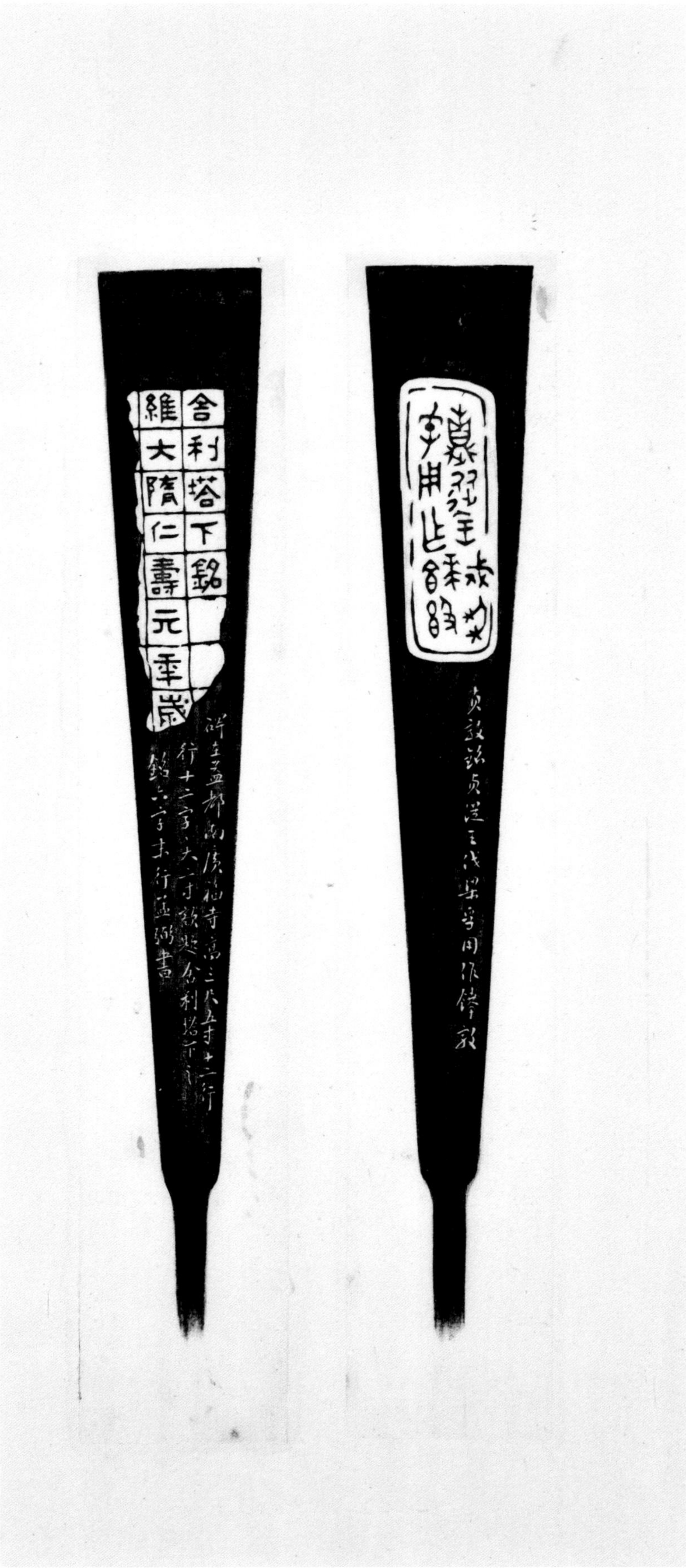
舍利塔下銘
維大隋仁壽元年歲

後 記

陳 郁

本書薈輯本人十多年來蒐集的各類金石拓片數十件，大到鐘鼎彝器，小到殘磚賸瓦。雖然其中包含若干非金非石的雜拓，如犀角、徽墨、刻竹，爲簡便起見，仍以《嘉樹堂金石小品》名之。這樣做是有理論依據的。馬衡先生在《凡將齋金石叢稿》中，專設一章談金石以外的物件，包括甲骨、竹木、玉器等，是爲廣義的金石學之範疇。用馬衡先生的話來説："凡甲骨刻辭、彝器款識、碑版志銘及一切金石、竹木、磚瓦等之有文字者，皆遺文也。"遺文，即歷史遺留的銘文，是爲金石學的研究對象。當然，狹義的金石學範圍内的物件，相形之下份量更重，也更爲文人學士、收藏鑒賞家多珍視。因此，本書九成以上由各類金石拓片構成。

金石學産生於宋代，而金石椎拓活動則早早就有了，它與金石文字的産生密切相關。金石文字先秦就有了，但没有文獻證明那時就進行椎拓，而且先秦也没有"金石文字"這樣的説法，先秦所謂的"金石"多指樂器。秦代有"金石刻"或"金石刻辭"的説法，這即後世被稱爲"金石文字"者。有文獻表明，最早的金石椎拓活動可能出現在東漢，它至少有將近兩千年的歷史。

金石椎拓的高潮往往出現於金石學研究的高潮之中。金石椎拓，即尋訪金石文字及蒐集金石拓片，其第一次高潮是在宋代。宋代金石學著作中有反映這方面情况的記載。趙明誠《金石録序》寫道："余自少喜從當世學士大夫訪問前代金石刻詞，以廣異聞。上自三代，下訖隋、唐、五季；内自京師，達於四方遐邦、絶域夷狄，所傳倉史以來古文奇字、大小二篆、分隸行草之書，鐘鼎、簠簋、尊敦、甗鬲、盤杅之銘，詞人墨客詩歌、賦頌、碑志、叙記之文章，名卿賢士之功烈行治，至於浮屠、老子之説，凡古物奇器、豐碑巨刻所載，與夫殘章斷畫、摩滅而僅存者，略無遺矣。因次其先後爲二千卷。余之致力於斯，可謂勤且久矣，非特區區爲玩好之具而已也。"

從金石收藏的角度説，碑帖是大宗，至今有大量的宋拓唐碑及宋帖傳世。遺憾的是，除此之外的金石雜拓一類未有宋代實物傳世。現存於世的這類物件是第二次金石椎拓高潮下的産物，這次高潮出現於清代乾嘉金石學的復興中。因此，現今所見金石拓片最早者應該在乾隆時代，其代表性物件是畢沅所藏的曶鼎。據阮元《積古齋鐘鼎彝器款識》記載，此鼎"秋帆畢公得之於西安"。後不知所終，一説被畢氏沉於太湖，一説是燬於兵燹亂世。總之，乾嘉之際曶鼎就佚失了。如今只有銘文傳世，器物原形無人知曉。存世曶鼎拓本均爲乾隆時拓無疑，歷來爲收藏家、鑒賞家所珍視，被視爲金文收藏之“龍頭”。

王壯弘先生《碑帖鑒别常識》有段對拓片名貴程度的詳細叙述，涉及曶鼎，可供參閲：“明錫山華氏曾以宋拓重刻定武蘭亭易得米元章雲山圖，此乃翻刻本。假若真定武又如何耶！舊拓本之名貴可見一斑。今日古本日稀，唐拓、宋拓、孤本、珍本非可以價論。即如明拓張遷碑‘東里潤色’未損本、曹全碑‘因’字未損本、磚塔銘全文本、乾隆時拓曶鼎銘、近拓三體石經大石未裂本，也動輒萬千。此外，如崔敬邕墓志、董美人墓志、常醜奴墓志、敬使君碑‘鯨’字不損本、秦泰山刻石廿九字本、隋扈志碑、楊量買山地記等，也極爲珍貴。以上述拓本而論，則楊量不如扈志，扈志不如董美人，董美人不如敬使君，敬使君不如磚塔銘，磚塔銘不如常醜奴，常醜奴不如曹全碑，曹全碑不如張遷碑，張遷碑不如曶鼎，曶鼎不如三體石經，三體石經不如崔敬邕。”

的確，曶鼎拓本在鐘鼎文字中是唯一稀如星鳳者，也是王壯弘先生在比較拓片名貴程度時，惟一列舉的金文。

曶鼎是本書中最早的拓本，而民國拓張志魚刻竹則是書中最晚的拓本。張志魚是民國京城刻銅、刻瓷、刻竹“三傑”之一，又與金西厓齊名，并稱爲竹刻中之“南金北張”。金氏竹刻扇柄民國間即有珂羅本畫册行於世，甚爲讀者寶愛，而張氏竹刻詳盡的文獻資料數十年來一直闕如，本書中張氏竹刻扇柄墨拓四册，計三百多品，可補之闕，或可單獨刊行於世。

至於書中别他清代至民國間的拓片，亦多有可説可道之物。金文及雜拓类，如褚德彝跋藏陳介祺拓秦詔權量文字，如吴湖帆四歐堂藏陳介祺拓贈吴大澂千貨範册，如端方跋藏古甎四屏，如端方舊藏張祖翼、王孝禹、金城、鈕嘉蔭等跋新嘉量，如易大厂跋唐顯德五年造金塗塔，如孫壯、陳夢家跋宋交子銅版，如清程可園自磨墨題咏册。石刻文字类，如陳介祺藏拓并跋秦詔量瓦殘字清稿本，如胡澍、沈樹鏞、魏錫曾、趙之謙審定漢嵩山中嶽廟石人頂上“馬”字，如陳邦福考訂漢黨錮刻石殘字，如陳介祺拓漢君車畫像及管復初拓北魏曹望憘造像，如袁克文拓贈蔡哲夫唐顔真卿殘石，如徐紫珊、日下部鳴鶴藏舊拓唐泰山經石峪摩崖集聯，如翁方綱拓贈桂馥蘇書超然臺題名，如徐同柏舊藏張廷濟、趙之琛、徐同柏、釋達受、張開福等跋元虹橋題柱銘。如此等等，不一而足。

本書由中國嘉德國際拍賣有限公司古籍部主編，宋皓女士統籌策劃。文字經本人審閲并改定，由於時間倉促，錯誤及不當之處，還請讀者批評指正。

二〇二一年夏秋之交，於滬上嘉樹堂

圖書在版編目(CIP)數據

嘉樹堂金石小品 / 中國嘉德國際拍賣有限公司古籍善本部主編. -- 上海 : 上海書畫出版社, 2021.9
ISBN 978-7-5479-2733-5

Ⅰ. ①嘉… Ⅱ. ①中… Ⅲ. ①金石學－中國－清代
Ⅳ. ①K877.24

中國版本圖書館CIP數據核字(2021)第187871號

嘉樹堂金石小品

中國嘉德國際拍賣有限公司古籍善本部　主編

策　　劃　朱艷萍
責任編輯　李柯霖
審　　讀　雍　琦
整體設計　瀚青文化
技術編輯　包賽明

出版發行　上海世紀出版集團
　　　　　上海書畫出版社
地　　址　上海市延安西路593号　200050
網　　址　www.ewen.co
　　　　　www.shshuhua.com
E-mail　shcpph@163.com
製　　版　杭州立飛圖文製作有限公司
印　　刷　浙江海虹彩色印務有限公司
經　　銷　各地新華書店
開　　本　700×1000 1/8
印　　張　30.5
版　　次　2021年9月第1版　2021年9月第1次印刷

書　　號　ISBN 978-7-5479-2733-5
定　　價　658.00圓